沈鵬年　著

行雲流水記往

（下）

沈鵬年·陳雪荂鑽石婚紀念

沈鵬年先生

行雲流水

戊子初冬月
時年九一

南懷瑾

目錄

友誼篇

探源篇

文以載道、秀出天南
──悼文史大家金性堯先生

　　蟄居太湖，遠離申江，訊息不免閉塞。在2007年8月1日《中華讀書報》拜讀了孫仲先生《金性堯病逝，為何媒體反應冷淡》一文，驚悉高齡91歲的性堯先生已「於7月15日因病去世」。我無法回上海和金老「告別」，感到綿綿的惆悵。

　　性堯生前曾任中華書局上海編輯所第二編輯室副主任、上海古籍出版社編審。單位為他舉行隆重的追悼儀式；專家學者發表情文並茂的悼念文章；家鄉定海為表彰他對文化事業的貢獻而建立「金性堯紀念室」。……他一生「秀出天南筆一枝，為人風骨稱其詩。」著作等身，尤以晚年的一本《新注唐詩三百首》紙貴洛陽，暢銷三百萬冊，譽滿海內外。實至名歸，身後並不寂寞。

　　我與性堯先生的文字因緣，始於「孤島」上海，「人生何所促，忽如朝露凝。」不覺已七十餘年。

　　他早年《邊鼓》戰上海，《橫眉》斥敵偽，以「文載道」筆名蜚聲海上文壇。他的《新文藝書話》、《期刊過眼錄》和著名的「星屋藏書」，為我從事「魯迅研究」提供了方便。

　　1957年，當拙著《魯迅研究資料編目》在上海文藝出版社打出清樣、即將出版面世時，他將魯迅先生寫給他的四封親筆信贈給我。學術天下公器，魯迅珍蹟豈敢自秘，我特地函告許廣平先生，由許先生編入1959年北京魯迅博物館印行的《魯迅手跡和藏書目錄》第一集。為求永久性保存，我在1964年無償轉贈上海魯迅紀念館（當時由姚慶雄、浦勤修兩同志經手收下），現編入上海古籍出版社1996年出版的

《上海魯迅紀念館藏文物珍品集》第28頁。1958年左右，性堯見我對待文物資料熱愛秉公，磊落無私，頗為嘉許。便把1939年他創議並在中共地下黨支持下編輯《魯迅風》的全部文字檔案材料，贈給我供進一步研究。這些材料包括《魯迅風》前後十九期的校樣外，更有許廣平、周建人、陳望道、鄭振鐸、王任叔、孔另境、王統照、魏金枝、柯靈、唐弢、周木齋、石靈、巴金、李健吾、阿英、何家槐、周鋼鳴、蒯斯曛、列車（陸象賢）、金祖同、衛聚賢、趙景深、謝六逸、周黎庵、陶亢德、徐訏、周楞伽、邱韻鐸、錢今昔、吳調公、朱雯、羅洪、黃嘉音、旅岡、白曙、海岑、陳靈犀、陸小洛、胡山源等給性堯的親筆信二百六十多件。當時曾經上海文學研究所副所長葉以群先生和柯靈先生過目，他們要我考證、研究後寫出相應的學術論文。上海《學術月刊》編輯黃迎暑同志專程來舍間商議發表問題。唐弢獲悉後向我借閱這批材料。我在樹民中學求學時，唐弢是樹民中學的國文教員，礙於「師生情面」，我略作摘記後把這些材料全部借給了唐弢。

後來《學術月刊》催稿甚殷，我便向唐弢索討。他一再推諉，只還回半數左右……。

1959年黨內發動「反右傾」運動，由於王任叔在1956年寫過一篇《論人情》，文藝界便把他作為宣揚「人道主義」、「人性論」的「修正主義」典型開展批判。姚文元以巴人為靶子，在上海發表長文《批判文學上的修正主義思潮》，強詞奪理、無限上綱，給巴人以致命的攻擊。同年9月，唐弢調往北京，我去送行，留我便餐。臨別時他對我說：「巴人那些信幫你處理了，否則，你如據以寫文章吹捧他在《魯迅風》的功績，要犯大錯誤了……。」當時，我還對他表示感謝。後來柯慶施提出只准寫「十三年」，「左」風凜冽，我就把自己長期收集的「三十年代」和「四十年代」的有關圖書和材料轉移到家

鄉洞庭東山老屋深藏密鎖起來。家慈病故，長女育群回鄉插隊，為我守護這批深藏的材料。因此，躲過了「文革」浩劫，轉移至家鄉的圖書和資料，幸得無恙。

龔定庵詩「文字緣同骨肉深」，我銘記性堯的深情厚誼，首先是他贈我的這批書信。「補記交情為紀公，厚重虛懷見古風。」我是永難忘懷的。他在「文革」中遭到毀滅性的打擊，家破人亡，慘不忍聞。我去他北京路葆壬里老家的「斗室」中拜望他，他雙耳失聰，靠了筆述，已經無從暢談往事了。欣逢盛世，將我長期保存的殘簡公諸於眾。惜當年曾窺全豹的以群、柯靈兩位前輩墓木已拱，然即此叢殘亦彌足珍貴，《魯迅風》裡看性堯，足以見他「厚重虛懷」的「古風」於萬一。他在《古今》創刊近一年後是奉袁殊之命投稿的。性堯在1946年曾對我說：「袁殊是三十年代左翼作家。是阿英介紹相識的。上海淪陷後，袁殊主動找到性堯。性堯猜測，他可能姓『共』，也可能姓『國』。無論如何，袁殊在政治背景上總要比周黎庵『吃香』。所以，袁殊一『開口』，性堯就應允了。現在（1946年）國民黨以『漢奸』罪名通緝袁殊，袁殊去了蘇北共產黨的地區，我原來對他『將信將疑』，現在確信他姓『共』無疑了。為了取得朱樸的信任，只能在文章中捧捧朱樸……。」性堯除了向朱樸「投名狀」的兩文外，其他都是談風土、談掌故、談人情、懷舊友……。

1945年10月，連別有用心者在《文化漢奸罪惡史》中，也不得不承認：「幾年以來，文載道雖未喊過什麼『大東亞』與『和平』，可是對周作人卻異常崇拜」，「他並沒有大紅而特紅，也沒有做官，只拿到細微的稿費，在『太平書局』出版了一本文集《風土小記》。」（見該小冊子第33~34頁）──由此可知，這是有人唆使門人對金性堯的「惡搞」（kuso）。可是，從此卻成為性堯的「白璧之玷」。但他既未參加偽組織，更無涉筆「大東亞」……，當年連國民黨政府在

「懲治漢奸」時因抓不到他的把柄，未動他的毫髮。建國以後，組織
上實事求是地對待他的這段歷史。追悼會上，組織上在《悼詞》中肯
定了性堯的一生。如今，建設「和諧」社會之際，在性堯逝世以後，
個別人不顧性堯與桂芳夫妻情篤、白頭偕老的事實，捏造謠言，無中
生有，污辱亡者夫婦為此而「離婚」云云⋯⋯，此誠「以小人之心度
君子之腹」。死者已焉，生者何堪？！古人云「君子之過，如日月之
蝕」，個別人的「惡搞」（kuso）是無損於性堯的日月之明的。我作
為歷史的見證人，有責任提供事實真相，以見歷史的本來面目。並作
為對亡友逝世「周年祭」的一瓣心香。

《魯迅風》裏看性堯
——在王任叔、王統照、巴金、李健吾等
致性堯60封信中反映的歷史真相

　　《魯迅風》是上海「孤島」時期的重要刊物之一。它的創刊動機
和宗旨，巴人在1957年寫的《〈魯迅風〉話舊》、金性堯在1984年寫
的《〈魯迅風〉掇憶》兩文中均有所敘述。但是，這兩位當事人都比
較謙遜，談得非常含蓄。特別是性堯有功不居，受了委屈誤解也不作
絲毫辯解⋯⋯。

《魯迅風》創刊號

第一部份：王任叔幕後決策、金性堯認真執行
──《魯迅風》是黨領導的文藝界統戰工作的一部份

巴人說：「⋯⋯座談完了。但對魯迅風雜文的抨擊，並未完了。自《華美晨報》副刊《鍍金城》的編者吳漢以至楊晉豪和叫做什麼曾迭的，都進行過對魯迅風（雜文）的『圍剿』，最後，在《中美日報》的《集納》上，登了一篇張若谷的《寫文學隨筆》的文章，直接罵到魯迅先生頭上，⋯⋯就在這種氣氛前後，大概也是文載道的提議吧，索性來出一個《魯迅風》的刊物。刊物之定名為《魯迅風》無非表現了知識份子的牛脾氣：你討厭它，我偏讓它活道給你瞧。這樣，《魯迅風》就在1939年1月11日出版了。但在那刊物上，我不過有時也寫些文章，打一個雜，一切編輯、出版事宜，我都不知道。按身份，不過是個投稿者罷了。」（見北京出版社1957年出版《遵命集》第148頁。）

事實上，巴人即王任叔，當時是地下黨的「文委委員」，文委書記是孫冶方，由江蘇省委宣傳部長沙文漢直接領導。其身份是其後決策人。

一、蔣天佐證實：這是黨領導文藝界的統戰工作

據黨員作家蔣天佐說：「大約是1938年吧，當上海『孤島』廣大抗日愛國的革命文化運動正在蓬勃發展之際，組織上叫我到文藝界幫助王任叔等同志做一點組織工作。」「任叔同志比我年長，他是二十年代早期的革命風雲中成長起來的一位鬥士，⋯⋯我只知道他是一位大革命時代的老黨員和一位知名作家。」「任叔同志那時的突出貢獻決不僅是他的大量寫作和編輯工作。他是一座真正的橋樑，接通了一些五四時期的老作家們如陳望道、胡愈之、鄭振鐸、葉聖陶等先生同三十年代形成的左翼運動的聯繫，親密地團結起來一致對敵。這一點，確實是當時工

作得以蓬勃發展的一個重要因素。也是黨的抗日統一戰線政策的一個重大勝利。」「其實，以《魯迅風》為中心的許多辛勤的工作，也是任叔在黨的領導下開展的文藝界統戰工作。」（見1982年10月18日《人民日報》蔣天佐悼念王任叔《一篇不合規格的祭文》）

由此可知，地下黨「文委委員」王任叔接受金性堯提議而決定創刊《魯迅風》，以此為中心的許多辛勤工作，正是貫徹黨在上海文藝界開展統戰工作的組成部分。

二、王任叔致金性堯的「工作分工」信

這一點，從我手頭還保存著當年王任叔致金性堯的親筆信，可資證明。原信如下：

> 性堯兄：
> 印刷費已提出二百元，現在分工如下：
> 唐弢、文載道 編輯陳明 印刷發行
> 發行人 請問 來復
> 一切請與陳明接洽。
> 晚上請去貂蟬一趟。
>
> 　　　　　　　　　　　　　　　　　任叔
> 　　　　　　　　　　　薩坡賽路三德坊十一號

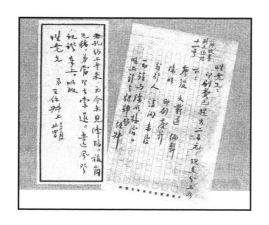

三、王任叔原定唐弢為《魯迅風》第一編輯，唐未膺命

《唐弢文集》第九卷《唐弢著作及學術、社會活動年表》稱：「1939年唐弢26歲。1月11日『魯迅風』雜文作家的同人刊物《魯迅風》創刊，唐弢是該刊的骨幹。」（見該書第700頁）

唐弢作為「《魯迅風》骨幹」是不假，事實上，對「編輯」的分工，當時唐弢未能膺命。內情如下：

當唐弢接到性堯轉達王任叔的「分工」通知後，立即致信性堯，說明自己在「上海郵局」工作，每天上班，妻子王嫩重病在家，下班後需要照料，無法接受「編輯」之職。

性堯告訴唐弢：這是任叔「交辦」的任務，請勿推諉。唐弢覆信稱：家累繁重，除病妻外，三個孩子中有兩個亦病在家中。文章可以爭取供給刊物，編務萬萬不能承擔，請見諒。

性堯希望唐弢不要拒絕「編輯」的名義，具體工作由性堯承乏，只要他每星期來一次，發稿前審閱一下，提提意見可也。唐弢覆信稱：老兄家庭條件好，經濟優渥，不愁衣食，無須為生活奔波。還說在萬分窘迫中草就《魯迅的雜文》二千餘字，聊以塞責。每期審稿之議無法應命，請多多原諒。（性堯立即將《魯迅的雜文》編入《魯迅風》創刊號。）

　　性堯將情況告訴任叔，任叔對性堯說：那你就勉為其難，（編務）一人挑起來吧。——性堯把預定元旦出版、因唐弢而脫期十天的《魯迅風》創刊號發排以後，帶了相當數目的一筆款子同妻子武桂芳一起去探望病中的唐夫人王嫩。過了兩天，性堯收到唐弢來信，感謝他們「賢伉儷」的「雪中送炭」，自己不在家而「失迎為歉」……（唐弢親筆信被他借去後扣留未還，現從我在當時摘錄的筆記中抄出，略見端倪。）

　　1939年5月26日唐弢寫《心上的暗影》，發表於《魯迅風》第十五期，文中說：「由於繼續得到朋友們在人力上和經濟上的幫助，我約定一個醫師的助手，每小時一次的替孩子打著兩種強心針……。」其中包括金性堯和武桂芳對唐弢多次的經濟支援。

　　性堯在《魯迅風》創刊號《編後記》中寫道：「本來我們是預定元旦日出版，這是應該向讀者及作者致歉的。……『蜀中無大將』，『廖化』也終於還要『當』一回『先鋒』吧。……我們固然愛護『雞零狗碎』的雜文，但卻並不因此而菲薄一切『大氣磅礴』的作品。所以在此後的本刊裏，……有待讀者的『源源惠賜』。什麼『派』、什麼『系』，我們全不管。唯一的要求，只是『貨真』而已。」——這是性堯「奉命」擔任「編輯」後根據任叔交代的「統戰」精神理解後所寫的「開場白」。

　　四、王任叔指定負責《魯迅風》印刷發行的陳明，是黨的重要幹部

　　陳明原名陳冠球，又名陳國權。1918年出生於江蘇省海門縣。1933年十六歲到上海進春明書店當學徒。1935年十八歲考入生活書店，為進貨科職員，業餘勤讀馬列主義著作，1936年冬參加中國共產黨。

抗日戰爭開始後，黨要胡愈之、王任叔、張宗麟、鄭振鐸等創辦「復社」，由張宗麟任經理。黨從生活書店調陳明到復社，協助經理工作。為黨小組負責人。在《西行漫記》、《魯迅全集》的印刷、出版、發行等工作中作出貢獻。1938年11月，為保護鄭振鐸脫險而被法租界巡捕房逮捕。關押20天由組織上營救出獄。出獄後，王任叔要他負責《魯迅風》的印刷發行事宜。

1939年5月，地下黨（上海市委）調陳明至崇明任縣委書記，建立抗日游擊根據地。「文委」決定：《魯迅風》從第十四期起改由民主人士謝旦如開設的金星書店、與地下黨員樓適夷有關係的天馬書店兩店聯合經銷。陳明在異常險惡的條件下發動群眾，歷盡千辛萬苦，開展游擊戰爭。中共蘇中區黨委先後任命陳明為中共如皋縣委書記、啟東與海門兩縣中心縣委書記兼縣團政委。1941年12月，在與日寇反掃蕩的激烈戰鬥中壯烈犧牲，年僅二十四歲。後來，抗日民主政府在陳明犧牲的地方，為他建立了紀念墓地。──這是一位在《魯迅風》開辦初期作出重要貢獻的無名英雄。

五、王任叔指定為《魯迅風》發行人的來復，是進步的文化人

來復即來嵐聲，又名來小雍，原來在銀行工作，是小報界的著名人物，1930年創辦《上海繁華報》，1931年創辦《世界晨報》，1932年創辦《時代日報》。為人正派，有正義感，曾先後兩次抵制藍衣社特務陳寶驊插手攘奪《晨報》和《日報》。經柯靈介紹與王任叔相識，願意義務擔任《魯迅風》的發行人。並出面為《魯迅風》向租界當局申請領取了「登記證」。在柯靈和王任叔的影響下，來小雍傾向進步，還自費辦《自學》雜誌，面向職業青年，請中共黨員石靈編輯。抗戰勝利後，《世界晨報》的登記證轉讓給馮亦代使用；《時代日報》的登記證轉讓給姜椿芳使用……。

六、王任叔請孔另境為《魯迅風》義務工作

　　蔣天佐說：「《魯迅風》不能忘記孔另境同志，他對我們很親切，幫助任叔做了不少工作，除為我們溝通了同茅盾同志的聯繫外，還對一批老作家有很好影響。他不是黨員，但向黨之心未改，這是可貴的。」（見1982年10月18日《人民日報》）

　　孔另境夫人金韻琴女士回憶道：「另境活躍在《魯迅風》周圍，結識的許多文藝戰友，大多是年青人，為了共同的戰鬥目標，團結在一起，在艱苦的『孤島』環境裏作鬥爭。『孤島』物價高昂，稿酬低微，撰稿者的生活非常困苦。但他們給《魯迅風》寫稿，寧願不取酬。這些朋友在抗戰開始前互不往來，不容易碰到，這時被國難家愁這根無形的線縛在一起，經常會面，敘談斗室。……當時，這一批年青的文藝戰友，也常到我家聚會。我見到的有王任叔、柯靈、唐弢、石靈、文載道、周黎庵、周木齋等。王任叔給我的印象較深，他能一面打牌，一面寫文章，一面又同人說話，真是才智過人。但他年齡最長，接近中年了。柯靈教師，機警靈活，是組稿能手，有名的『高大編輯』。有一天清早，我們還未起床，他就趕來組稿了。唐弢是胖乎乎的白面書生，令人看來和藹可親。石靈面黃肌瘦，有病態，沈默寡言。文載道比較拘謹，寧波鄉音很重。周黎庵神態豁達。周木齋老實誠懇，體態羸弱。那時我年青怕羞，不敢和他們說話，只在旁邊默默地聽著他們談話，跟著他們輕輕地笑笑。他們是既嚴肅又活潑的一群，也常說些詼諧幽默的話逗人發笑。《魯迅風》經費困難也是個話題。有次活潑多趣的王任叔指著《新聞報》上一條『本市綁匪猖獗，連日作案多起！』的報導，說道：『有了，有了，《魯迅風》經費介決了！』大家莫名其妙，都望著他。只見王任叔指著文載道說：『經

費就在他身上。』大家更是丈二金剛摸不著頭腦，愣著聽他接著說：『我們做一齣假戲，金性堯的父親不是個富翁嗎？讓性堯暫時不回家，我們寫封匿名信給他父親要一筆錢，限期交來，不交來要撕票。他是長子，他父母愛子心切，一定會忍痛把錢交出來的。那經費不是就此解決了嗎？只是性堯暫時受點委屈，你夫人武桂芳處我去告明，她一定會支持的。你呢，性堯，你能為《魯迅風》立一功嗎？』說得大家哈哈大笑，連金性堯也忍俊不禁。……《魯迅風》被迫停刊後，另境的筆也漸漸的無用武之地，沒地方發表文章。他便決定把全部精力用在戲劇方面。」──（見《上海孤島文學回憶錄》第396頁）

七、金性堯為《魯迅風》的經費作出了貢獻

談到《魯迅風》經費的困難問題，理所當然常常要靠金性堯調撥解決。對於《魯迅風》同人中經濟發生困難時，金性堯和武桂芳夫婦也「義不容辭」地經常加以援手。因為性堯的父親是顏料化工廠的老闆，桂芳的父親是搪瓷廠、熱水瓶廠的老闆，夫婦倆利用家庭富裕的經濟條件為文化事業、社會公益作了很多奉獻。比如：唐弢的妻子王嫩長期因肺結核治療造成經濟上極端困難，除了金性堯夫婦主動上門送錢送物外，唐弢曾陸續寫了十二封信向金性堯告貸……。這些信，葉以群和柯靈曾寓目，唐弢向我借閱後竟全部銷毀了。此外，石靈也多次向性堯告貸，解放後石靈的夫人在「作協」資料室工作，與我較熟，多次和我談起「性堯助人急難之德」。

孔另境的長女孔海珠最近在《生死之間的重擔──讀父親孔另境寫於上海「孤島」時期的日記》中寫道：

「上海處於日寇包圍的孤島時期，文化人的精神生活和經濟重壓，這生死之間的重擔使他們身心疲憊，苦不堪言。……父親（孔另

境）說：『添此負擔，不勝狼狽，幸得人助，始勉強過度。』……
《日記》中他記錄了至友人金性堯處告貸的情況。原因是（醫院）
『調房既定，醫院囑須先付五十元，而原付之二十元則作為接生費，
我囊中僅攜二十元，而家中亦無存款，不得已，乃至友人金性堯處告
貸，金家距醫院甚近，而又為友輩中最富足之一人，及商懇，果立貸
予五十金，及返，而心中之石始墜下馬。』——（孔海珠說）關於這
件美事，近幾年中，我曾多次向金性堯先生諮詢，時隔太久，他卻一
點也記不得了。」（見《沉浮之間》第141頁）

金性堯對待《魯迅風》的經費和同人中的經濟困難，支援的金額
和次數至多且巨。但是他「助人為樂」自己從未提起。這種「施惠不
要報償」的「高尚風格」是不應忘懷的。

據我的筆記，王任叔致金性堯的信中說：既然唐弢擔任「編輯」有
困難，經研究，請孔另境兄參加。王任叔信中鄭重其事地提出，委託性
堯代表他去拜訪孔另境，請他無論如何不要推卻，共襄義舉，一起來辦
好《魯迅風》……。（這封原信也被唐弢留下未還。）幸而我還保存著
1938年12月24日王任叔致金性堯的親筆信，因性堯代約孔另境上午與王
任叔見面，孔另境上午「未見降臨」，故寫信催問……。原信如下：

老孔約上午來，至今未見降臨。旅岡兄 稿，弟當即去索
還。《魯迅風》登記證奉上。此致
性堯兄
弟王任叔上　十二月廿四日（1938年）

八、王任叔指定為《魯迅風》掛名編輯的馮夢雲，是愛國抗日的
　　烈士

金性堯在《魯迅風掇憶》中說：「近幾年常有人問起我這馮、來
兩人究竟是誰？」──有必要介紹一下：

馮夢雲，浙江慈溪人。在上個世紀二十年代至四十年代期間，是
上海小報界的重要人物。與舒舍予（即老舍）友誼甚篤，愛好文學，
喜歡研究國際新聞。他對小報從旬刊、週刊、三日刊到日刊的每一個
發展階段、以及版面設計和內容革新等方面都作出過貢獻。他的胞兄
是「報關行」經理，他本人來滬後得胞兄之助，讀書投稿，涉足小報
界，先後創辦《小日報》、《大晶報》、《鐵報》、《太陽報》、
《小說日報》，開始了職業報人生涯。

馮夢雲少年勤學、辦事幹練，對報紙的編輯、廣告、發行、排
印、校對、設計等業務件件精通；為人急公好義，聲譽鵲起；辦報意
識正確、立場純正；標榜「無黨無派」，人稱「馮大少爺」。他在辦
《大晶報》的同時，又開辦「大晶印刷所」，成立「大晶書局」，形
成了三位一體的小報新聞界的商業集團，成為一位小報界的著名作家
和實幹家。當《文匯報》開辦初期，嚴寶禮聘請他擔任《文匯報》營
業主任。《文匯報》被迫停刊後，又出任抗日的《正言報》經理。

由於柯靈的介紹，王任叔與馮夢雲相識，為便於向租界當局登
記，馮夢雲自願擔任《魯迅風》掛名的「編輯人」。

因為有了來小雍當掛名的發行人，加上馮夢雲當掛名的編輯人，
租界當局立即批准、發給《魯迅風》的「登記證」。這是王任叔貫徹
執行黨的統戰政策而成功的一例。

1937年「八・一三」日寇繼「七・七」盧溝橋事變後又侵犯上
海。馮夢雲原來具有傳統文人的民族氣節，面臨困難的關鍵時刻，便

聯絡《世界晨報》的來小雍、《鐵報》的毛子佩、《金鋼鑽報》的施濟群、《正氣報》的鄭子褒、《東方日報》的鄧萌先、《上海報》的匡孟槐、《小日報》的尤半狂、《明星日報》的胡佩之、《福爾摩斯》報的姚吉光等十家最有影響的小報，聯合出版宣傳抗戰、痛斥日寇的《戰時日報》，由馮夢雲和龔之方任主編。國軍西撤後被迫停刊，雖然為期不足三個月，但在《戰時日報》上不僅發表抗日救國的文章，還大量宣傳共產黨是挽救民族危亡的中流砥柱、是抗日救國的領導核心。公開刊載毛澤東的《抗戰必勝論》，朱德的《日本並不可怕》，《朱德、彭德懷啟事》，史沫特萊和辛克萊的《朱德、彭德懷訪問記》，莫休和丁玲等《記二萬五千里長征》，以及沈西苓的劇本《大家一條心》，刊登《魯迅先生逝世周年祭》，發表葉淺予、陸志庠等的漫畫《阿Q正傳》……。這些內容為上海的小報史上留下了最光彩的一頁。

太平洋戰爭爆發，日寇進一步侵佔租界。《戰時日報》主編即《魯迅風》的掛名「編輯人」馮夢雲被日本海軍陸戰隊逮捕，以「抗日罪名」槍決。洋場「才子」堅貞不屈，掛名「編輯人」以身殉國，這位可敬的人物也是不應忘懷的。正如性堯所說：這也是王任叔貫徹執行黨的統戰政策獲得成功的事例。

九、王任叔致金性堯：帶頭為《魯迅風》寫稿

1939年1月12日，王任叔給金性堯信，原信如下：

性堯吾兄：

　　文章是寫成了，但真正不免「紆迴曲折」，而且「拖泥帶水」，實在不很合用。《魯迅風》地盤很小，如此長文章，怕

還是不登為妙。即請

　　刻安

弟王任叔上（1939年）一月十二日

　　按：王任叔這篇文章，題為《略論叫化之類》，分為三段，即「①先說動機」、「②於是『文歸正經』」、「③還是『太史公曰』」。全文二千多字，在《魯迅風》第二期刊出。

　　十、王任叔要金性堯「分送」開會通知，沒有唐弢

1939年3月7日，王任叔致金性堯信，要他通知《魯迅風》骨幹開會，沒有唐弢。原信如下：

載道仁兄：

　　附上貼子（即請帖）六個，請轉分送。又明日下午二時，請至下午二以前（「以前」邊上加圈），到貂蟬一談。在座有另境、平萬、淡秋、石靈。錫金兄處，請兄通知一下如何？

任叔上　（1939年）3月7日

　　按：王任叔通知性堯，召開《魯迅風》骨幹會議，除任叔本人外，共六人，就是文載道、孔另境、戴平萬、林淡秋、石

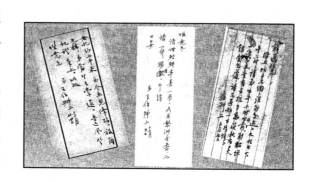

靈和錫金。沒有通知唐弢。據我的筆記，唐弢後來三次寫信給性堯：詢問《魯迅風》開會為何不通知他；要求性堯代他向王任叔說項，表明自己願為《魯迅風》效勞；唐弢自己寫了給王任叔的信，請性堯轉交⋯⋯。後來開會時，便通知唐弢參加了。孔另境夫人金韻琴的回憶中也提到了唐弢參加會議的事⋯⋯。

最後，還要公佈一封王任叔向金性堯借書的信，原信如下：

> 性堯兄：
> 　　請借《結鯕亭集》一用。如有《黎洲全書》，亦請一併賜借。即請
> 日安
>
> 弟王任叔上　十一月四日

從這封任叔向性堯借書的信中，可以看出，兩人的關係是融洽的。

第二部分：金性堯協助王任叔的「橋樑」作用

中共上海市委黨史研究室著《中國共產黨上海史》中關於《堅持鬥爭的孤島文化》指出：

「重建抗戰文化宣傳陣地，必須有一批能戰鬥的文化隊伍。當時，隨著報刊陣地的內遷，有一批著名文化人，如茅盾、巴金等相繼離滬遷往內地、香港或輾轉至延安。但仍有一大批黨員作家和非黨進步作家、文化工作者留在上海堅持鬥爭。

他們中包括黨員作家錢杏邨（阿英）、孫冶方、王任叔、梅益、于伶、姜椿芳、姚溱、林淡秋、王元化、鍾望陽、戴平萬、石靈、羊棗（楊潮）、盧豫冬（旅岡）、樓適夷、滿濤、蔣錫金、蒯斯曛、錢今昔、周木齋、蔣天佐、蕭岱等；

　　非黨進步作家、文化人鄭振鐸、王統照、夏丏尊、傅彬然、周予同、李健吾、許廣平、柯靈、羅稷南、孔另境、羅洪、唐弢、朱雯、師陀……等。

　　這些文化力量，成為江蘇省委重建孤島報刊宣傳陣地的中堅力量。」（見該書第1081頁）

　　蔣天佐認為：「如果就王任叔在『孤島』時期的貢獻說，我作為親歷其境的後死者之一，願不揣冒昧地發表一種看法：沒有王任叔，也許就沒有那個時期的革命文化工作和群眾工作的巨大輝煌的成績。」（見1982年10月18日《人民日報》）

　　為什麼這樣認為？因為王任叔當時「是一座真正的橋樑，接通了一些五四時期的老作家們同三十年代形成的左翼運動的聯繫，親密地團結起來一致對敵。這一點，確實是當時工作得以蓬勃發展的一個重要因素。也是黨的抗日統一戰線政策的一個重大勝利。」──而金性堯通過《魯迅風》做了大量工作，積極配合和協助王任叔更好更有效地發揮了「真正的橋樑」作用。

　　一、性堯在柯靈陪同下多次請王統照寫稿

　　性堯深知有威望、有經驗、五四時期的前輩作家是社會的文化精英，也是辦好刊物的中堅力量，他們對於辦好刊物有著「振臂一呼、群山回應」的作用。因此，性堯在「組稿能手」、有名的「高（季琳）大編輯」柯靈的陪同下，多次登門拜望，請當時深居簡出、絕少寫作的王統照先生寫稿，建立了良好的關係。這裏有十一封王統照的親筆信為證。（韋佩、劍，都是王統照筆名，他原名劍三。）原信如下：

其一

柯靈、性堯二位同覽：

　　屬為《魯迅風》寫文，付印期近，實難作出。（容再一期自寫，諒之！）檢舊網中，得曹天風君悼詩十首，似有意致，且可藉此紀念此新刊物，即印於首頁，或無不可？附上，望酌定。

韋佩　（無日期）

其二

性堯：

　　昨日上午接柯靈送函，約我到老正興同諸位談談，且吃好飯。但我在此四日中初感風寒，纏綿不愈，刻已似所謂傷寒，臥床未外出，飲食極少。專此相告，望與柯（靈）及諸位一說，勿罪。謝謝！（旁注：臥床五日了）

其三

　　如時常為《魯迅風》寫文實不易辦，因為我不願寫湊數文字，這是我向來之主張，想能諒及？晨來外出，甚歉。茲將舊譯蒲綠開泰詩抄三首奉上，聊為五期補白。此等文字現在難索解人，似尤與此雜誌不合適罷？署名勿改，附言可在題目下低二字印。此上，即候

刻佳。

韋佩　頓首　卅一日晚

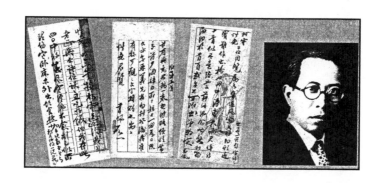

其四

　　茲有與高君（柯靈）稿一卷（旁注：附舊詩五首）想時晤，便煩帶交。前夕酒肆內取去短文一則，為日既久，亦無要義，先存勿刊登。後日我准有較可觀之文字相贈也。耑上
性堯君覽

韋佩啟（無日期）

其五

　　下午你與高君（柯靈）來，外出，未得再晤。前日示我所錄詩，本可後加附記送還？繼思此兩期內皆有我之譯詩，殊不願每期登刊，雖並未費我的寫作精神，如連載數期自亦生厭。所以望你先登他文，此詩存我處，容過兩期再說。此意並非沽執，實有個人的見解。你可找找別位少寫文字的，比較新鮮，我自信不大肯面拒文債，但不可過多也。餘不一一，藉候
日安

韋佩　十一日晚

（檢雜稿中得一詩，係二年半前一投稿，你看可用即為刊出，但
注明那年寫的方佳。）

其六

性堯：

　　茲送上《遊痕》二本，以其一與柯靈，煩代交。前為宗鈺
君（按：即旅岡，原名盧豫冬）索去兩篇，存柯靈手，刻因該
刊物辦不成，您可問柯君要。那一篇《論機械時代的藝術》，
給《魯迅風》，署名改用K.S.二字母。因譯文未完，說理亦
簡，自看極無味，但使有稿可不必用也。此問
晨佳

　　　　　　　　　　　　　　　　　韋佩上（無日期）

其七

前將舊稿《美妙的音樂家》一文重抄過郵上，聊作補白。但對
○（按：字跡上打△，不審何字）時代的文字，殊不宜於定期
刊物。署名用默堅二字，勿改，至要。若他文足用，不必亟亟
刊此。如何？
性堯君鑒。

　　　　　　　　　　　　　　　　　劍上　七日夕

其八

今午另有他事，青年會之約故不克往。專告望勿候。

此上

性堯君鑒

韋佩　廿一日早九時

其九

性堯君：

昨寄詩三首，不知已否收到？但第一首《回音》務剪下不要付排，只用《別離》、《夢境》二首即可。敘言中望你細看，如有提到三首字樣，也改為二首好了。至要至要！再則如有第三期《魯迅風》，即檢下一本為盼。

韋佩啟　二號

其十

茲將製版一頁送來，並譯文（須清抄過）囑製版處兩面萬勿沾污後送還。字用五號排，此小寓言頗有意味，故用此式譯之。

韋佩

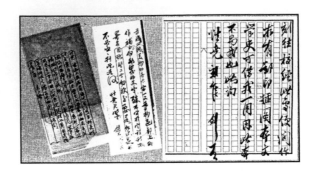

其十一

刻往校，經此處，便問你存有鄭（振鐸）印《插圖本文學史》，可借我一用？因此本不易找也。此詢

性堯刻佳

　　　　　　　　　　　　　　　　劍啟（無日期）

二、金性堯向巴金、李健吾、謝六逸、趙景深等約稿

　　性堯為了使《魯迅風》辦得多姿多彩、有聲有色，特地向從來不寫「魯迅風」式雜文的著名作家約稿。

第一位、巴金的回信

性堯先生：

　　近日為友人校對譯稿甚忙，答應給《魯迅風》寫的文章無法交卷，請原諒。今天為自己編的小叢書中某一冊寫了一篇

《前記》，抄給您看看，不知能否作為補白在貴刊發表，因我在離滬以前恐怕不能寫出像樣的文章了。

　　祝

好

　　　　　　　　　　　　　　　　　　　　　巴金　九日

（按：巴金此文，題為《寫在羅淑遺著的前曲》，刊於《魯迅風》第十六期。）

第二位、李健吾的回信

金先生：

　　因為演戲，誤了答應您的文章。今天早晨起來，取出野蕻的小說，另外自己也寫了一點，不成東西，假如不用，感激不盡。野蕻的小說如也不用，並請一同擲還為感。拙（作）仍無底稿，野蕻恐更無。如蒙登出者，祈見賜一份貴刊為盼。

　　此頌

撰安

　　　　　　　　　　　　　　　　　　　　李健吾　四月三日

（按：李健吾此文，題名《記野蕻》，刊於《魯迅風》第十四期。野蕻的小說題名《落花》，刊於《魯迅風》第十五期。）

第三位、謝六逸的回信

性堯先生：

　　承惠詩稿，至為感荷。目前新詩不擬多登，故寵愛奉璧。前刊新民謠《糖炒栗子》甚好。今後如蒙惠稿，仍乞寄此類詩作。如有五百字以內短文，亦所歡迎。此復即祝

　　筆健

　　　　　　　　　　　　　　　謝六逸啟（無日期）

　　（按）謝六逸是五四時期老作家，當時是《立報》副刊《言林》的主編。這封覆信，性堯是通過趙景深代轉後得到的。

第四位、趙景深的兩封回信

性堯先生：

　　頃已得六逸復信，附呈迅覽。仲彝兄處信已寄去，但恐亦無辦法耳。前次阿英兄問起此事，弟信口對答，以意揣測，勞兄奔走酬酢，今竟無成，殊為抱歉。岩此即問

　　近好

　　　　　　　　　　　　　　趙景深　八月十二日

性堯兄：

昨蒙過訪，失迎為歉。

大作《魯迅的舊詩》已排入《青年界》十二月號，下月一日可出版。照片亦已刊入，甚謝；原照奉還，惜已污損，至歉。

蒙抄示書信（魯迅致兄者），至感；出版後當奉贈一冊。

弟景深　十三日

（按）趙景深後來以鄒嘯筆名寫了一篇《蜀錦袍》，寄給性堯。內容是介紹清代陳烺所編、寫明代女英雄秦良玉保衛家鄉的傳奇劇《玉獅堂十種曲》之一的《蜀錦袍》。性堯將此文發表在《魯迅風》第十六期上。

三、金性堯優先發表黨員作家旅岡、海岑、錢今昔的作品

據中共上海市委黨史研究室著《中國共產黨上海史》第1081頁所載，留在孤島的「黨員作家」包括「盧豫冬、錢今昔」等。

盧豫冬（即旅岡）、海岑、錢今昔、邱韻鐸的政治身份，性堯當時並不清楚。但是因為由王任叔等有關方面轉來，性堯心領神會，在《魯迅風》上優先發表。這就是：

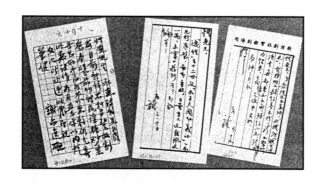

第一位、筆名旅岡、宗珏的盧豫冬
來信之一

性堯兄：

《逸經》之十二冊及《太平天國起義記》一本，先行奉璧，希即查收。日前奉上文藝論文一篇，未審已接到否？

即祝

編安！

弟旅　三月十日

（按：「文藝論文」即《文學的戰術論》，署名宗珏，發表於《魯迅風》第三期。又《抗戰中的新文學主潮》，發表於《魯迅風》第九期。）

來信之二

性堯兄：

《眾生》三卷一期起，由冀川琦兄接編，手續上已不如前麻煩！雜文方面，仍須請兄等相助，這兩天內，並請先賜一短稿為感。餘情由川琦兄面達。

祝

著安

弟旅　三日

來信之三

性堯兄：今天特地來看您，偏巧您不在家，《魯迅風》拿了兩本，以後可不必寄到《年刊》（按：指《文匯年刊》）去了，

因為最近我是不會去的。《武則天》的評，我一定寫，但是也許會寫得慢些。

弟旅　三月十三日

來信之四

性堯兄：弟受清友兄委託，代推廣《聯共黨史》，茲特附上預約券五份，請兄幫忙，該書每部一元六角，預約一元，望能三日內結束。如何之處？乞便中示知。勞神之至。祝
撰安

弟旅　五月十六日

來信之五

性堯兄：

　　文前加上了前記，請用六號字排。但文字頗潦草，為慎重起見，頂好能約我看一次校樣。

　　下篇下星期當交奉，雖說忙，但這樁積鬱的心事不了，仍然是不愉快的。

　　碰到黎庵、唐弢、木齋……諸兄時，為我轉致一聲，《大眾知識》處祈他們寫點五六百字的雜文。《大公報》的文章也請你寫一寫。

　　祝
編安！

弟　旅岡十六夜

（按）從上述來信中可見性堯與旅岡的關係，非同一般。

第二位、海岑與性堯的關係也很好
來信之一

文載道兄：

　　您的信，我已經收到。拙作愧承宏獎，不勝汗顏。其實，那樣的文章，也算不得什麼。在某些人看起來，也許會謚之「象牙之塔」裏的作品，自愧缺乏辛辣的成份，也許真寫得太閒散些，雖然我寫文章的時候，確是態度很嚴肅的。

　　關於《影評》方面，實在我欲無言。對於那些喧鬧的權威者，實在我還有什麼話可說呢？《鐵血情鴛》（Stenha Rasin），《雙城記》、《絕代豔后》就是一塊試石，結果徒然暴露了我們的影評家的對於歷史的無知和愚昧。而文藝電影則尤荒唐者，對於那部名著都沒有讀過。有人說過，中國無需乎影評家，因為好萊塢的電影在美國早已有過權威者的批評，這些專家的眼光和見地當然要超過我們的影評家，我們只要「翻譯家」來翻譯進來就得。我不同意那些話。我們的眼光和見地當然和黃金國的權威者不同，我們不能被那些偶像嚇倒，弄得自己一無主張。但看了那些中國影評的權威者，我實自罵多嘴，這些話只好取消。一個影評家必須要懂得一些歷史、文學、藝術、地理、政治……，然後他能夠瞭解一部電影。這實在並不是容易的事情。如果不管三七二十一，一逞那支生花妙筆添下去，那才成什麼話，中國電影，尤其不敢下一辭半語。並且壞得夠不上批評資格，因為條件太多，一弄不好就得得罪人，在你原出無意，人家偏當你有心和他搗蛋，在惡意中傷他。電影正和一切的藝術那樣有它的社會意義。但就是抹殺了一切藝術、技巧、結構、布排而講，在「意識」方面，我們的

喧鬧的權威者的頭腦是否就是准前進的，不是布爾喬亞的，尚大成問題。以沒有社會科學常識的人來談什麼意識，不要把人家嘴都笑歪！所以，我說，中國不但需要「影評」，還需要「影評的批評」，這些影評本身就得需要人家來評論呢！要是你這麼做，哼，對你不起，他們會一窩兒來「圍剿」你，人家還會當你們鬧意氣。於是破壞統一陣線咧，種種名辭都向你罪魁禍首頭上一套，你可吃得消？我們要學習魯迅先生的鬥爭的勇氣，這是對的。但是，我們如果真實學習了這種精神，我們一準會一年從一月一日至十二月三十一日，沒有一天不在「圍剿」和「攻擊」中。魯迅先生自己，在死前就曾有過退休專心翻譯法布林《昆蟲記》的念頭，可知這些環境應付之不易，而況我們無名小卒。

　　你們能一本魯迅先生鬥爭的精神辦刊物，我非常傾（欽）佩，因為自蘇雪林、徐懋庸以降，一以「魯迅風」為罵人的工具，「魯迅風」的論戰也就是個好例子。現在有一批人在罵抗

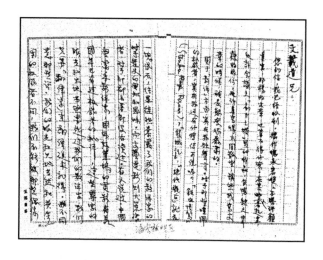

戰八股（與茅盾先生無關，他們只是利用《世紀風》上那篇文章作幌子，事實上他們根本沒有把那篇文章讀懂，他們實在是些文化界的「取消派」，想以「抗戰八股」這名詞來取消抗戰文化。）我真不知道將來他怎麼樣？我雖然不曾學到魯迅先生的精神於萬一，我卻是不怕挨罵的，所怕者，人家會把論戰當作鬧意氣和文化界的分裂，抗戰文化之不統一，這正是敵人所天天希望著的。對於貴刊，只要我能幫忙，我總竭力作搖旗吶喊的馬前小卒，夠不上做廖化之一員，為你們張「將軍」旗。稿費方面，我既非Maery Wiutes之流，只要我一天不挨餓，我總不會為了這些小問題而窮兇極惡的。

這一期稿子實在趕不及，下次再談吧！《歷史‧電影‧戲劇》擬連續寫獨立性質的續稿，惟關於電影部分，材料如《雙城記》、《鐵血情鴛》、《克龍斯達編年》等或嫌稍舊，好在從歷史一點著眼，再舊些也不妨。不知你們可用得著？

對於你們的謝意，我萬分感激地接受，並祝你們的刊物能一起發揚光大下去。

　　　　　　　　　　　　　　　　　弟海岑上　二十二日

　　字跡潦草，尚希兄原諒。再，以後刊載拙作的《魯迅風》，請寄雙份。──又及。

來信之二

文載道兄：

今日先後四時，弟走訪吾兄，遍詢三德坊十一號，均回答不知有姓文者，因廢然而返。現《羅曼羅蘭的偉大》一稿，

已託柯靈兄轉上，望即在八日《魯迅風》上刊出。三德坊十一號，兄究住在第幾樓那一間，望來信告知，以便間日再來拜訪。匆匆，祝

好！

弟海岑上　二月三日

來信之三

載道兄：

示悉。第十期《魯迅風》二冊均已收到。那句刪掉毫無關係，請勿掛懷。

奉上小作一篇，恐未能合用，因文句對於呂紹虞先生頗不客氣，未免有些過火，然而這卻是本文的中心思想，未便於工作刪改，何如？再者，弟特鄭重申明，本文弟所刪除之文句切勿勾入本文付排，以免引起額外糾紛。拙作如尚有一二可用處，望即付印第十一期《魯迅風》，何如？

《歷史‧電影‧戲劇》尚未寫就。祝

好！

弟海岑上

二月廿四日

來信之四

載道兄：

　　寄上小作一篇，以付《魯迅風》，聊充補白。

　　最近擬寫一點於《中美日報》並《華美晨報》不十分恭敬的文章，並非故意攻訐，實以某幾篇文章，實在寫得太高明，有許多話不得不說，一吐為快也。未知《魯迅風》可能容納否？

　　再《歷史‧電影‧戲劇》擬寫續稿，每篇約五千字左右，《魯迅風》可需要？望即來信示知。

　　前稿《羅氏之偉大》，兄謂付某《文藝叢刊》，名已忘，不知彼《叢刊》主編者可曾過目，可用否？《叢刊》名稱亦請告知。祝

好！

　　　　　　　　　　　　　　　　弟海岑上　二月二十五日

來信之五

載道兄：小作已蒙刊出，第八期《魯迅風》已收到，惟第七期尚未，恐係郵局遺失，再第八期亦僅收到一份，望各補下一份為荷！奉上小作一篇，聊充《魯迅風》補白。《歷史‧電影‧戲劇》尚未草就，恐兄久待，特先奉告。長（？）風叢刊有否付印？月出幾期？望告知。再，譯文可需要否？《文學新潮》與兄可有來往？兄近作不多見，忙還是懶？匆匆，祝

好！

　　　　　　　　　　　　　　　　弟海岑上　三月十日

第三位、錢今昔給性堯的信
來信之一

載道先生：

　　想不到一別竟會如此的久長，猶憶五六個月前，我曾到三德坊，知道你遷了家，當時就想問你的新居，卻因私事的空忙，而且暑期的時間大都離開了上海，所以也沒那麼做，因之，使我們之間好似無形中，有些疏遠似的。（然而，在共同愛好光明的一點上，還是可以說很近的。）現在呢？我還在老地方，讀大三，什麼都如過去一樣，而時時，也常想起過去的許多友人和導師，尤其是你，我覺得有很多點上，必需求你的指引，而且也有很多的話。我知道由《早茶》（按：《華美晨報》副刊）轉信，萬無一失，是必定能給你所收到的，諒來在你的百忙之中，亦許會有一些些時間，能寫一回信吧！如方便的話，請你告訴我你的新府的地址，當來拜謁，否則亦盼你在最近約時約地，好使我來見你，我確有許多話及事想和你一談，求你的教示也。我伸著（頭）頸，盼你的回信，禱你不要使我久候吧！我盼著盼著，敬祝敬禮

　　　　　　　　　　　　　　晚　錢今昔上（無日期）

我的地址你記得嗎？海防路海防邨58號

來信之二

性堯先生：

　　投稿《魯迅風》的拙作，現在寄上。

　　首先，請您原諒字跡的潦草。其次，請原諒我的貪懶，沒

有把這拙文，謄清一遍。

　　文字的惡劣是必然的事，請多多修改，如若不用，亦請便時勿客氣地，把此退回到拙舍為懇、為禱也。

多請指導，勾請

撰安

晚　今昔（無日期）

<h2 style="text-align:center">第四位、陳白曙的信</h2>
<h3 style="text-align:center">來信之一</h3>

性堯我兄：

　　來書奉悉。《中學生活》創刊號，兄以時間匆促，改在第二期為我們撰著關於修養方面的文章。感甚感甚！

　　這幾天開學伊始，瑣事頗多，囑寫詩，決遵命，不過要在下星期一二才能寄奉。

　　桂芳兄大作，星期六下午我來拿。請代致意。此復。

並候

撰安

弟　白曙　二月九日

（按：詩名《紅堡壘》，公開歌頌延安。延安原名膚施。開首寫道：「膚施，紅色的山城，在那兒，有著新生的血。……」結尾歡呼：「敬禮，膚施！」刊於《魯迅風》第四期。由此可見，編輯金性堯的政治立場。）

來信之二

性堯我兄：

　　前天訪兄回來後，晚上試寫了類似散文詩的拙東西一篇，乞教正！並請轉交柯靈兄為感！

　　林娜兄夫人何時到滬，最好能預先通知第一聲。匆匆。祝

撰安　　問候桂芳兄好

弟　曙　八月十一日

第五位、「左聯」老作家邱韻鐸的信

載道兄：

　　譯了些《日記》，送上，待作《魯（迅）風》補白之用。餘容續奉。

　　《新中國文藝叢刊》稿費八元，請照來單分配一下。（此款係由戴平萬兄與弟兩人合算的，總清單在平萬處。）

　　前承惠捐「新文字捐一元」，收據已轉到，特一併附上。

　　專此留條，即頌

　儷安

弟　韻鐸　十三日

　　（按）邱韻鐸，中共黨員，「左聯」老作家之一。上海人，曾任創造社出版部主任，《時事新報・每週文學》編輯。1936年2月11日發表《〈海燕〉談後記》述及魯迅《出關》的老子形象，被魯迅在《〈出關〉的「關」》中予以批評。所譯《日記》係《高爾基日記斷片》、《辛克萊日記斷片》，署名黃峰，刊於《魯迅風》第六、七、八、十六、十七、十八等期。

　　四、金性堯以「相容並包」精神、為辦好刊物而努力

　　金性堯聽了王任叔關於「統戰」政策精神的談話後，為了辦好《魯迅風》，以「相容並包」精神，團結一切可以團結的力量，把刊物辦得生動多彩。

第一位、上海通志館的陳志良
來信之一

　　在上海通志館從事考古研究的陳志良，是金祖同的朋友，與阿英相識，曾充任考古學家衛聚賢的助手。

性堯兄：

　　奉上拙稿《寶卷提要》廿三頁，便請交與阿英先生，或在《通俗文學》（按：附設在《大晚報》的週刊，或在其他雜誌上發表都可。在《通俗文學》發表者，或整批發下、或零星作為補白都可以。拜讀大作，甚欽佩，想日內用功甚力也。即頌文安

弟　志良手上　十月廿六日

來信之二

　　夜訪性堯哥未遇，桂芳阿嫂惠我《魯迅風》二期，細閱一下，忽然心血來潮，因縐短文開玩笑，一洗二月來作考據文章之苦，未悉能作《魯迅風》補白否？（其他報章雜誌能登也可）並無目的，不要稿酬。此種不痛不癢、不文不白之屁文，每週數百字，毫無問題。未悉二位看了，尊意如何？乞復，此上
性堯　桂芳　賢夫婦

弟　志良上　一月十九夜一時

　　（按）據告這則「開玩笑」的短文署名阿大，刊於《魯迅風》第五期《偶語》。後來拉來了衛聚賢的《家庭稱呼的來源》、《正月十六吃餛飩的故事》等文。

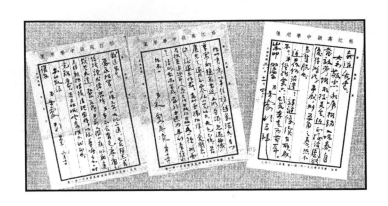

第二位、美國賽珍珠《愛國者》譯者朱雯

來信之一

載道先生：

　　屢承枉駕，心殊不安。大札三通，先後拜悉。高情隆誼，感
德靡極。弟等衣食奔走，鹿鹿庸庸；裁答未遑，死罪死罪。月前
又攖小疾，臥病二周，更將雜務蝟積，清理需時，以致尊囑云
云，一時竟難應命。容有餘暇，定當撰文就正也。端此敬請

撰安

　　　　　　　　　　　弟　朱雯頓首　廿七年六月十日

來信之二

　　作此書竟，以事往訪趙景深兄，告以尊寓趙寓甚近，正擬
晉謁，忽遇林憾廬先生，遂同至西風社小坐；比出，天色已
晚，晉訪之議遂爾作罷。當時曾攜拙譯《愛國者》，及拙著

《逾越節》（文化生活出版社出版）各一種，擬面呈請正；茲
尚留存，當於本周內再行奉訪也。餘不一。

弟 朱雯 再讀 六月十二日

來信之三

載道先生：

　　大示敬悉，承囑推銷入場券，自當效勞；惟敝校員生，近
正接洽團體優待辦法；事成，則五角之券，恐不易售脫也。

　　近日作何消遣？詩謎係續有所成不？弟俗務粟六，頗覺奔
走為苦耳。端叩

儷安

弟 朱雯 頓首拜
廿八年（1939年）十一月四日

第三位、吳丁諦即吳調公來信

文載道先生：

　　昨天我跑了一身汗，趕到府上，真出我意料，你卻搬走
了。問問別的鄰居，都不曉得新居何處，以致我未能拜訪。悵
然而返，令人敗興也。

　　現在我有一件事託你。《濤聲》月刊為友人郭谷尼主編
（原有巴彥襄助，今已改為獨編）內容純文藝，意識可稱前
進，雖水準可疵議處尚多，但最近決擬革新，務使質量健全。
大約本月內出一特大號，紀念復刊一周年。他再三托我幫忙代

為拉稿。我極希望你能給這刊物寫一篇文章。稿費有些，但不甚豐。想你體諒我的誠意，總能俯允。稿成請即寄交舍下，俾便轉達，不勝感激之至。（昨天趨前時，原攜帶有《濤聲》最近期一冊，這是郭君託我面贈的，請你將住址賜示，當即付郵寄奉）。

　　李琳兄（即柯靈）離開報館後，他家住在福煦路那兒？里弄我忘卻了。因為他給我代寄兩篇稿件往新加坡，通訊處是寫的《文匯報》館由他那兒轉交，想問問南洋來信沒有？務乞賜復，為感。專頌

　　文安

　　　　　　　　　　　　　　　　弟丁諦上（無日期）

尊址乞賜示！

第四位、西風社黃嘉音來信

性堯先生：

　　承把《小青的分析》送下借閱，謝謝。本來想先寫一封信道謝，不巧病了將近兩星期，到今天才能出來。現在這本書已經看完，特此奉還。感謝感謝。此祝

筆健

　　　　　　　　　　　　弟　黃嘉音上　　1939年1月12日

（按）據告：性堯通過黃嘉音爭取林憾廬寫了一篇《懷魯迅》，發表在《魯迅風》第七期上。

第五位、《社會日報》陳靈犀來信
來信之一

性堯兄有道：前承許垂光《社日》（按：指《社會日報》）感激無量，乃寂寂終不見鴻文頒惠，咫尺天涯，我勞何極。想 公忙定加甚也。茲祈 不吝燕許筆賜擲若干。至幸且感。匆頌
履綏

弟　靈犀　謹啟　十月廿一日

來信之二

性堯先生：

　　承惠大作，榮幸何似，尚希源源賜教，以光篇幅。下月起社報（按：指《社會日報》）將稍加整頓，內容側重幽默諷刺，或可較有生氣，還祈借重大筆每月至少惠賜鴻文十數篇，每篇字數稍短，固亦無妨（以四、五百字為度）辱荷愛護，當蒙慨諾。

　　雙十節不可無點綴，請於月抄前惠我短文一則為禱。

　　專此奉懇，即頌
文祉

　　　弟　犀
　　　廿五日

聚仁兄有何
消息？便乞
見告一二。

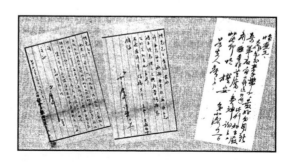

第六位、陸小洛的來信

性堯兄：

　　大作乞交來手帶下，最好勿用新奇筆名，（用文載道如何？）此刊相當嚴肅，並非豆腐，費神謝謝，草此即頌

撰安

　　　　　　　　　　　　　　　　弟　小洛　十一日

　尊夫人候候

　　從上述幾個方面，可見金性堯在負責《魯迅風》編輯時，為配合王任叔作好「真正的橋樑」，煞費苦心，做了大量的工作。但是，長期以來，有人對金性堯編輯《魯迅風》明槍暗箭，散佈了不少流言蜚語。性堯以寬曠的襟懷，忍受委曲，從未作過辯解。

第三部份、為金性堯編《魯迅風》「是非功過」辯正

　　《魯迅風》從1939年1月11日創刊，至同年9月5日出版第十九期後，由於刊物經常揭露抨擊汪精衛賣國和敵偽的陰謀勾當，日本駐滬領事館恨之入骨，強逼租界當局迫使《魯迅風》停刊。——金性堯主編的《魯迅風》究竟刊登了哪些文章？這是論證其「是非功過」必須首先弄清的問題。

　　一、性堯主編《魯迅風》期間發表了哪些文章？

　　《魯迅風》第一期至十三期為週刊，篇幅每期十二頁；從十四期開始改為半月刊，篇幅每期增至三十頁。週刊每期容納長短文章九篇至十二篇；半月刊每期容納長短文章十六篇至廿二篇。前後十九期刊物上，總計發表長短文章約二百六十多篇。

　　時年二十三歲的青年編輯金性堯（按：柯靈時年30歲，唐弢時年27歲）在二百六十多篇長短文章中究竟披露了哪些內容呢？——這是衡量和分析問題的基本出發點。

　　第一、連續六期發表了魯迅先生的書簡（十四封信）、日記和手跡，以及瞿秋白未刊的詩稿；

　　第二、自始至終先後發表紀念、評介、研究魯迅的文章24篇，其中最可貴的是刊載了從延安輾轉寄來的成仿吾和陳伯達紀念魯迅的文章；（陳伯達當時以中共北方局宣傳部長的身份去延安後出任毛澤東的秘書，性堯發表是頗有勇氣的。）

　　第三、發表了歌頌延安的《紅堡壘》；介紹新四軍和「江抗」的通訊、特寫《江南通訊》、《二十一天》以及《徐特立訪問記》等；

　　第四、連續發表了鄭振鐸、王統照、陳望道、沈尹默、許廣平、巴金、魏金枝、李健吾、趙景深、蕭軍、蕭紅、駱賓基等五四時期至左聯時期的新老作家的作品約40篇；

　　第五、發表了從內地傳來的茅盾、郁達夫、葉聖陶、豐子愷、胡風、黎烈文、曹靖華、蕭乾、何家槐、周鋼鳴、顧頡剛等《亂離中的作家書簡》十五篇；（其中白危的信介紹了延安魯迅學院的情況）

　　第六、發表了「《魯迅風》同人」巴人、柯靈、孔另境、文載道、唐弢、周木齋、周黎庵的文章52篇；

　　第七、發表了宗玨的《文學的戰術論》、《抗戰中的新文學主潮》，蔣天佐的《為了真理》，錫金關於新詩等長篇論文共約10篇；

　　第八、發表了邵荃麟譯高爾基的小說，黃峰譯高爾基、辛克萊的《日記》，胡仲持譯《文人島遊記》等連載。

　　作為一個非黨員的青年編輯，性堯在二百六十多篇來稿中，在並不知情而優先發表了黨員作家的作品約八十篇，占全部稿件的三分之一。這也是難能可貴的。

　　由於對「統戰政策」瞭解得不夠全面，性堯也發表過三篇有爭議的文章。即陶亢德的《關於「無關抗戰的文字」》、徐訏《晨星兩三》中的一段話、周楞伽的《從無關抗戰的文字說起》。三篇文章發表後，巴人立即在《魯迅風》中著文予以批評。

二、長期來唐弢對性堯編《魯迅風》散佈的不實之詞

　　柯靈先生獲悉唐弢借我《魯迅風》材料長期不還後，幾次告知：唐弢在王任叔和柯靈面前，曾經一再說：文載道寫的雜文是「知堂風」，不是「魯迅風」。言下之意，暗示由性堯編輯《魯迅風》是不合適的。

　　柯靈就說：魯迅先生不是說過嘛，「文藝家在抗日問題上的聯合是無條件的，只要他不是漢奸，願意或贊成抗日，則不論叫哥哥妹妹，之乎者也，或鴛鴦蝴蝶都無妨。」

　　唐弢建議：由盧豫冬（即旅岡、又名宗珏）來兼任《魯迅風》主編，對性堯也可有所節制……。

　　王任叔說：盧豫冬現在的工作還忙不過來。我們又不是商務印書館那樣的大老闆，出不起高薪來招聘編輯……。

　　柯靈堅決表態：什麼「風」不「風」的，我看不必「臨陣換將」。

　　王任叔告知盧豫冬，盧以宗珏筆名寫文章為性堯辯護，他寫道：「文載道的文章，雖然有人說他近似於周作人，其實他清麗熱情的雜文，特別是富有清麗的散文風味的雜感，卻顯然是有著他底獨自的風格的。」（見《魯迅風》第四期第44頁）

　　柯靈還說：他曾聽王任叔談起，唐弢曾有信給任叔，「報告」性堯是「阿英派」，說「兩人關係密切」，要「任叔提防」……。為此柯靈要性堯注意，在《魯迅風》上不要發表阿英的文章……。檢閱十九期《魯迅風》，果然沒有阿英的文章。

　　儘管如此，唐弢在公開發表的文章中還是一再貶損《魯迅風》及它的編者。例如：

　　1940年12月，唐弢在《暗夜棘路上的里程碑——「孤島」一年來的雜文和散文》中寫道：「這一年，因為缺乏一個可以作為中心的副刊或雜誌，雜文的流行是比較冷落的。《世紀風》早已停刊，《魯迅風》受到內憂外患的交迫，也不能不壽終正寢。」（見《唐弢文集》第9卷第11頁）——「外患」可以理解，「內憂」究竟何所指？柯靈說：他問過唐弢，唐弢對柯靈說：「內憂」是指金性堯在編輯《魯迅風》時犯了方針性的錯誤……。

　　不妨引用一下中共地下黨「學委」主辦的《學生月刊》上對《魯迅風》的評價。該刊1940年1月15日出版的第一期發表石靈的《一年來的文藝界》。石靈寫道：

　　「今年上海的文藝雜誌，比去年熱鬧得多。《魯迅風》……以戰鬥的姿態，衝破孤島文壇沉悶的空氣。起初是週刊，後來改做半月刊。不幸撐到八月，受了打擊，停了，一共出了十九期。」（見該刊第22頁）

　　——可見唐弢所寫，是不實之詞。

　　1945年9月，唐弢在《八年來的抗戰文藝運動》中寫道：「上海淪為『孤島』在當時尚還存在的租界上，依舊留居著一部分文藝工作者，由於環境的特殊，作者多以短小精悍的文章，向敵人及漢奸襲擊，於是雜文便勃興起來，作為中興的基礎的是《文匯報》的《世紀風》。後來的《魯迅風》雜誌，名曰提倡雜文，發表的卻還是一般的作品。」（見《唐弢文集》第9卷第21頁。——稱「《魯迅風》發表的還是一般的作品」云云，柯靈說這是唐弢暗指文載道寫的都是「知堂風」的作品。其實，從這一年的4月至11月間，唐弢連續死了祖母、妻子、二個孩子，一家失去四個親人，自己寫的文章都是哀傷的抒情散文，在《魯迅風》上發表了《拾得的夢》、《心的故事》、《黎明之前》、《童年》等

等。柯靈說：唐弢老是批評文載道，為什麼不想想自己呢？

大約在1989年，我從美國探親回來後去看望柯靈先生。柯靈問我：「唐弢不久前發表紀念王任叔的文章看到嗎？他在文章中大談《魯迅風》，歪曲事實向金性堯放冷箭，編造神話貶低武桂芳……，真不像話。」——次日我去上海圖書館找到了唐弢新出的一冊《狂狷人生》，把書中的《關於任叔》複印了下來。

唐弢寫道：「關於《魯迅風》的事情，……《魯迅風》由週刊改為半月刊，也即第十四期出版之前，已經討論過要不要換個編輯的問題，我和柯靈都反對。這回舊事重提。任叔對編者事前未經商量，發表陶亢德《關於『無關抗戰的文字』》一文深感不滿，還列舉各期上某些文章，說明不符合同人刊物創辦的宗旨。他認為當前存在一種傾向，譬如徐訏那首題作《私事》的詩，說『葫蘆裏沒有藥』，『流行文章裏爭的都是私事』，也是對抗戰中進步文藝陣營的污蔑，《世紀風》不該刊登。在討論中，石靈指出《魯迅風》編者將自己的字充當封面刊頭，跳腳舞手，不倫不類，也沒有經過商量和研究。大概還有一些別的議論，此刻記不起來了。儘管這次氣氛並不緊張，但從談話中感覺得到，我是被看成有偏向的人，很難啟齒，因此決定只是聽，不說話。」（見華嶽文藝出版社1989年10月出版《狂狷人生》第224～225頁）——這是半個世紀中唐弢用口說、寫信和文字對《魯迅風》及其編者金性堯散佈的一些不實之詞。

為什麼說他「不實」？據當事人柯靈先生說：「全不是那麼一回事！」

三、性堯處理陶亢德、徐訏、周楞伽等稿件的真相

《魯迅風》發表陶亢德、徐訏、周楞伽的文章，原文俱在，可以覆案。這裏還是公佈一些原始材料，即三人給性堯的信吧！

第一位、陶亢德的信
其一

文公有道：

　　大示敬悉。《無累》（按：指許欽文著《無妻之累》）滬
已無存，敝處亦找尋無著。容函港寄來再送奉。答應寫稿，迄
未見惠，盼望無似。即叩
大安

亢德上　九月二日

其二

載道夫子：

　　屢命作文，感銘五中。讀黎庵責梁實秋大文，思與一開小
玩笑，匆匆寫成一稿，如不能刊，乞即擲還。匆叩
文安

弟亢德奉上　二月十四日

　　（按）金性堯與周黎庵、陶亢德都是相熟的朋友。周黎庵用吉
力筆名在1939年2月14日和21日《文匯報・世紀風》發表《梁實秋的
「自由」》、《因梁實秋的要求而想起》兩文後，陶亢德想與周黎庵
「開一個小玩笑」，寫了六百多字的短文，題為《關於「無關抗戰的
文字」》，寄給性堯作為「屢命作文」的回報。周黎庵對老朋友「開
玩笑」也就「一笑了之」。不料王任叔卻寫了《一個反響——關於
〈關於「無關抗戰的文字」〉》，發表在《魯迅風》第八期，批評了
陶亢德，說陶上了梁實秋的「當」。陶亢德不作聲，筆戰默爾而息。

第二位、徐訏的信

載道先生：

　　惠示拜悉，感慚之至。弟連日來窮忙俗碌，無善可述，感已慨人，皆非文章。先生厚意，迄未忘懷，搔首頓足，終未成文。茲奉上隨筆數條，不知可算交卷否？

　　先生籍隸寧波，想亦知「乾糠打不出油」之諺，故望不以不油責我，吾輩窮碌之人，以汗水代油，價雖低微，然意實誠也，乞有以鑒之。此候

儷安（春風煦日，公餘何處消遣？）

　　　　　　　　　　　　　　　　　徐訏　三月廿一日

　　又：有舍親某，願為人抄稿，字跡頗清麗，給他稿紙，每千字一角，您交遊較廣，可否為他拉點生意，拜託拜託！

（按）「隨筆數條」即《晨星兩三》，刊於《魯迅風》第十一期。全文十六段，最長一段七句話，最短一段二句話。總共五百多字。王任叔看了以後，對其中「醫生是把人看作一隻錶，看護是把人看作一隻鳥」的一段有意見，就在《不必補充》中稍帶批評徐訏，說他是「立異以為高、超凡而出聖」的「洋八股」。（見《魯迅風》第十三期第147頁）性堯對拉來的稿子被王任叔批評了，便給徐訏寫信致歉。於是引來徐訏的回信，原信如下：

性堯兄：

　　大札拜收，厚意至感。做編輯恐怕不是兄所以為難的原因，為難原因為在吾兄實在有點「幫兇」；「退稿」也不是使弟「不服」的原因；「不服」的原因，還在我無緣無故做「挨罵」「洩憤」的對象，在「清一色」的「屠場」中，而我事實上是被「誘入」的。

　　我很感謝你私情上同我友好。一切的「挨罵」我覺得還是我太天真應受的懲罰。但一切無關我們的友情，望勿介意為禱。弟現寓福履理（路）296號振英小學，暇請賢伉儷來舍談談。日前被汽車所撞，傷創至今未愈，因不詳。祝您
雙福

　　　　　　　　　　　　　　　　　徐訏上　五月一日

　　　　　　第三位、周楞伽即苗埒的信
　　　　　　　　　　其一

性堯吾兄：迭奉手教，敬悉一是，《魯迅風》二期並收，久思動筆，只緣近來忙懶加甚，致遲遲未有報命，良用歉然。昨日復偶攖小極，胃脘作痛，頗苦伏案，已囑柯靈兄將《世紀風》存稿任擇其一交吾兄發表。吾儕交非泛泛，且我亦龍華會上人，決無什麼不同意之處也。恐滋誤會，特扶病握管，申明一二。《魯迅風》以後仍盼續寄，一俟賤軀略覺輕鬆。自當原原貢拙不誤。敬布腹心，諸維諒鑒，專覆順頌
儷安

　　　　　　　　　　　　　　　　弟楞伽頓首　一月念五日

其二

性堯吾兄：手教敬悉，拙作稍後刊載不妨，惟文中末段稍有涉及巴人處，然此乃勉勵性質，與一般妒忌中傷者不同。弟對巴人始終敬愛有加，惟其愛之深故不覺責望之切，今頗恐因此引起誤會磨擦，請兄再看一遍，如覺無妨可照登，否則請於刊登時稍加刪改為感。

　　下月起，弟可多多為《魯迅風》寫些散文，決不失約。惟有一事須詢吾兄者，即《魯迅風》之發行人來小雍，是否即《自學旬刊》之編輯人來復，亦即以前為小報界中之來嵐聲？以《魯迅風》之編輯人為小報界中之馮夢雲推斷，似必屬此公無疑。弟去歲由粵返滬，即遇此公於滬上，當時曾約弟寫一文藝理論小冊子，據說擬出一套叢書，每冊約三萬至四萬字光景，稿費每千字二元，先付稿費三分之一，並請弟代邀文化界諸名家。弟素以誠意待人，故未之疑。當即為代邀任叔景深唐弢黃峰諸兄，不意此公過河拔橋，目的不過欲利用弟為媒介，以與文化界聯絡，既遂其願，忽將出版叢書計畫根本打消，而另出《自學旬刊》。然弟已將該文藝理論小冊子全部寫成，所費時間在一月以上，當然不能受此無謂損失，故即與之理論，並將尚為代約他人，不能代人受過之意告之。詎此公竟出言不遜，弟乃負氣與之割席。後一度遇之於京城茶室，詢其究竟如何辦法，亦無確覆。弟當時本擬將所收三分之一稿費當面擲還，然細思殊當不甘心，且覺其行為可惡，遂權為扣留，以觀其後。荏苒半年，此公竟音訊杳然，似欲以不了了之，然弟生平不取非義之財，三十元至今尚原封未動，欲待其出而解決，今生恐已無望，不若由弟自出解決之為愈。故今特函詢吾

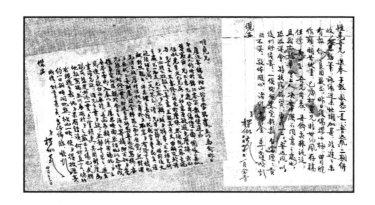

兄，如《魯迅風》之發行人果為此公，則弟現有一解決辦法，即今後陸續供給《魯迅風》一萬五千字，不取稿費，即以此三十元為酬，否則亦請兄費神代詢此公究將如何解決，弟固無時不可將此三十元返還，然已經費去一月以上之寫作時間損失將如何取償，則非此公確實答覆不可。弟甚抱歉，將此不相干之事，瑣瑣奉瀆吾兄，惟因弟義不欲再與此公往來，故不得不煩吾兄為仲間也。如有結果，甚盼示知。弟亦亟思一晤吾兄，稍暇當再相約也。專此布達，並盼回玉。順頌

儷祉

弟　楞伽頓首　3.28.

其三

性堯兄：

屢次寄稿及附函，均未蒙賜覆，至以為念。昨日午後友人約晤於錦江茶室，散後便道至尊寓訪兄，不意兄適公出，緣慳一面，惆悵奚似。任叔先生文已見及，弟初意原欲避免磨擦，

前已與兄言之，不意終不能免於磨擦，然彼既以惡意視弟，弟亦雅不欲報之以善意。且觀其原文，曲解及矜誇之處，不一而足，尤不容弟不辯，故弟特草《不必補充歟還需補充歟？》一文以答之，請兄平心靜氣，將前後文獻對照觀之，評其理之長短。抗戰首重民主，諒兄決不致厚於任叔而薄於弟，不容弟有發言權也。弟無狀，不善酬應，致常得罪人而不自覺，然對諸兄態度，始終一貫，即過去未能為《魯迅風》寫稿，亦係事實所限，觀於今日之源源寄稿，即可知弟毫無芥蒂也。入春以來，屢思晤面，然彼此似各懷成見，使弟欲白而無徑，長此乖離，終非福兆，弟之棄諸兄歟？諸兄之棄弟歟？然靜言思之，過去現在，態度始終一貫，未嘗稍更，其間雖一度為他報寫稿，然仍無礙於弟之嚴正立場也。友朋有規過之義，倘弟果有錯誤，何妨直言。倘能約一日期時間地點，彼此一晤，使弟得披瀝其所信，則幸甚矣。專此布臆，順頌

儷安

弟　楞伽頓首　四月十三日

其四

性堯兄：

來信及退稿都已收到了，讀了來信，使我不禁莞爾。兄要我「自酌」，我已經「自酌」過了一下，除了佩服兄手段的高明以外，沒有別的話說。兄說「對雙方都是極友善，決不敢有所袒護。」這我也相信。但我要問：登了任叔的《不必補充》，卻不登我的《還需補充》，是不是有所偏袒？說是「為息爭著想」，其實我和任叔哪裡有什麼爭端，上星期在文藝座

談會見面，大家還很客氣的握手，後來選舉到他時，我也是舉手者之一，這足夠證明我和他之間，根本就無所爭，更無所用其「息爭」。倘說有所「爭」，則一切爭端都是任叔神經過敏白晝見鬼引起來的，兄應該去對任叔說，不應該來對我說。既然「覺得此種文字總以少載為妙」，為何要把任叔的《不必補充》「載」出來？兄可以「忍痛退奉」我的《還須補充》，難道就不能「忍痛退奉」任叔的《不必補充》？兄在任叔面前可以不必「忍痛」，在我面前就要「忍痛」，我要請問兄：所「忍」的是什麼「痛」？殊不知我所「忍」的「痛」，比兄還要超過萬倍。兄一面在讀者面前「痛」打我的耳光，一面卻又在我面前裝笑臉，說「對不起」，還要我「自酌」，我就是最沒出息的阿Q，也不能忍受這種恥辱。忍耐應該有一個限度，這卻超過了我的忍耐限度以外。

抗戰以來，我常常感到我輩文人僅用一支筆，力量還太薄弱，尤其是去年六月六日廣州靖海路上為我所親眼見到的被敵機轟炸死去的同胞的鮮血，更加重了我這信念。再想想目前敵人托派漢奸以及汪精衛一流無恥的動搖份子，正在聯合向我們進攻，我們的筆桿一致對外，展開反敵反托反奸反汪的運動還來不及，自己人中間更何忍再有磨擦。我那篇《從無關抗戰的文字說起》，並非專對任叔而發，不過順便附帶一筆，並且希望於全體文化界同人的，不料任叔的個人地位慾太重，竟誤認我有惡意，那我也就索性「惡意」一下，不見得我對任叔個人有所「惡意」，便要和漢奸托派同樣治罪罷？

然而我卻沒有料到，兄等箝制言論的手段竟有如此厲害，我有十足充分的理由，卻不容我說話。如若我說錯了，那受大家的批判倒也是應該的，無奈我並沒有說錯，無論如何，任

叔那樣信口妄說「中國有多少窮鄉僻壤的老百姓還需要抗戰八股」這話是不對的，照辯證法的眼光看一切現象都是「動」的，不是永遠靜止不變，抗戰已經念二個月，中國窮鄉僻壤的老百姓決不會直到現在還不知抗戰為何物，還需要抗戰八股，這用不著去找尋實際上的材料，僅憑常識也可以知道。所以任叔後來也自動改正了他的話，先在《不必補充》裏說：「鄉下老百姓也許已經給抗戰抗醒了，不必八股」，再在《綜合》半月刊裏說他所說的老百姓是大部分而不是全部，他既然自知錯誤，我本來可以不必深求，不過他還要嘵嘵置辯，為了維持他個人的地位，不惜出之以最卑劣的匿名構陷手段（見四月念三日《譯報‧大家談》）這卻使我再也不能忍受了。

我要告訴老兄，任叔說我沒有中心思想，這是他的以老賣老，不肯用心考察，其實我的中心思想是有的，那就是「反不凡主義」，過去我的反對徐懋庸，現在我的反對王任叔，前後的精神是一貫的。我始終記著魯迅先生的寶貴的經驗，「哄而起的人最容易一哄而散」，所以我們所需要的是能夠堅實而有韌性地工作，不尚虛名，不出風頭的人物，在這艱難困苦的抗戰時代，我們更應該腳踏實地的切切實實去努力。我們的工作，只是發動於我們愛國的天良和責任，我們應該不希望誇耀，不希望讚揚，也不需要鼓勵，而埋頭努力於更切實的工作，越是不求人知的工作，功效越大。我們應該從艱苦踏實的工作中，去做無名的英雄，不求個人的榮譽，而以群策群力求得國家民族的榮譽，這就是我的中心思想。

我更要敬告老兄，言論自由是不能箝制的，關著的門也終須打開。兄可以「忍痛退奉」我的稿子，我也可以「忍痛」在

別的地方發表我的稿子，你們能夠辦《魯迅風》，我也能夠辦《蒼蠅風》，即使你們把全上海的報紙刊物都統制住了，包辦住了，我也自有辦法發表我的見解和主張。「自反而不縮，雖千萬人，吾往矣！」我何懼哉。

請拋棄了看人而不看事的眼光，我和任叔私人間絕無什麼嫌怨，我也決不一概抹煞，承認他有許多地方和許多工作是值得敬佩的，但他既為一種風氣的代表，「抓到一面旗幟，就自以為出人頭地，擺出奴隸總管的架子，以鳴鞭為唯一業績」，那就是最親密的朋友，我也不能無言。我寧願蒙「不會做人」之誚，但不能在真理和信念的面前低頭。我看你們大家把我也當做一事不做說冷話澆冷水的無聊之徒，那是看錯了，我有我的事實表現，而且選定了一個目標，就決不放鬆，任叔可以「信筆縱橫」，任意向別人挑釁，但碰著了我，是不能像別人一樣隨便放鬆他的，我將要以韌性的精神來和他周旋，在這時期裏，我不希望朋友調解，也不接受調解。

不過兄不要以為我將以全部時間放在筆戰上面，我只利用餘暇一為，而且想不提他的名字，只指摘他所代表的那一種風氣，我每天仍將以十分之九的時間，把筆桿放在最重要的工作上面。如若任叔能夠幡然悔悟，從此艱苦踏實地工作，不求個人的榮譽惟求國家民族的榮譽，則我馬上可以擱筆。我認為在現狀之下，已經沒有再為世紀風和魯迅風寫稿的可能，趁此四月的最末一天，鄭重地宣誓，以當息壤。

　　　　　　　　　　　　　　弟　周楞伽　四月三十日

其五

性堯兄：

　　前函多有冒犯，因弟富於感情，理智常易為感情所馭。知我如兄，當勿見責。前已托柯靈兄代道歉意，諒蒙鑒察。茲有懇者，《選萃月刊》擬於第四期出一文學專號，容量八萬字，稿酬按千字二元計算，務懇吾兄及尊夫人惠賜大作，以光篇幅，字數及體例不拘。又、弟等擬於七月一日出一純文藝半月刊《東南風》，內容與《魯迅風》同，亦請賜稿，創刊號截稿期為本月二十日，惟稿酬較薄，因須恃廣告銷路為把注也。專此即請

儷安

弟　周楞伽頓首　六月六日

　　（按）由於周楞伽以苗埒筆名發表《從「無關抗戰的文字」說起》（見《魯迅風》第十二期），巴人立即寫了《不必補充》發表在《魯迅風》第十三期，批評反駁了周楞伽。周不服，再寫文章，金性堯未予置理。引出周給金的四封信，對這場爭論提供了第一手資料。尤其是最後的第五信，周楞伽一再向性堯道歉。對性堯不發他的文章並不介意，反而誠懇請求金性堯、武桂芳夫婦給他的刊物寫稿……。

　　從這幾封信中，可見金性堯的編者處境，有點兩面吃夾檔，只好自己默默地忍受委曲……。

　　四、柯靈實事求是地秉公為性堯作了辯解

　　當我把唐弢《關於任叔》中涉及《魯迅風》的部份複印後再去拜訪柯靈先生，柯老對這樣幾點作了澄清：

　　關於《魯迅風》要不要換個編輯的問題。

柯靈先生說：「這個問題是唐弢提出，我表示反對。」王任叔並未提出這個問題。不僅第十四期未換編輯，而且十五、十六、十七期的編輯，仍然是金性堯。

金性堯表示：他年紀輕，沒有經驗，發了三篇短稿，弄得兩面吃夾檔，還是另請高明吧，至於經費問題，他保證繼續負責……。態度很堅決。柯靈表示理解。

金性堯在柯靈支持下，王任叔勉強同意性堯休息一下，要石靈從十八期起替代《魯迅風》主編。性堯的主編並不是被任叔撤換的。

柯靈說：石靈當時在暨南大學任教，又是《自學》等刊物主編，患有肺病，身體不好。編輯《魯迅風》是盡義務沒有酬金的。石靈在百忙中接手《魯迅風》，他一上手就脫期，弄得焦頭爛額。即使不是租界當局迫令停刊，石靈的身體也支撐不住了。

關於所謂「石靈指出《魯迅風》編者（金性堯）將自己的字充當封面刊頭，跳腳舞手，不倫不類，也沒有經過商量和研究」的問題，也不是事實。

柯靈說：《魯迅風》的刊頭字，原請許廣平先生從魯迅手跡中找尋。許先生說「魯迅」兩字現成就有，配一個相應的「風」字比較困難……。大家推任叔寫一個刊頭，任叔不肯寫，最後推給性堯寫。到了石靈接手編十八期時，性堯說：「我的字跳腳舞手，不倫不類，容許我收回吧。」這是性堯自謙的話語，到了唐弢筆下變成石靈對性堯的指責，是不符事實的。石靈為人謙謹涵雅，從不疾言厲色責備別人的。

五、王任叔致金性堯的親筆信足證唐弢所說不是事實

王任叔1939年6月至8月曾給金性堯三封長信，可惜被唐弢借去扣留未還。好在我手頭還有5月30日的信，也足以說明真相、澄清事實。原信如下：

性堯吾兄：

弟居處未定，正在打游擊，故通訊處亦不易定也。並非見外，實因事實如此。但嗣後如有見教，仍致函報館可也。蒯斯曛兄亦曾想為《魯迅風》寫稿，但恐寫不出手。因蒯兄寫文章較為慎重，即為《自學旬刊》寫稿，據我所知，寫後即又毀去，並未送出。我想可請他譯一點。弟如見蒯兄，當面催。

《魯迅風》文字可以答應你寫，時間也許遲一點，尊函未注時日，弟今日接讀，未知已過若干日？弟當於六月三、四號執筆。想不致太遲。

為環境所迫，朋輩見面較少，但勿以此而引起誤會。（《世紀風》蒯兄之稿恐亦為譯文。）

周楞伽在《選粹》（月刊）上大罵我。我尚未見其文。朋友中見之者頗為憤慨。我則可憐他不想回復。《大家談》（《譯報》）現由白兮（按：即鍾望陽）主編，弟從旁計畫，指點。經我們商定，擬增設《一日一題》欄，請兄等每月寫一篇短文，各抒己見，文無成規。以增趣味，萬望勿卻為荷。

今日在此寫復信，後日又須他遷了。人生若飄萍，可謂確語。待安居後，當約面談。即請

日安　武先生均此

弟　軼上

五月卅日

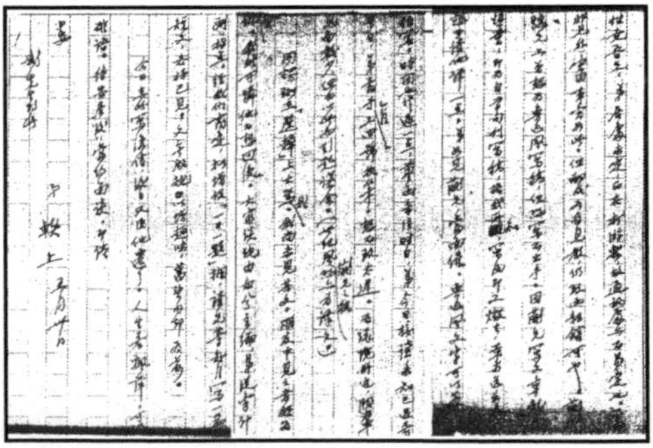

　　（按）軼即屈軼，王任叔筆名。此信寫於1939年5月30日，正是《魯迅風》第十四期出版的十天以後，第十五期出版的五天以前。因此，唐弢所寫「《魯迅風》第十四期出版之前，討論過要掉換編輯的問題」，根本不存在，不是事實。唐弢還寫道：「任叔對編者（金性堯）事前未經商量，發表陶亢德《關於『無關抗戰的文字』》一文深感不滿」也非事實。因為陶亢德《關於「無關抗戰的文字」》一文發表在1939年3月1日《魯迅風》第七期，據柯靈說：第七期付印前在貂蟬茶室開《魯迅風》骨幹碰頭會時「商量」過，參加者有性堯、柯靈、孔另境、林淡秋（筆名應服群）、石靈等人。唐弢根本沒有參加，怎能知道「商量」或「未經商量」呢？所寫的也不是事實。第七期出版以後，王任叔約了孔另境、林淡秋、石靈（他們三人在第七期上都有文章發表）、錫金、戴平萬和金性堯在貂蟬茶室座談，有王任叔1939年3月7日的親筆信為證。隔了一天，《魯迅風》第八期出版，性堯早已把任叔批評陶亢德《關於「無關抗戰的文字」》而寫的《一個反響》發表了，任叔並無對性堯「深感不滿」的事實，唐弢所寫是無中生有。——在3月1日發表陶亢德文章的三個月以後，王任叔寫信給金性堯說：「《魯迅風》文字可以答應你寫，時間也許遲一點」，「弟當於六月三、四日執筆。」——這是指任叔寫的《站在壁角裏的人》，性堯將任叔此文刊於1939年6月20日出版的《魯迅風》第十六期上。接著任叔又寫了《魯迅與高爾基》交給性堯，由性堯發表在《魯迅風》第十七期上，時間是1939年7月20日。

　　性堯為什麼要辭去《魯迅風》編輯之職呢？

　　從徐訏和周楞伽致性堯的信中，可以揣知一二。

　　《魯迅風》本來是性堯創議、任叔支持而出版的。由於阿英與任叔打過「筆戰」，為了避嫌，不向阿英約稿。好不容易把《宇宙風》的陶亢德、徐訏的稿子約來了，又遭任叔寫文章公開批評，性堯感到

「朋友的面子上難交代」。性堯曾經對我說：「賠錢貼工夫，兩面吃夾檔，裏外不見好，窩囊透了……。」

徐訏致性堯的信中說「大札拜收，厚意至感」──任叔批評了徐訏，性堯去賠禮道歉。徐訏說：「在『清一色』的『屠場』中，而我事實上是被『誘入』的」，「做編輯恐怕不是兄所以為難的原因，為難原因『為』在吾兄實在有點『幫兇』，……一切的『挨罵』我覺得還是我太天真應受的懲罰。」──這些話，使年僅二十三歲血氣方剛而又以友情為重的性堯，怎麼受得了呢？柯靈是理解和同情性堯的，因此，代向任叔說項，支持性堯主動辭職……。

由此可知，唐弢一再寫文章說「金性堯的《魯迅風》編輯」，是被王任叔「撤換」的……，根本不是事實。

1984年性堯寫了《〈魯迅風〉掇憶》，提到了王任叔、柯靈、石靈、錫金等同人，唯獨一字不及唐弢，對唐弢長期散佈的不實之詞也不作辯解。我問其緣故？性堯說：魯迅先生曾經說過，「明言著輕蔑什麼人，並不是十足的輕蔑。惟沈默是最高的輕蔑。」魯迅先生還說：「最高的輕蔑是無言，而且連眼珠也不轉過去。」──於是我懂得了，自稱是《魯迅風》雜誌重要骨幹的唐弢，為什麼在性堯筆下不屑一提。

撥開迷霧，顯示真相，《魯迅風》裏看性堯，他的是非功過讓後人來評說吧。

從王任叔離滬前的信再看性堯

拙文《〈魯迅風〉裏看性堯》，以書面證據恢復歷史的本來面目。由於和某些「專家」一貫宣稱的觀點不一致，有異議和爭辯是正常的。「真理越辯越明」，「真金不怕火煉」。拜讀了謝其章先生、蕭文立先生垂顧拙著後的大文，不勝感謝。

看來我的襟懷不夠開闊，為爭辯留有餘地，還留了幾封信準備作答辯的「書證」。卻應該相信讀者，是非自有公論。現將余信公佈。先從王任叔的信說起——：

據《中國共產黨上海史》第二十四章《堅持鬥爭的孤島文化》寫道：

「中共江蘇省委估計到日軍在佔領華界後，將首先向新聞界開刀，因此在國民黨軍隊撤離前，已開始考慮應急措施。深受上海人民喜愛的《救亡日報》，在12月22日上海淪陷後第十天，出版《滬版終刊號》後，遷往廣州。……進步報刊陣地的停版、內遷，將會出現抗日宣傳的空隙，因此，省委決定：必須在新的環境下，『轉變形式，開闢新的陣地』。要求文委在最短時間內，『集中力量，衝破敵人新聞、文化封鎖』。……」（見上海人民出版社出版該書第1081頁）

金性堯當時作為一個追求進步、抗日愛國、熱愛文學的青年，建議創辦《魯迅風》，並且自願提供開辦資金、編輯場地……等先決條件。這完全符合中共地下黨江蘇省委決定精神，作為「文委」負責人之一的王任叔，自然一口贊成、大力支持。但是王任叔從浙東來上海工作不久，只能從現象上看問題：唐弢雖非黨員（他是直到上海解放後的1956年3月入黨的），但經常在《申報·自由談》上發表雜文，已經小有名氣；而性堯雖然與唐弢同一年向魯迅先生寫信求教、並幾乎同一年得到魯迅先生覆信指教的，兩人在文學上追求的基點相同。但王任叔不瞭解內情，從「階級論」看問題：一個出身寒微、自學成才；一個是資本家的子弟、從學名師。當中共地下黨「文委」（王任叔等）批准性堯的創議辦《魯迅風》，從「唯成分論」考慮，由王任

叔發出「指令」，任命不名一文、創勁不足的唐弢為《魯迅風》第一編輯；而出力、出錢、出文的性堯只能屈居第二編輯。用上海話講：性堯是「頂了石臼做戲——吃力不討好」。《魯迅風》蓽路藍縷，勉力編好十七期後，閒話、閒氣受了不少，朋友也得罪不少，作為「同人」的唐弢在一旁說風涼話，性堯使出「少爺脾氣」不幹了。於是由地下黨員石靈（孫大珂）接手，可是僅僅編印了兩期，到第19期印出後，無法繼續，只得停刊了。

戰爭形勢使得王任叔不能公開待在上海，組織上要他撤離。他在離滬前寫給性堯一封長信，全文如下：

> 性堯兄：由石靈兄轉來一信收到。我對於兄始終無誤解。聰明、有才氣、負責、專一，都是你優點；但優點即缺點。固執、多疑，同樣在發展。這是我的看法。在給唐弢的信裏，已經說得很明瞭。我想不必多說。至於《人世間》上的談話，我明白你是指天佐。但我以為這觀點對不對不必說，因為你剛在《魯迅風》上罵過徐訏，而在此則頗有對徐訏討好之意，故云。但現在對此事也不必說了。各人都應置希望於將來。我很希望你嗣後能闊大一點，各方面談開來，就行，切不要把『疑』字放在心裏，至少以後你的意見可多向石靈表白。石靈也能對淡秋他們說的。我覺得天佐是個很好的青年，偏激一點是的有。錫金也還是可交的朋友，不過歡喜說話吧了。其次，我希望你們夫婦倆有很好成就，但必須各不妨害自己的愛好。你對自己的自由思想相當尊重，但似乎對你的太太就不很尊重。這也許是外人的話，是不必說的。我近來讀到《時論叢

刊》中（第五輯）洛甫的《待人接物》，覺得很好。有許多地
方，可校正我們的缺點。我也希望你能一看。匆匆，草覆。
弟即將離滬。不能前趨面談。對不起。

　　　　　　　　　　任　「露漚用箋」

　　我沒有資格為這封信作出正確的注釋。但多年前我把此信給幾位知情人看過，其中有葉以群、柯靈、杜宣等同志。他們的見解給我很多啟發和思考。結合自己的體會，淺見如下：

　　首先，《魯迅風》創辦之初，王任叔和性堯聯繫密切，開會通知（包括通知幾位地下黨員）都由性堯代為通知；為什麼最後王任叔和性堯中斷了直接聯繫，連信也要由石靈代轉？當時性堯政治上並沒有犯什麼錯誤，值得深長思之。

　　其次，唐弢開始時「只肯出筆、不願出力」，連王任叔指定的「第一編輯」（義務性質）不肯當，唐給王婉言辭謝的信都由性堯代轉……。轉瞬之間，唐、王變得來往密切、單獨談話；不但直接通信，而且王任叔對性堯的意見都要由唐弢轉告性堯了。王任叔在信中寫道：

> 「這是我（王任叔對性堯）的看法。在給唐弢的信裏，已經說得很明瞭。我想不必多說。」

　　再看唐弢在《關於任叔》中寫道：

> 「這兩次（與王任叔）會面給我的印象很深。事後，我寫了一封信給任叔，……感謝任叔的好意，他寫了一封長信給我，……並對周圍的情形有所說明，……這封信很長，大約有三千字左右，我一直當作座右銘那樣保存著，直到1967年，才和其他的書信一起，（按：其中包括向我借的一百多封信）一把火燒成灰燼了。」（見1989年陝西華嶽文藝出版社《狂猖人生》第225頁）

　　——從王信、唐文加以對照閱讀，性堯之所以被任叔從信任到冷落，其中奧妙，可以思過半矣！

　　再其次，任叔信中批評性堯「頗有對徐訏討好之意」。從當年到現在，眾所周知，徐訏作為受到廣大讀者歡迎的自由色彩很濃的作家，當時並未發表什麼反動文章。讀者歡迎他的小說，性堯和他保持友誼，這應該是正常的。柯靈在《世紀風》上發表了徐訏的詩《私事》，詩中有兩句：——「葫蘆裏沒有藥」、「流行文章裏爭的都是私事」——唐弢認為這是徐訏「對抗戰中進步文藝陣營的污蔑」。（見《狂狷人生》第224頁）為此向王任叔舉報：柯靈和性堯都發表了「反動」的徐訏的詩文，是喪失立場的錯誤……。任叔給性堯的信對唐稱讚他政治嗅覺靈敏，批評性堯政治嗅覺遲鈍……。（可惜王任叔給性堯的原信，被唐弢借了未還，這兩句，從我當時的摘記中引用）——可見任叔對徐訏印象不好，是唐弢「舉報」之功。

　　寫到這裏，不妨再公佈徐訏給性堯的兩封信：

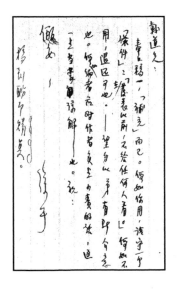

其一

載道兄：

　　奉上稿一，《補充》而已。假如你用，請守一個「條件」：「在發表以前，不給任何人看。」假如不用，退還可也。——望勿以弟有所介意也。假如編者應對作者負點小責的話，這一點當蒙諒解也。祝

儷安！　稿到盼即賜復。

徐訏

其二

性堯兄：

　　字樣奉上，此公謂既然所抄與普通稿子不同，價格應亦稍加。不知千字兩角可蒙贊同否？合則即日可動工，否則再議。請代為接洽。

徐訏

　　從信看來，性堯和徐訏友誼和關係尚佳。性堯家庭經濟較好，可以幫助朋友；為人比較隨和，徐訏碰了釘子，還願給性堯寫稿。這一點，當時的唐弢是做不到、也不肯做的。

　　我還想發表兩位：旅岡（即盧豫冬、又名宗珏）和錢今昔（又名錢金昔、錢景雪）的四封信。他們當年的政治身份「黨員作家」並不是我「想當然」的妄猜，是根據《中國共產黨上海史・堅持鬥爭的孤島文化》的記載。（見該書第1081頁）至於現在是不是仍是「共產黨員」我不知道。即使不是了，也很容易理解。

　　君不見大名鼎鼎、令人敬仰的王元化同志的大賢大德的夫人張可同志（我仍然尊敬地稱她同志）是1939年加入中共的地下黨員，為黨的事業艱苦奮鬥了十年，到了1949年上海解放後，每一位地下黨員發《黨員登記表》，以便分配工作。張可同志功成身退，不願當「官」，婉謝不願「登記」，自願退黨去上海戲劇學院當教授，為新中國培育了不少戲劇藝術人才，如今的余秋雨教授便是其中的一人。

　　也有黨在執政以前，處於地下單線聯繫，既無人事檔案可查，更無「員工花名冊、工資單」可證。一旦中斷，組織關係失去便不能算黨員了。例如范紀曼同志，青年時1926年入黨，1930年單線聯繫人不見了，便失去組織關係。他為找黨而上下求索，繼續為黨的事業奮鬥了一輩子，直到晚年（他臨終前五年）中共中央組織部批示，恢復他的組織關係，黨齡從1926年算起。如果失去了組織關係沒有堅持找黨，那只能在黨外終老一生了。但黨組織是公正的。即使失去了組織關係不再是黨員了，但歷史是客觀存在，《中共上海史》按當時的實際情況，承認他在此期間是「黨員作家」，這正是證明了黨組織的尊重歷史和公正。閒話表過，請看旅岡、錢今昔給性堯的四封信。

其一

性堯兄：

　　昨天冀以琦君託弟介紹向兄借書，曾順便於信中道及，我將於日內寫篇影評給您，不想今天即接大函索稿。前次未如期交稿的原因，是因為跟您說過的那片子，看後覺得並無可寫，加了《年刊》事忙，就索性擱下了。此次過年寫了幾篇，也是被動逼出，但興趣卻引出來了，故預備乘興給您寫《第一夫人》與《莎莎》，題目則定為《人性的發掘》，大約頂遲禮拜

二之前可以交卷，您不必來，我可以送到府上，以贖拖宕之罪。黎庵、唐弢兩兄，久未晤面，並乞便中代為問好。即祝

編安！

旅岡上　二.廿四

其二

性堯：

　　蕭乾的信只尋獲兩通，其中的一封，有『十 十 十』符號者，頂好不要登出。初來的一封也頂好略去一部份，如非急要，還是待今後來信為佳。

　　校樣如已弄好，請先用電話通知我。

祝

編安！

弟　旅　廿三日

其三

性堯先生：

　　上次武先生要的那書，因給家中人遺失了，不及帶上很是抱歉。

　　謝謝你們二位，賜給了我以寶貴之稿，這一期，真是生色不少呢！

　　這期大部稿已在排了，順便說起一件痛快事，昨天忽由另一編輯轉來二篇「罵街式」的雜文，作者大略是與「鍍金城」有關的，內容是空洞得與理論無關。我立即把它退了去，因為

離開了理論的批判都是無聊的，你說對嗎？

　　附上宣傳稿一篇，這是社外的一個同學寫的。請你改改，大約此稿宣傳性太濃，請你設法交給周木齋先生或柯靈先生如何？很是謝謝。

　　我有一個小小的計畫，過幾天，或要造訪一談。以後，種種地方，要向你們倆道謝的時候，很多很多呢！此請
筆安

　　　　　　　　　　　　　　　　　　弟　景雪上

<h2 style="text-align:center">其四</h2>

載道先生：

　　很久不見，很是念念。

　　另郵寄上《人道旬刊》二期，請查收，這刊物是二個朋友辦的，已出版過六期，第七期即將發稿，十日出版。第八期要在二十日出版，已往有薛暮橋、曹聚仁、周楞伽等先生寫過稿，自八期起，說是預備改革，想使它充實及進步。該刊經費較為充實。

　　我現在受人之託，想請先生在八期上寫一大作，（他們對先生是已久所仰慕了。）屬雜感一方面，字數大約最好能在一千五百字左右，稿費是暫定每頁二元，在每月底供奉給作家，些些之數，只可算是紙墨費而已。以後，還想請桂芳先生寫稿。

　　先生近日忙否？如若能忙裏抽暇，則想請先生在本月七日（星期日）前寫好，我想在七日上午（十時左右）至府拜謁，不知先生有暇否？若然無暇，則請下覆一信，另約時日吧！

　　本當前來求稿，因為老是考驗（每一月中有一星期考驗）故只得以書信代之了，不恭敬之處，伏請多多原諒。

　　順便想起，前在編《文藝》時，多蒙先生及桂芳先生在稿件上的幫助，今在二月中，即已在「事實上」退出該刊編委會，但回思前事，願在此向先生們道謝。

　　先生所編《魯迅風》，每期閱讀，不勝欽佩。此祝

著安

　　　　　　　　　　　　　晚　錢今昔頓首

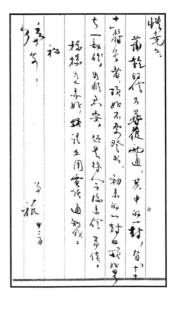

性堯先生：

上次武光生寫的卯書，是紙寫中人遺光，不見情上，很是地載。

誦～你的二生　賜稿，純以宣貴之稿，這一期，更是出色不凡呢。

這期大都稿已附手，便便說起一件事快羊，我兄的出第一編翻譯此花退了手，因為難甫之理雲了，內容是思沪禪武曲報社龍羅當粉，到至即花地里我里遊訪一談，這是利此的一千同學富上傳福一篇，他說对不誦～

附上傳福一篇，這是利此的一千同學緝稿批判和是非聊的，你說对嗎？

講你批記。大綱此編寫傳惟大眾，如或請你
說此克彼因木同我先先先如何？祝是
謝。

海藏書，我喜二个都劉　走幾先，我里遊訪一談，此佳邱的地方。單如你俩道謝的時候，祝是
祝宇呢。此請

筆安

弟　景雲上

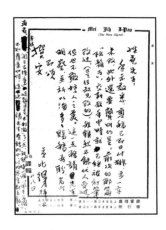

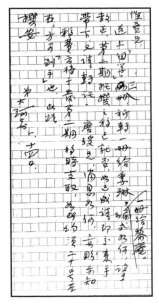

此外，還想披露幾封信，第一位是《每日譯報》的周比得致性堯。

性堯先生：

手示敬悉，尊稿已即日付排，弟一字未改，此外還要聲明的是：前次的那篇《阮鬍子》，交到我手中時，就已經被紅筆改過，（是任叔兄改的），我雖然不能代人受過，但也不敢掠人之美。這一點務請先生明察。並祈以後多多賜稿為盼，端此

即頌

撰安

　　　　　　弟　比得拜上　廿八日

再者：尊稿《關於反德意志》這題目是「太刺激」了一點，我想換一個《關於與國》，不知尊意如何。這次請先生原諒這個，但內容原封未動。

第二位是孫大珂（陳青生先生告知即石靈）

性堯兄：

送上《自學》三冊，祈轉一冊給季琳，一冊給黎庵，編式如何，望教正。第二期托撰之稿已就否，如已成請即交來手帶下，又請轉託唐弢兄，消息如何，亦盼示知。

稿費云將於發第二期稿時支取，如此約須二十號左右，方可「到手」也。此頌

撰安

弟　大珂頓首　一‧十四日

第三位是周楞伽，他對論爭的話，心直口快，說過算了，與性堯的友誼依然保持。不但本人投稿，還介紹別人的文稿。

性堯吾兄：

前上蕪箋，諒已收到，久未得覆，至以為念。《魯迅風》稿，茲續奉兩篇，其一為弟所作，係就《戰士與乏蟲》論續加發揮者，另一作者張連蘋女士，為舍妹之友，其處女作《悼辭》曾由弟介刊《世紀風》，現亦擬於《魯迅風》中漏一漏臉，惟文筆微嫌幼稚，請兄台閱，如不可用，請費神賜還為感。

何時有暇，亟盼一晤，

專此順頌

儷安

弟　楞伽頓首　四‧八

王任叔離滬前給金性堯的信，以及其他幾位的信，顯示許多幕後情節，值得玩味、思考、體會……。歷史是嚴酷的，也是錯綜複雜的。從王任叔的信看性堯，對我們理解、看待性堯，也許有所幫助。

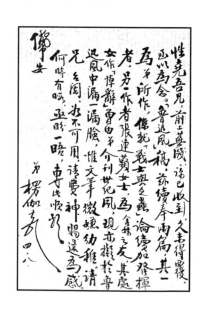

最後，還有二件事的事實真相，需要澄清。

第一件，性堯夫人武桂芳女士「去新四軍」問題。

唐弢在《關於任叔》一文中寫道：

> 「我和任叔的關係密切起來，他常來找我，我也常去找
> 他，……留下印象的……是女作家武桂芳（木圭）要求去新四
> 軍，……派來接應的是我小學時代的同學，和我極熟。武桂芳
> 同志因為家庭反對，臨時走不成。任叔約我去商量。他看一切
> 都容易，主張照舊走，派人做她家屬的工作；我說最好冷一
> 冷，等一等，先不要勉強，關鍵畢竟在本人。參加談話的人不
> 多，也就是三個吧，我的同學不在場，記不清另一位是誰……
> 氣氛似乎很緊張。」（見《狂狷人生》第223～224頁）

我看了唐弢文章，曾走訪性堯。性堯《日記》中有我去訪他的記
錄。當時性堯失聰，我寫在紙條上詢問：「唐弢說桂芳要去新四軍，
因家庭阻撓未去成？」性堯說：「是想去延安，不是去新四軍。我是
支持她的，是阿娘不同意。」我還用筆問他：「王任叔為此事約唐弢
等三人專門開會討論？」性堯說：「這件事同任叔不搭界，是《上海
婦女》上面的人管的。任叔認為桂芳在上海有較好的工作條件，比去
延安更能發揮作用。他要我『尊重太太』，取得『更好的成就』。這
件事同唐弢一點關係也沒有。」

再看王任叔對他們「夫婦倆」的「希望」是：

> 「我希望你們夫婦倆有很好成就，但必須各不妨害自己的愛
> 好。你對自己的自由思想相當尊重，但似乎對你的太太就不很
> 尊重。這也許是外人的話，是不必說的。」

　　其中並無什麼為武桂芳去新四軍「做家屬工作」的意思。王信所說「不妨害自己的愛好」——究竟何所指？據我的好友（也是性堯、桂芳夫婦共同的好友）金祖同告訴我：桂芳愛看電影，凡是好萊塢的派拉蒙、米高梅等攝製的美國新片，桂芳每片必看。這是她學生時代的愛好。大華、大光明、美琪等電影院又近在咫尺。但是性堯不愛看美國電影，不肯陪去同看，有時爭得面紅耳赤，桂芳甚至氣得哭了。祖同有好幾次做和事佬，勸性堯、不肯去，就自己仗義陪桂芳去看電影，有過很多次。

　　祖同還告訴我另一件事：祖同曾幾次來往日本，「桂芳看我來去很方便，很想去日本觀光。叫性堯寫信問我的費用。我覆信給性堯，告訴他『到日本來觀光三百元是夠的』。但性堯沒有興趣，觀光也吹了。」祖同回國後，桂芳多次抱怨性堯，只知自己整天鑽故紙堆，不肯去外面開開眼界⋯⋯。祖同的原信如下：

　　性堯兄：

　　　　來信收到了，到日本來觀光三百元是夠的，不過要玩是很困難的。

　　　　最近同友人照了一張相，寄給你存念。

　　　　我在此並不像你們想像那般的用功或胡調，然而也沒有怎麼可述的。即頌

　　儷安

　　　　　　　　　　　　　　弟　祖同拜上　六日晨

　　照片只此一張，張先生（即錢杏村、阿英的化名張鳳吾）念我的話，請轉給他看看，並告他故人無恙。又及

　　（按：「故人」是指郭沫若，其時祖同正受阿英之託，與錢瘦鐵配合，秘密策劃郭氏回國的事。）

從王任叔的信、性堯的自述、金祖同的旁證，足以證明：唐弢
《關於任叔》文中所寫的事，是不存在的。

第二件，對性堯所編《魯迅風》，任叔並未否定。

唐弢在1956年4月22日《悼石靈》中寫道：

> 「有人認為《魯迅風》是一個提倡魯迅筆法的雜誌，這是誤
> 解，……石靈負責的幾期，正是這個刊物由週刊改為半月刊後
> 最有光彩、最受讀者歡迎的幾期。」（見《狂狷人生》第249～
> 250頁）

《魯迅風》共出版19期，石靈續編的是18和19期。唐弢肯定石靈
編的後兩期，而全盤否定性堯編的前十七期。

但是，王任叔和石靈都沒有說過這種話。任叔的信是：

> 「我對於兄始終無誤解。聰明、有才氣、負責、專一，都是你
> 優點；但優點即缺點。固執、多疑，同樣在發展。」

離滬後交代性堯可找石靈、錫金、天佐以繼續保持聯繫，可見任叔對性堯充滿希望，並沒有像有些人不顧事實，一味貶損「同人」。

唐弢被「上海作協」黨組織接納入黨後一個月，躊躇滿志地寫道：

> 「《魯迅風》被禁止出版後，政治的形勢越來越緊張了。即使是這麼七八個同人，也起了劇烈的分化：有的在危難時變節（這是指金性堯），有的在折磨中死去（這是指周木齋），有的深居簡出（這是指孔另境和柯靈），有的遠走高飛（這是指奉命撤離的王任叔）。……我一直留在上海，引領北望（自詡嚮往陝北），往往使人有鼓聲當年的感愴。」（見《狂狷人生》第250頁）

無視在此期間黨派了袁殊、李時雨、范紀曼、惲逸群、關露等共產黨員，冒著生死危險打入敵人心臟，在從事秘密戰線英勇鬥爭的同時，利用「合法」外衣，創辦了《雜誌》、《光化》、《先導》、《女聲》等「白皮紅心」刊物；木簡書屋和街燈書報社等秘密聯絡的革命據點，為祖國和黨的事業建立了不朽的功勳……。任意指點這個那個，把自己「自我膨脹」成「持節北海」的蘇武……，這難道是一個「共產黨員」應有的胸襟嗎？

重溫歷史，激勵現在，在建設社會主義精神文明和道德時，值得深長思之。

從投稿《古今》論性堯「白璧之玷」

──試析性堯的「說來痛心」

性堯先生寫過不少懷友悼亡的文章，1944年的《拾荒》和1986年的《她才二十八歲》，感人至深。兩文前後相距四十多年，寫的同一人是他的長女：金大男。

他身處淪陷的上海，「面對著倉皇的烽火，殘酷卑猥的現實」，那個「童稚天真」年僅五歲的女兒，在徹骨寒風中埋葬一隻雛雀後「很久不忍離去，一直待到母親喊叫」，「猶屢屢回頭」。多麼善良可愛的孩子。

當年的孩子「到了二十八歲，已經擔任了外語系的助教」，「始終以赤子之心擁護著社會主義」。「懷孕兩月的年輕女教師」卻在「文革」暴力摧殘下死於非命、連同腹中的胎兒⋯⋯。在「思想彙報」裏性堯被迫說冤死女兒「世界觀上消極面一類的混話」。──二十年後，「夜深人靜，星月在天」，他深深感到「這是一種最大的內疚」。

再過二十年，性堯懷念同庚先逝的老朋友而寫《悼黎庵》，他說自己患了心臟病，「九重泉路盡交期」，「這日子也不會太久了」，回眸平生，反思了「百悔莫贖」、「說來痛心」的往事⋯⋯。果真如此嗎？知情者都認識「言重了」。

一、性堯與黎庵「最接近階段」（1938～1941）

性堯「說來痛心」淵源於同周黎庵的「接近」。

周黎庵出身於浙江海寧望族，東吳大學法學士。其舅父張咀英是「上海灘大老闆」，在南京路鬧市開設著名的「益元參行」。住在高等住宅區靜安寺路九福里，有衛生設備的新型石庫門樓房。黎庵住

舅家廂房，是有傭僕伺候的「外甥少爺」，氣宇軒昂、一表人才，從來沒有像黃裳筆下的「落魄頹唐」過。十七歲開始寫作，三十年代任《宇宙風》、《談風》等雜誌編輯，為林語堂所倚重。並出版《蓻門集》、《清明集》、《吳鉤集》、《華髮集》等著作。「孤島」時期便自然成為《文匯報·世紀風》的基本作者。性堯就在此時與黎庵結識。接著「幾個人便相約到老正興館聚餐一次。後來又認識了王任叔」，一起出版了《邊鼓集》、《橫眉集》。性堯說「這步子原是起的很好，然而單就我和黎庵來說，兩人最接近的還不在這時，說來痛心，卻是在《古今》的那個階段。」

也許是性堯一時失憶，也許是他故意諱言，也許是他勇於反省、嚴於解剖自己……，他同黎庵最接近的階段，似乎是1938年至1941年從共同校對《魯迅全集》、為《魯迅風》寫稿，交往逾三年。性堯自己說過：「《古今》固然是周公（黎庵）編的，在『我的朋友』之列，不過彼此的友誼，……多了一份歲月上的積累。」（見《古今》半月刊第19期第44頁）這「歲月的積累」，便成了知己。

有幾件事實，周黎庵當時致性堯的親筆信可資佐證。

第一件、性堯代約周黎庵與王任叔「一敘」。原信如下：

　　載道兄：

　　　　示悉。七日晚林語翁（按：即林語堂）任婚禮，已答應去參加，倘可脫身，當至老正興（飯館）與軼公（按：即屈軼，王任叔筆名）一敘，若可改期，尤所感禱也。《宇宙風》81、82（期）奉上。叩

　　刻安

　　　　　　　　　　　　　　　　　　弟黎庵（無日期）

　　（按）王任叔當時是上海地下黨「文委」成員，能夠約黎庵「至老正興」餐館會晤「一敘」，可見其人在政治上是可以信賴的。性堯並沒有「所交非人」。

《古今》創刊號封面 因黎庵

第二件、為魯迅《准風月談》校對，給《魯迅風》寫稿。

　　性堯兄：

　　　　《准風月談》校就，俟有便奉上。比來天冷怕跑故也。《魯迅風》二期寫了一篇《關於文字獄史》，不知可用否？改削一秉編者之命，不必客氣。近來文債逼擾，難予擺脫，故所作往往急就，且天寒亦有關係，馬虎處伏乞諒之。

　　　　季琳（按：即柯靈）半月不見，至為念念，此君近忙得可以，難找其人，常覺怏怏也。不贅。

　　　　候太太（指武桂芳）安。叩好。

　　　　　　　　　　　　　　　　　　　弟黎庵頓首（無日期）

　　（按）在許廣平、鄭振鐸、王任叔的主持下編印出版《魯迅全集》，是抗戰以後上海文化界的巨大業績。金性堯參加義務校對，周黎庵也貢獻了一份力量。黎庵校對《准風月談》，是性堯的關係。由於性堯的約稿，黎庵為《魯迅風》寫了文章：創刊號發表《檢查瑣談》；第三期發表《關於文字獄史》；第五期發表《雜感家的見解》；第六期發表《論讀報》；第十期發表《「立異」與「持同」》；第十四期發表《讀〈駱駝祥子〉》為數六篇，與孔另境、柯靈、唐弢等的發表篇數相等。

　　這裏有一封周黎庵最初用「談風社稿紙」寫給性堯的信：

　　載道兄：

　　　　比來對文章毫無興趣，為《魯迅風》不得不勉強一寫。刊之封面，毋乃太劣，未知可移刊篇末否？

　　　　　　　　　　　　　　　　　　　　　　吉力（無日期）

（按）周黎庵從「毫無興趣」到終於寫了六篇給《魯迅風》發表，足見「兩人的關係」非同一般。

第三件、推銷「語文展覽會」入場券「奉趙」事

1941年春，有一天，陳望道前輩親自來訪星屋，說是最近將舉行一次「語文展覽會」，要金性堯去任招待。因為語文的事情比較專門，唯恐大會的成績不好，虧蝕過巨，入場券用推銷制。性堯商得《正言報・淺草》編者柯靈同意，出了「展覽會特刊」宣傳鼓吹。性堯還負責推銷一部分入場券，分為五角券、一元券等等。他就請周黎庵幫忙推銷……。周黎庵回信道：

> 性堯兄：
>
> 　茲奉上《文學》三期，《宇宙風》一本。《清明集》一冊，迄便交（孔）另境兄。
>
> 　入場券弟實無法推銷，只得奉趙，因兄處或有辦法可銷去也。伏乞
> 原諒為幸。叩安。
>
> 弟黎（無日期）

（按）性堯收到黎庵不願推銷而退回的入場券後，認為不夠朋友。遂仿三國魏末「中散大夫」嵇康《與山巨源絕交書》所謂「夫人之相知，貴識其天性，因而濟之。」入場券「奉趙」豈非「不濟」？性堯引經據典責備黎庵，古人「野人獻曝」，「區區之意，亦已疏矣。」黎庵看到性堯的信並不生氣，也未置之不理，友情為重，覆信婉言解釋。

第四件、婉言解釋「豈能成為知己而性情脾氣相同耶？」

載道兄：

　　大示敬悉，絕似中散妙文，愧我非山公濤（即山巨源），足下大可不必動此閒氣也。

　　夷考平生，弟蓋是一絕端個人主義者，團體活動，枉非所喜，去年弟為《魯迅風》拉定戶事，不獨大半帳款無著，仰且遭人笑罵，目為營利者。於是立誓不再幹此等營生，自討沒趣。這次為足下殷囑故，重作馮婦一次，並無結果，本擬自售一張，不料辱承（孔）另境兄高誼，惠我一張，遂連一張都不能銷。其所以急急還趙者，以足下交遊廣闊，或可即日銷去，固無不可，但語文展覽會又非難民，更有大富如姬覺彌之撐腰，似乎可省則省矣。

　　前有友人託代售《新中國印象記》十本，至今三四月，弟一本未售，若必欲到處代人兜售者，則足下處非硬塞一本不可。此事弟做不到，全部售下送人又力之所不勝，故寧得罪於人而不自悔者也。

　　季琳謂謬托自己，似乎過分之談，實則兄等猜疑之心太過耳。人豈能一成為知己而性情脾氣一一相同耶？即如亢德，七載老友，面紅耳赤，亦所不免。伏維平心三思，切勿暴躁，得罪之處，幾時詣府請罪。叩安。

　　　　　　　　　　　　　　　弟黎庵頓首（無日期）

　　——如果兩人不是「最接近」的知己好友，黎庵就不可能寫這樣的信了。

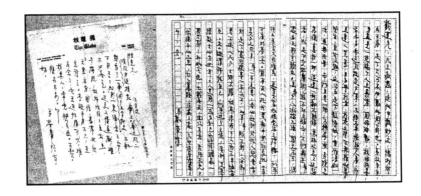

二、特殊環境的產物《古今》（1942～1944）

陳青生先生著《抗戰時期的上海文學》云：「淪陷時期的上海文壇，出現了愛國文學和漢奸文學兩大營壘。雙方對峙並存，明爭暗鬥，儘管有些作家有意無意地參加兩方面的文學活動，但各自的基本陣容卻界線分明。淪陷時期上海文壇出現的各個作家群，在一定意義上也是兩大文學營壘對峙並存的體現。」「淪陷時期的上海文學，是特殊歷史風雲、特殊社會水土、特殊創作心緒孕育的產物，具有特殊的內容、氣質與形態。」（見上海人民出版社1995年版該書第198頁）——前者有柯靈主編的《萬象》月刊；後者則是發表《大東亞戰爭與中國文學的動向》的柳雨生和鼓吹「舉物質精神意力，協助友邦日本獲取大東亞戰爭的最後勝利乃是我們神聖責任」的《中華月報》……。這是「界線分明」的兩個「陣容」。至於「具有特殊內容」的《古今》（周黎庵主編）和《雜誌》（袁殊主辦），雖然以「漢奸文學」的面目出現，內情比較複雜，具體情況應作具體分析。

1. 創辦《古今》的書畫「掮客」朱樸

香港名作家董橋先生在最近出版的《故事》中介紹了創辦《古今》的「書畫掮客」朱樸之。知人論世，不妨摘錄一二。董橋說：「朱省齋名樸，字樸之，無錫人，我1970年年尾在香港報上讀到他去世的消息。（按：朱樸出生於1902年，享年68歲。）他早歲浮沉政海，中年後來香港買賣書畫，與張大千、吳湖帆友善，《星島日報》社長林靄民請過他編《人物週刊》。省齋與張大千五十年代在香港過從甚密，也許還不斷有過書畫上的買賣」，張大千「《歸牧圖》題識提到的蘇東坡《石恪維摩贊》，大千竟然又是靠朱省齋奔走買進來的。此《贊》曾經由省齋的外舅梁鴻志收藏，（按：梁鴻志是朱樸的岳父，梁女文若1944年嫁與朱樸）四十年代末期忽然在香港為省齋發現，立即轉告大千，大千願意傾囊以迎，懇求省齋力為介說；幾經磋商，卒為所得。」1950年朱樸和譚敬「同寓香港思豪酒店。一天，譚敬忽遭覆車之禍，身涉訴訟，急於用錢，打算出讓全部藏品。（按：其中有宋代黃山谷《伏波神祠長卷》等珍品）那時張大千正在印度大吉嶺避暑，省齋馳書通報，大千立刻回電說：『山谷伏波神祠詩卷，弟寤寐求之者已二十餘年，務懇代為竭力設法，以償所願！』省齋接電後幾經周折，終於成事。」（見作家出版社2007年版該書第292~294頁）——董橋講的這段《故事》，有助於解開朱樸為何創辦《古今》之謎。

朱樸之父朱述珊為梁溪名畫家，從小受家庭薰陶，懂得古代書畫的真正價值。1922年在上海中國公學畢業後，進商務印書館任《東方雜誌》編輯。1924年加入國民黨，投靠CC系大頭目陳果夫，得陳青睞於1928年派赴歐洲考察。在法國巴黎認識汪精衛。蔣介石在國內派系鬥爭中以退為進，暫時「下野」。朱樸便改換門庭，投靠汪精衛。

在蔣汪矛盾中汪精衛並未得勢，朱樸便暗中繼續與CC系接觸，為自己留後路。並與抗日名將張發奎將軍保持友誼，1936年入張的總司令部參與戎幕。1937年春回滬主《中華日報》筆政。「八‧一三」日寇侵略上海後，汪精衛要朱樸去香港開辦蔚藍書店，暗中與CC系仍有接觸。1939年春汪精衛派他去上海從事「和平運動」宣傳工作，他暗中則與「中統」取得聯繫。與此同時，「中統」骨幹稽康裔（陳立夫的親戚）派穆時英去上海打入「和平」陣營，出任第一張漢奸報紙《國民新聞》社長，大肆鼓吹「和平運動」。朱樸則在3月20日於上海出版第一份漢奸刊物《時代文選》。從表面上看，穆時英和朱樸之是當時「和平」陣營宣傳系統的兩員「大將」。

當時「中統局」局長是CC系頭目之一的朱家驊；「軍統局」局長是黃埔系的戴笠。雖然同為蔣介石親信，為爭權奪利如水火不相容。1939年6月28日「軍統」殺手在上海租界暗殺了穆時英。這一槍嚇破了朱樸之的膽，雖然汪精衛委任他當偽中央黨部宣傳部副部長等要職，卻深居簡出，不敢有何作為。汪精衛責問其故，朱樸之藉口妻兒病歿給周佛海等寫信：「人生本如一夢，而弟所夢者乃一惡夢；人生又如一戲劇，而弟所演者乃一悲劇。」以此搪塞。

太平洋戰爭爆發，日寇進佔租界後，賦「閑」二年的朱樸之在上海「忽悠」不下去了。在汪精衛、周佛海的一再督促下，要他為所謂的「和平文化」謀一席地，於是便有創辦《古今》之議……

2. 「身在曹營心在漢」的主編周黎庵

在現今的藏書家和讀者不可能注意到：在《古今》半月刊上登載過一則《徵求〈古今〉合訂本》的啟事，原文如下：

「茲徵求《古今》合訂本第一、二、三、四肆冊，書品必須整潔，願出一千元，（按：當時第六冊的售價每冊八十元，四冊原價合計不足

三百元）有意割讓者請逕送上海慕爾鳴路升平街潤德里四號石翳收，時間以星期六下午或星期日為限。」（見《古今》第39期第31頁）

這位石翳真名石柏泉，是我的知己密友，當時在新華信託銀行任職，民主人士嚴景耀先生的學生，當時是老共產黨員賀樹指導下一個「讀書會」的成員。（抗戰勝利後加入中共。上海解放後南下支援大西北，先任銀川中學校長、後為教育局副局長，「文革」中迫害而死。）為了對《古今》作一番研究，在賀樹老師首肯下我陪了柏泉兄去亞爾培路《古今》社，由周黎庵先生接待，慷慨為我們免費刊登了這則啟事。

憑此因緣，我們與周劭先生有過兩次傾心的談話，並承周先生分別贈給我們各一張他寫的墨寶。是周寫的言志二律。我的一張保存至今，原詩如下：

其一

新秋夜半氣蕭森，倦倚涼天客思深。
傷別每拋兒女淚，感時還伏幽燕心。
家山唱破悲華髮，琴劍飄零憶舊林。
極目人間無看處，不堪孤寂自行吟。

其二

戰雲密佈望夫山，鬥士高歌洗伐還。
到處精魂成絕壁，忍看胡巴度雄關。
大江怒吼繞三鎮，浩月流輝滿九園。
應見敵騎誅戮盡，方知正義在人間。

　　周先生得悉我們都是蘇州人，高興地說：「上海是我第二故鄉，蘇州是我第三故鄉，但我還是喜歡蘇州……。」他為柏泉兄帶去的《薜門集》簽了名；為我帶去的《華髮集》簽了名。當時談話事隔六十多年難以悉記，印象深的兩點是：他說「朱樸特意要找一個兩方面都過得去的人當主編，我只好勉為其難了……。」我們問他哪「兩方面」？他一手指西南，一手指西北。他沒有明言，我們的理解：西南指重慶，西北指延安。——這只是印象，並無證據。

　　他還說：「我們的刊物是汪精衛、周佛海出的錢，他們在『青天白日滿地紅』的國旗上加一條小的黃三角尾巴『和平反共建國』。我和朱樸的君子協定是：『隨汪不反蔣，反共不罵共』。這也就『庶幾無愧我心』了……。」我的柏泉兄會心地笑了。

　　當時我們認為：《古今》主編周黎庵是「身在曹營心在漢」。我們「讀書會」的宋濤、袁蔭生（黨員）、李孝流（後去新四軍）、王彬如等都成了《古今》的讀者。

3. 朱樸辦《古今》「醉翁之意不在酒」

　　朱樸在《古今・發刊詞》中故作「超脫」地說：「過去的都成史料，現在的有待記錄，未來的則無從說起」。「本刊是包羅萬象，無所不容」——卻一字不及「和平運動」，更不提什麼「大東亞戰爭」。這是同所有漢奸刊物異趣之處。為了向重慶方面暗送秋波，朱特地寫了一篇《滿城風雨談古今》，他說：「借『滿城風雨近重陽』之句以題本篇，字意雙關，自揣尚屬切當也。」何謂「重陽」？非徒時令節名，寓重慶之陽剛；何謂「雙關」，希望重慶之陽尅「暴日」也。朱樸一再強調「對於自己的前途，抱有萬事俱休，祇欠一死之慨。因此寄居滬濱，終日徘徊，自己不知怎樣才能遣此無聊的餘生。有一天，忽然闊別多年的陶亢德兄來訪，……慫恿我出來放一聲大

炮。……正值精神一無所托之際，遂不加考慮，立即答應，……因讀菊山詩集中『世間萬事俱陳跡，空倚西風閱古今』句具有同感，所以即以《古今》二字題名本刊。」再次聲明「本刊完全是一個私人的刊物，是一個百分之百的『自由意志』的刊物。」「以補發刊詞的不足。」（見《古今》第9期第32頁）──這些話實際上是說給他的「老主子」重慶方面的「中統」和「CC系」聽的，以免再蹈穆時英被誤殺的覆轍。因為眾所周知，當時的上海稱為「淪陷區」；而重慶等大後方稱為「自由區」；延安等地則稱為「解放區」。朱樸標榜的「自由意志」，明眼人一看便知。勝利後，重慶來人果然放他一馬……。

朱樸畢竟出身於書畫世家，深知「國寶」級的兩宋古書畫的價值。而當時號稱「前漢」（汪精衛屬「後漢」）的大漢奸梁鴻志家藏兩宋古書畫，他覬覦之心，無時或已。便以《古今》約稿為名，頻頻登門訪梁。

在《古今》創刊號上，朱樸將「前漢」巨奸梁鴻志的《爰居閣脞談》刊登頭條第一篇；以「後漢」巨奸汪精衛的《革命之決心》殿後最末篇。既見他「捧梁」的用心良苦，又暴露了他辦《古今》的「醉翁之意不在酒」。他的目標在於爰居閣主人的「三十三宋齋」。何謂「三十三宋齋」？這裏還有一段史實：

梁鴻志字眾異，北洋政府段琪瑞執政的秘書長。日寇侵華後首先在南京成立偽維新政府任行政院長。故稱「前漢」。汪精衛投敵、成立偽國民政府任主席，人稱「後漢」。梁從偽府首揆退居汪的閣僚，出任監察院長。朱樸仍對梁特別尊重，不僅梁的國學根底深厚，更因他是清代中丞、「江蘇巡撫」梁章鉅的後裔。梁章鉅政績、文名卓著，富於收藏。傳到眾異手裏還擁有兩宋（北宋和南宋）蘇東坡、黃山谷、米南宮、董源、巨然、李唐等書畫名家真跡三十三種，故自稱「三十三宋齋」主。這些國家級極品的珍藏不能不令朱樸為之咋舌。

1942年4月的一天，朱樸要周黎庵陪伴同去鑒賞。至梁宅適主人外出，由其女梁文若招待。這就是朱樸致文若第一封「情書」中所說「兩年多以前曾經多少友好的熱心介紹，始終未能謀面，而『這一次』竟於無意之間一見傾心」的「這一次」。朱樸致文若信中寫道：「我因精神無所寄託遂創辦《古今》以強自排遣，卻不料無形中竟因此獲得了你的重視和青睞。」「在茫茫塵海之中能夠獲得」你（梁文若），「可說不虛此生了」。（見《古今》第40期第4頁）從1942年4月至1944年3月，整整兩年的苦心追求，文若小姐下嫁朱樸，朱樸成為梁鴻志的「乘龍快婿」。「三十三宋齋」的「肥水」也能分得「一杯羹」。他創辦《古今》的目的初步得逞。

4. 朱樸利用《古今》獲得了巨大的收益

朱樸之與梁文若結婚後，梁宅「三十三宋齋」可以暢行無阻、自由進出。朱梁這對「小夫妻」還經常約了梁鴻志到上海的藏家鑒賞古書畫，還以老梁的資財收購古書畫。有朱樸公開發表的部分日記，可資旁證。查《樸園日記——甲申銷夏鱗爪錄》，摘錄如下：

8月15日，下午到《古今》社，鶴老（按：即冒廣生鶴亭老人）送贈《梁節庵遺詩》一冊，盛意可感。《古今》第53期出版，封面刊登孫邦瑞君所貽鄭蘇戡之『含毫不意驚風雨，論世真能鑒古代』一聯，頗為大方。（按：這是收藏家自動送上門來。）

8月16日，昨晚轉輾反側，不能成寐，苦極。午飯後小睡，忽為空襲警報驚醒。三時解除警報後即到《古今》社小坐。（按：當時美國海軍在太平洋反攻，節節勝利。美國飛虎隊空軍、即第十四航空大隊從內地機場起飛轟炸上海「日本關東軍」過境臨時駐防地，致使上海被迫拉警報，有時甚至一夕數驚。朱樸所寫，乃記實也。「轉輾反側，不能成寐」，在苦苦思索今後出路也。）

8月17日，昨晚仍未得安眠……。閱報英美軍在法國南岸登陸，名聞於世之避暑勝地，一旦化為炮火連天之屠宰場所，誠浩劫已！（按：擔心上海可能步法國後塵，故而「未得安眠」也。）

8月23日，上午赴中行，與震老閒談時事，感慨良多。下午與文若赴爰居閣，（即梁鴻志住所）邀外舅（即梁鴻志，朱對梁不稱岳父而稱外舅。1964年朱樸在香港出版之《藝苑談往》也稱梁鴻志為「外舅」而不名，避諱也）同往孫邦瑞處觀畫。今日所觀者有沈石田畫二卷，董香光畫軸及冊頁各一件，王煙客冊頁九幀，惲南田畫一卷，皆精品。石谷二卷俱係中華時代之力作，頗為外舅（梁鴻志）所讚美。……邦瑞富收藏，今日因時間匆促，不克飽鑒為憾，異日當約湖帆再往訪之。（按：這個姓孫的收藏家，是自己送上門的「冤大頭」，從主動向《古今》封面贈送對聯開始，引起朱樸注意的）。

（以上均見《古今》第54期第13、14頁）。據說孫邦瑞家藏的精品經梁、朱「鑒賞」以後，梁、朱用「金條」為誘餌，反覆談判，威嚇利誘，被掠奪而去……。類此者何止孫氏一家！？這就是朱樸之用《古今》為幌子，先瞄上梁家「三十三宋齋」，然後再網羅海上著名收藏家的珍品……，這就是他辦《古今》最終的真正目的。

從此朱樸無心兼顧《古今》，全身心撲在尋覓和掠奪珍貴的古代書畫上。一個半月後的1944年10月，《古今》發表《休刊啟事》：「《古今》出版以來，已達五十七期，歷時二年又七個月，……聲譽得以蒸蒸日上，……茲擬小作休憩，決於57期起暫時休刊。……今後任何人不得假借此名義出版雜誌刊物，特此鄭重聲明。」──朱樸通過《古今》人財兩得，名利雙收。把《古今》停刊以後，集中精力，找到退路，最後去「香港買賣書畫」──鏡頭回到董橋在《故事》中敘述的一幕，後以68歲病逝，也算「善終」。

5. 周黎庵為《古今》「因福得禍」到「因禍得福」

朱樸靠周黎庵將《古今》做出了牌子。在「人財兩得、名利雙收」後朱樸「過河拔橋」，面對大量存稿不准周黎庵用《古今》名義出版增刊、續刊、選刊……。周黎庵感到憤慨。為了緩和矛盾，安撫周黎庵的「不滿」，朱通過梁鴻志「監察院長」偽職的職權，任命周黎庵「不用上班辦公、只要坐在家中」，等待每月送來一筆「乾俸」的「偽行政督察專員」之職。

抗戰勝利以後，柳雨生、陶亢德等被國民黨以「文化漢奸」罪名逮捕入獄。周黎庵由於得到CC系和朱家驊的關照，倖免於難，照常在上海開業當律師。茅盾前輩從內地回到上海，不料竟被二房東告了一狀，要他遷讓所租房屋。茅盾當時的身份，不便公開出面同二房東對簿公堂，便請孔另境代表茅盾委託周黎庵這位「掛牌律師」辦理這椿訴訟，並請周黎庵到孔另境家裏和「當事人」研究案情。周黎庵對茅盾說：「沈先生（茅盾原名沈雁冰），您不要著急，這房屋糾紛是民事訴訟，被告可以不必出庭，您只要委託我為代理人好了；我可以向您保證，這椿官司保你不會敗訴而遷讓房屋。」結果當然勝利。（參見上海古籍出版社1995年出版《黃昏小品》第30頁）事後茅盾宴請周黎庵為謝。

由此可知，周黎庵當時獲得以茅盾、孔另境為代表的進步文化界的信任。解放以後，黎庵和性堯一同在上海文化出版社任編輯。1957年「反右」運動，黎庵和性堯都平安度過。過了一段時間，不料因朱樸之「奉送」給他的掛名「偽行政督察專員」，被錯定「歷史反革命」發配至農場改造。所謂「福兮禍所倚，禍兮福所伏」。周黎庵在農場改造比金性堯在「文革」中遭遇少吃了苦頭。後因特赦而回滬，國家還分配給他一間小屋，作為上海文藝出版社的編審而退休，於是

他有了兩處房子。「文革」後甄別屬於「錯判」，最後得到了公道。著作了《閒話皇帝》、《清詩的春夏》、《黃昏小品》、《中國明清的官》、《蔚溪尋夢》、《向晚漫筆》等等，受到海內外讀者的歡迎。——這就是周黎庵為編《古今》從「因福得禍」到「因禍得福」的辯證過程。

6. 金性堯遺文可為周黎庵死後被誣澄清真相

既然把周黎庵《古今》一段歷史交代清楚了，作為得到周先生贈詩的「後死者」，我有責任為他辯誣。「誣」見於黃裳最近出版的《來燕榭集外文鈔》第507頁。黃裳寫道：「《蠹魚篇》本是給《宇宙風乙刊》的投稿，（按：《乙刊》的出版時間在1938年。）不料未及發表，雜誌就停刊了，向黎庵索回原稿，卻回說找不到了。但事實當然並非如此。」（按：黃裳把說謊話的責任強加在周黎庵身上。）「其時父親新逝，家境困難」，「這當兒周黎庵出現了，說是正在籌辦一種刊物，已經『迷失』了的《蠹魚篇》又找到了，打算就編入創刊號」。「在那種環境下要辦一種刊物，其背景不問可知。忽然抖了起來的黎庵，意氣風發，一反過去的落魄頹唐。」「這樣的朋友是惹不起的，但又躲不開。」「實在走投無路了，這時周黎庵正逼稿甚緊，當時年少氣盛，不免有點狂，氣悶之餘，就想如能從敵人手中取得逃亡的經費，該是多麼驚險而好玩的事。於是下了賣稿的決心。」——知情者看到這位「文章能手」在濟人急難的黎庵身後，以後「死無對證」可以信口雌黃，令人齒冷。正像柯靈先生所說：「改造歷史、掩蓋歷史，從政治上看，可以說是古今中外司空見慣的現象。」但是，柯靈還說：「文有文品，商有商規，各不相侔，兩棲者也不能隨便混淆逾越。」以免「為世所詬病」，「為士林所不齒」。值得我們共勉。

　　好在這件事的歷史真相，早被金性堯「記錄在案」，公開發表在
《古今》第19期第40頁上。謂予不信？請看事實：

　　金性堯寫道：「當《古今》出版的一個月前，有一次，黎庵兄步
至寒齋閒話，中間曾說到友人想出一本雜誌，像過去《人間世》那樣
的專門『談狐說鬼』，……我問他為什麼不把《宇宙風》復刊呢？答
云，這非一二人所能作主。……在這之前，有一位《古今》特約撰搞
的默庵君（按：默庵是黃裳當時的筆名）也向我表示，近來想寫一篇考
據性的小品，（性堯按：即《蠹魚篇》）打算在雜誌上刊載。黎庵與默
庵本來是很熟的，而且又為黎庵所最賞識、最折服的，謂其文字高出我
二人之上。所以兩庵之間，素有『因緣』，然非香火而為文字耳。其
次，還有一個原因，《古今》的社長朱樸之先生，跟他們在很早的時候
就相熟的。」──應該承認，性堯在當年所寫的可稱之為信史。

　　關於黃裳「在很早的時候」就和「《古今》的社長朱樸之相熟」
這一點，也決非性堯一人所說的「孤證」。這有黃裳自己親筆所寫的
文字為憑。

　　2006年5月，黃裳的《來燕榭集外文鈔》由作家出版社出版以後，
一度成為暢銷書。有一位讀者蘇里先生看到上述黃裳寫周黎庵那段言
過其實的話，不以為然，就在2007年5月4日「http」網上發表感慨說：

　　「六十多年前黃裳先生只不過二十歲出頭，年輕人在那個奸偽
橫行的年代，沒有經驗，即使做了一些荒唐的事，也是可以原諒的。
但前提首先要自己對發表的做過的事有正確的、理性的對待，遮遮掩
掩，避而不談，王顧左右而言他都不是辦法。」──為了以正視聽，
蘇里先生把黃裳親筆寫的《自述》公佈了一部份。現將黃裳自己所寫
他與朱樸「會見」和「談話」的一段，轉引作為性堯文章的佐證。

　　黃裳寫道：「我對於已經和《古今》發生的關係產生了一不做二
不休的想法，因此才寫了十篇左右的文章，」「用了各式筆名如『何

戡」、『魯昔達』等，在《古今》出版以前就交了稿，」「文章的篇目有《四庫瑣話》、《蠹魚篇》、《關於李義山》等。」「在《古今》社裏（黃裳自注：在今陝西南路延安路口）會見了朱樸。這是個大漢奸，是汪精衛的親信、汪偽宣傳部長，《古今》的後臺老闆。我和朱樸進行了親切談話，他吹捧我讀書很多，我也安然受之，談話約半小時，……朱樸請我對《古今》大力幫忙，多多寫稿，我也笑允了。」（出處同上）

我與性堯、黃裳都是相熟而超過六十年的老朋友，「親歷了《古今》那個階段。」引錄這二百二十餘字，無非想證明性堯遺文所寫非虛。同時為周黎庵先生辯誣。彼此在人間都已為日無多，應該把真相留給後代。質之黃裳兄以為然否？盼有以教之。

三、實事求是看待性堯為《古今》寫稿（1943～1944）

《古今》究竟是什麼性質的刊物？

陳青生先生「基於科學研究的實事求是、嚴謹準確原則」，對上海淪陷時期的期刊進行全面考查後認為：

「從民族鬥爭的政治立場上說，《古今》是一份積極為汪偽頭目鼓吹宣傳，為日偽『和平文學』助長聲勢的刊物。從文化發展的角度上看，它在一定程度上刊發過不少有價值的史料文獻。就文學期刊的特點而言，它是淪陷時期的上海（乃至全國）一份專門的文學色彩很強的文史期刊。」

對於《古今》編輯「周黎庵和文載道」，陳青生儘管無從瞭解複雜的內情，但他認為：

「周黎庵和文載道在孤島時期是名躁一時的《魯迅風》雜文作家，積極宣傳抗戰愛國，嚴厲譴責漢奸行徑，是公認為『抗戰派』作家。但在淪陷時期，他們先後背離了早先的《魯迅風》、『抗戰派』

立場和方向，……或深或淺地捲入了『漢奸文學活動』濁流。從現象上看，是『大節有虧的作家』。」（見上海人民出版社1995年出版《抗戰時期的上海文學》第252、365、378頁）

周黎庵和文載道長期來嚴於律己、勇於解剖自己。始終沒有作過任何辯解或說明。

當有人問周黎庵「為什麼會參加《古今》的編輯？」周黎庵不僅未將有關方面要他繼續穆時英未能完成的「任務」等事實稍加申訴；而且連自己那種「倦倚涼天客思深」、「感時還伏幽燕心」的心態也不肯有所流露。他毅然把責任攬到自己身上說：「說到底，就是四個字：貪生怕死。」事實上，1943年3月15日，並無一官半職，只是一介書生的周黎庵與穆麗娟（穆時英的胞妹）假座南京西路金門飯店七樓大禮堂舉行盛大結婚典禮，到場賀客「三山五嶽」，濟濟一堂「逾二百人」。其中有中共地下黨員袁殊、吳江楓等「貴賓」；也有重慶方面駐滬地下工作總頭目蔣伯誠的代表……。這一點很能說明問題，即「兩方面都過得去」之謂也。金性堯的情況，更為曲折和複雜。

1.性堯「自己撞上去」的內因

2003年11月9日，性堯說：「作為《世紀風》的作者原是很清白的，作了《古今》的不署名編輯，政治上便有涇渭之分。抗戰勝利後被人詬罵，也是咎由自取。每個人的行動都應由自己負責，我是自己撞上去的。」

（按：所謂「被人詬罵」是不瞭解內情的沈子復先生在《月刊》發表《八年來上海的文藝界》文中罵他「大東亞文壇」的「健將」。這是不實之詞。因為性堯始終沒有出席過任何一次的「大東亞文學者大會」。子復是先師沈延國先生之弟，後來他對我說：「一時失察，罵錯了……。」）

　　至於「自己撞上去」的原因，性堯在1943年3月寫道：「我是命定的浮雜和淺薄的人。尤其是自前年冬天以來，我的思想與情緒，陷入了不能自拔的虛無和悲涼，終至於想靜靜的閉戶讀書而不可得。」（見《古今》第19期第40頁）

　　為什麼「虛無和悲涼」？因為自1941年12月8日日寇侵佔租界以後，正如鄭振鐸先生在《燒書記》中所寫：「敵兵佔領了舊租界後，文化統制的手腕加強了。他們通過了保甲的組織，挨戶按家的通知說：凡有關抗日的書籍、雜誌、書報等等，必須在某天以前，自動燒毀或呈繳出來。否則嚴懲不貸。同時在各書店、各圖書館搜查抗日書報，一車車的載運而去……。」（見《蟄居散記》上海出版公司第52頁）著名的「星屋藏書」也未能倖免。

　　性堯說：「加以年來艱苦辛勤的一點藏書，除古書外，都被遷移各處，特別是我四、五年來收藏的幾套日報雜誌（每套均首尾兼全），也均落於子盧公之手，偶然想參考摩挲一下，立刻有一個痛苦的印象：當時我怎樣酸辛的送它們跑出我的收藏室——浮上我的心頭，像一具怪物那樣的齧著我的心。雖然還保持了一部份的單行本，但那些日報卻永遠的和我訣別了。而且書籍的配補，還可期諸他日，而報紙則從此『侯門一入深似海』，以後永無再見之期了。所以我就從此不想說話，讓那駸駸的歲月蠶蝕著我的多餘之身……」（出處同上）

　　——從這裏我們彷彿聽到了寫《金石錄後序》的李清照的聲音。

　　為此害得性堯生了一場大病。一個愛書如命的書生，經此打擊而病倒也在情理之中。但同時也急壞了性堯的父母。性堯寫道：「中經小病，只能忙於醫藥的料理。」面對日漸委頓沉淪的兒子，「急病亂投醫」，性堯的父母搬出了富貴人家祖傳的老方法：用鴉片煙療疾。

　　——「可憐天下父母心」，希望兒子在罌粟的麻醉中擺脫「過去」……而康復起來。這就是性堯晚年所寫「這時候我正在吸鴉

片，……這真是百悔莫贖的惡果，我一生的許多錯誤，皆由此而來」的原因和實情。

事實上性堯並沒有「自己撞上去」。

1942年1月間，性堯寫道：「黎庵兄步至寒齋閒話，中間曾說到友人想出一本雜誌」，希望他寫稿。性堯說：「精神復甚困頓，當然更加無法執筆了。」（出處同上）

荏苒一年，周黎庵在《古今》第十三期的《編後記》中寫道：「擱筆已久的文載道先生，經編者再三催促，始允執筆。」這已經在《古今》從月刊改為半月刊之後了。由此可知，並不真的是性堯「自己撞上去」的。

2. 性堯「自甘當清客」的外因

在探討性堯與《古今》的關係問題時，必須首先注意袁殊與性堯的關係。

性堯在晚年寫道：「我和袁殊，抗戰前就認識的，我到過他的浦東大樓辦報室，抗戰開始，他也到過我舊時的空屋中編報。淪陷

袁殊在蘇州拙政園（一九八六年）

後，他就住在橋東的今上海大廈中，我去看他，見面時的第一句話，就是『我的頭是掛在肩上的』。接下來說：『我想辦一個上海文化人協會』。我笑著說：『這不容易辦到，人家不會參加。』總之，我對袁殊的落水是半信半疑的。後來開會時，總有一個日本人坐在一旁，眼睛半開半閉，默不作聲，像打瞌睡一樣。袁殊則大談蘇北的新四軍如何如何，倒有希望，還說前幾天我們就保出幾個青年到蘇北去，又說重慶那樣的抗戰，殺我頭也不相信會勝利的。這話好像是說給日本人聽的，可是日本人不是最恨共產黨麼？真像在做戲一樣。……袁殊的寓所時常調換，而且很精緻。有一次，他要我到他家裏去（地名已忘）。撳門鈴時，必有一個年輕人將大門的小洞移開看明，然後問我姓名，我回答後，他將手裏的小簿子一對後，便問：『你是金性堯？』我說是的，就讓我進入客廳，到樓上去叫袁殊下來。解放後，我與袁殊在北海公園喝茶時，這位同志也跟在旁邊。」（見上海古籍出版社2004年出版《閉關錄》第185、186頁）

上海淪陷後，介於「師友之間」的老黨員阿英全家去了蘇北新四軍根據地。苦悶中的性堯想到：只有去找「左聯」的老人袁殊了。以上性堯的自述，充分證明了他和袁殊的關係和聯繫。

1985年秋至1986年春，組織上派我多次去北京訪問袁殊同志。他離休後仍擔任「國家安全部顧問」。我持有上海電影局黨委和文化部的介紹信，經安全部辦公廳批准，每次都把袁殊的談話當場錄音。事後把一小部份內容整理成文公開發表。轉錄其中可以作為理解袁殊與性堯關係的參考材料如下：

袁殊說：「1941年底，太平洋戰爭爆發，孤島上海的政治環境發生急劇變化。大批進步文藝工作者被迫撤離和隱蔽，許多進步報刊也宣告停頓。這時，潘漢年同志向袁殊同志交代了三個任務，其中之一，就是要利用敵人的關係大辦我們的文化事業，把文化陣地盡量控

制在我們手裏。為此，潘漢年給袁殊調來了惲逸群、魯風等同志，創辦了《新中國報》，復刊了《雜誌》。」（見1986年5月15日南京《愛國報》發表的拙文《袁殊談張愛玲成名經過》。拙文經袁殊審閱，並有袁殊回信肯定拙文「都是當年的事實」。袁殊信及《愛國報》複印附上）

此外，我曾向袁殊同志詢問過他與徐淦和金性堯的關係問題。袁殊說：徐淦吸收為偽江蘇省教育廳骨幹，又以「王予」的化名在蘇州負責主編《鍛煉》月刊。金性堯作為「週邊」的進步力量使用。他開始時瞧不起《古今》，我勸他主動去和周黎庵接近，多寫些文章在《古今》上發表……。他猶豫不決，我就叫他當掛名的《新中國報》「特約記者」，每月給他一筆錢作津貼。他才扭扭怩怩的同意了……。

這樣，性堯在1942年11月寫了《關於風土人情》交給黎庵。並每天抽半天去《古今》社充當義務編輯。有時聽到社長朱樸南京開會回來透露的片言隻語，性堯就去《新中國報》社彙報給魯風轉告袁殊。我和性堯交往多年，從來沒有聽他講起過。聽了袁殊的談話，我便對這位老朋友有點「肅然」了。原來他並不是「骨頭軟」、「喪失氣節」……。因此，性堯自己寫的「朱樸成為周佛海門下一個高級清客。我也是相差無幾，後來是自甘附逆。」——實質上並非如此。

3. 性堯為《古今》寫了哪些文章？

性堯為《古今》寫文章，從1942年11月起至1944年9月共計十六篇文章。篇目如下：

　　《古今》第13期發表《關於風土人情》
　　《古今》第14期發表《千家笑語話更新》
　　《古今》第18期發表《夜讀》

《古今》第19期發表《借古話今》

《古今》第22期發表《茶煙小記》

《古今》第25期發表《樸園雅集記》

《古今》第27、28期發表《京海篇》上

《古今》第29期發表《京海篇》下

《古今》第30～35期我的藏刊殘缺，篇目不詳

《古今》第36期發表《讀〈浮生六記〉》

《古今》第42期發表《記飲冰室藏書目》

《古今》第43、44期發表《三十三年三月三日三時》

《古今》第48期發表《關於〈文鈔〉及〈風土小記〉》

《古今》第？期發表《讀〈藥味集〉》

《古今》第50期發表《讀〈藥堂雜文〉》

《古今》第52期發表《舊簡》

《古今》第56期發表《雨絲篇》

《古今》預告、未見發表《讀畫小記》

　這些文章分別結集於1944年6月上海太平書局出版的《風土小記》；1944年11月北平新民印書館出版的《文鈔》。前者內容側重於記載地方風物習俗；後者內容側重於議論古人、古事與古書。用文載道自己的話：《風土小記》「抒情多於說理」；《文鈔》則「說理多於抒情」。出版以後，由於文章真情流露，文筆清麗樸實，頗受讀者歡迎。

　4. 性堯「吹捧」朱樸能算「附逆」嗎？

　「《古今》那個階段」性堯的文章為讀者所詬病的，主要是第25期發表的《樸園雅集記》和第43、44期合刊發表的《三十三年三月三日三時》。這兩篇文章是「明目張膽」地「吹捧」朱樸的。

　　當今著名的期刊收藏家謝其章先生說：「文載道喜歡把文章寫得盡可能的長，長文有長的好處，這樣的紀實文字越詳細史料價值越高。這裏有一個問題，由於朱樸迎娶的不是平民女子而是權傾一時的梁鴻志的千金，所以怎麼瞧文載道的行文口吻怎麼感覺有獻媚的味道，連題目也透著『討好』之意。……周作人無論如何是不會去寫此類品格的文字的。……這是文載道的一次大的敗筆，替他惋惜，為此他損失不小。」——廣大讀者不可能瞭解袁殊同志對性堯的「囑咐」，產生這樣的指責是很正常的、也是應該的。

　　君不見「白衣秀士王倫」對林沖投奔梁山先要他交納「投命狀」嗎？性堯的這兩篇文章，正是他對《古今》社長交納的「投命狀」。明乎此一點，文載道這兩篇文章的「媚俗」之弊也就可以釋然了……。

　　再說，朱樸其人「撲朔迷離」，身上也籠罩著一層神秘的色彩。別的不說，在解放以後的新中國，北京的有關部門當作「貴賓」，請他專程來兩訪首都。住處是平民難入的北京飯店。

　　第一次是1957年5月；第二次是1963年9月。兩次都享受了「天安門觀禮」的殊榮。——這是特別值得耐人尋味的。

　　由此可知：性堯「吹捧」朱樸，根本不成什麼問題。

　　據說，朱樸在香港以「朱省齋」於1961年編印出版《中國書畫》一巨冊；1962年出版《畫人畫事》；1964年出版《藝苑談往》……都寄呈北京有關的負責同志。這似乎又是一個待解之「謎」了。

5.《古今》停刊後，袁殊要性堯編《文史》

　　1944年10月《古今》停刊。性堯說：「《古今》是淪陷時期的出版物中較有特色的一份期刊。忽然宣告休刊了，我覺得很可惜；但休刊的原因，到現在還不明白，連解散費都是蘇青給我出主意的。」（見《閉關錄》第184頁）

　　據袁殊同志和我談話時提及，當《古今》停刊時，上海又出版了一份《光化》月刊。同《古今》社一樣，也成立了《光化》社，社長李時雨同志，是我們黨打入敵偽陣營擔任偽上海市政府司法處長的地下黨員。袁殊要文載道駕輕就熟，利用《古今》的存稿出版《文史》月刊……。

　　性堯說：「《文史》出了一期停刊後，在一次集會上，《新中國報》的魯風問我：『你是不是還想把《文史》繼續辦下去？』我聽了正中下懷，便點點頭說：『當然還想辦下去。』他說：『你去問問《古今》的負責人，他們要什麼條件？』我問明後，告訴魯風：『沒有什麼條件，只要把積欠印刷公司的費用付清就是了。』我把這話回答了魯風，印刷費隨即付清，我也重做編輯，……轉載了重慶《新華日報》發表的郭沫若先生的《甲申三百年祭》。……《文史》創刊於民國三十三年十一月，停刊於三十四年（即1945年）七月，前後共三期。」再過一個月，抗戰就勝利了。

　　實際上，性堯從《古今》當半個編輯到《文史》當主編，就是從日寇侵佔租界到抗戰勝利的全過程，編輯工作都是中共地下黨袁殊所授意和指使的。幸而性堯被「袁殊系統」只當作「週邊」使用，沒有「名份」；所以發生「潘楊冤案」後，袁殊被關進「秦城」監獄二十七年零五個月，王予和金性堯得以倖免。……

　　6. 紀念性堯，實事求是進行「淪陷階段文學」的研究

　　性堯在《悼黎庵》中嚴厲地苛責自己，固然體現了《中庸》「好學近乎知、力行近乎仁、知恥近乎勇」的傳統「修身」美德。但是，還必須實事求是、尊重歷史。

　　國家主席胡錦濤在紀念中國人民抗日戰爭暨世界反法西斯戰爭勝利六十周年的重要講話中說：「在波瀾壯闊的全民族抗戰中，全體中華兒

女萬眾一心、眾志成城，各黨派、各民族、各階級、各階層、各團體同仇敵愾，共赴國難。」「中國人民抗日戰爭的偉大勝利，是中華民族全體同胞團結奮鬥的結果。」這就是為我們指出了以國家主體理念和全民族立場的科學發展觀來回顧和評論中國抗戰的歷史。在深入研究抗戰時期的上海文學時，同樣需要尊重歷史、實事求是地考察、述論上海社會和文化的實際情況，「那個《古今》階段」以及「周黎庵和金性堯」更是難以逾越和抹煞的。最低限度，應該恢復他們歷史的本來面目。

　　拙文不僅紀念性堯，希望能為研究和考察「上海孤島時期和淪陷階段文學史」提供資料，以供參考。不當之處，敬請賜正。

性堯好友《郭沫若歸國記》作者金祖同

　　緬懷逝者，行自念也。敬悼性堯先生，首先憶及的是當年帶領我去拜望「星屋主人」的金祖同兄。祖同才華橫溢，風流倜儻。師事郭沫若，受知衛聚賢，與阿英（錢杏邨）交稱「莫逆」。關於這一點，金性堯在1936年2月17日的《日記》中曾寫及：「至中國書店，遇金且同、衛聚賢、陳志良三君，相與研討明代之買地券，……適愛好晚明文學之阿英君亦在。」

金祖同

　　祖同青年時代即治甲骨文及考古之學。出版專著《流沙遺珍》、《龜卜》、《金山考古記》……為祖國和文化事業做了不少好事。然而他卻在建國初期的「肅反」聲中蒙受不白之冤，被迫自沉於浦東一條江中，遺骸安葬楓林橋回族公墓，已半個多世紀

了。誣陷不實的大字報致人於死地，但公、檢、法既未對他立案，事後也從未平反昭雪。如今回族公墓化為雲煙，祖同魂歸何處？能不痛哉！祖同在我的心目中，始終是一個急公好義、助人為樂的好朋友。在《風土小記》中，更是被性堯提到的「吾家祖同」、文壇知己。

一、金祖同介紹我結識金星屋

說來話長，我和金性堯的相識，源於金祖同的一次偶然介紹。

上世紀30年代，我業餘之暇每天在第一中華職業初習學校讀書，朋友金祖同，是青年考古學家。那時，我們都研究魯迅著作。有一次，因我急欲覓得毛澤東的《論魯迅》一文，祖同說：毛澤東的《論魯迅》是一篇講演記錄稿，從延安帶到武漢後，最初由胡風刊載在《七月》上，很難覓到。好在阿英編的《文獻》曾重印了這篇文章。現在《文獻》已經絕版，但我可以帶你們到一位藏書家的書屋去閱讀……這位藏書家就是筆名文載道的「星屋主人」金性堯。

就這樣，金祖同帶領我們去拜望了金性堯並得到了他的熱情接待。當時，性堯便把藏書中的複本《文獻》和刊有他《論魯迅先生的舊詩》的《文藝界叢刊》贈送給我。這就是我和金性堯先生的結識之始。

二、金祖同東遊從郭沫若殷契文字

金祖同又名且同，筆名曉風、殷塵。浙江秀水（嘉興）人。他短暫一生中的最大功勳，是在1937年日軍悍然發動侵略中國的「七七」盧溝橋事變後，冒著生命危險，協助並陪同郭沫若脫離虎口、從日本秘密回到祖國。這是國共兩黨配合默契、分頭密議流亡日本的郭沫若「脫身之計」，獲得空前成功，致使日本政府丟盡臉面，此事曾轟動全世界。

　　當時祖同正好在日本師從郭沫若治甲骨文，適逢其會，因此事先
得以通過各種關係，秘密轉信，接受委託陪郭歸國。

　　秘密傳信過程中，曾得到過金性堯的幫助。儘管性堯生前從未提
起，但我保存金祖同在1936年至1937年從日本寄給金性堯的幾封親筆
信，可為佐證。

　　1936年8月，金祖同隨其父金頌卿（誦清）同赴日本。金頌卿是
我國研究金石篆刻的著名學術團體西泠印社成員，在上海開設經銷古
籍舊書的中國書店。這一次是受他的日本友人、皇室貴族、西泠印社
的日籍社員河井仙郎之託，護送一批河井向中國書店先購的印譜、古
籍去日本。至於金祖同，據郭沫若於1937年10月10日《殷塵篆刻例》
中寫道：

> 殷塵昔東遊，從余治殷契文字。凡彼邦藏家所搜甲骨，拓存殆
> 盡。亦頗有述作。用功之勤，世所僅見。……殷塵金氏、浙西人。

　　祖同「東遊」，是師從郭沫若「治殷契（即甲骨）文字」；那麼
郭氏因何滯留日本；在日本期間又作了些什麼？

　　1927年蔣介石發動「四一二」反革命政變，時任國民革命軍總司
令行營政治部主任的郭沫若寫了討蔣檄文《請看今日之蔣介石》予以
痛擊。蔣介石在同年5月21日發出對郭沫若的「全國通輯令」。郭秘密
潛來上海。

　　1928年2月10日，周恩來通知郭：黨同意他和日本籍妻子安娜及
孩子暫去日本避難。3月，郭化名「大學教授吳誠」搭船抵日本，從此
開始了十年的流亡生活。後來，金祖同江遊日本，通過「李克農——
錢杏邨——金祖同」這一渠道，正好和郭間接發生了聯繫。

三、祖同為流亡的郭沫若做了什麼？

郭沫若在1937年4月15日完成《殷契粹編》，是非常重要的甲骨文研究著作。當時上海著名的收藏家劉體智「所藏甲骨之多且精，殆為海內外之冠」，郭在海外無法寓目。劉所藏甲骨28000多片，經金祖同「盡拓出其文字，集為《書契叢編》二十冊」。由於祖同的說項，使劉對郭的研究成就十分敬重，同意祖同將二萬八千片甲骨文拓本於1936年8月送往日本，供郭作進一步研究之用。郭沫若在祖同的協助下化了八個月，從28000片甲骨中選出1599片精品，編成了這部《粹編》，1937年5月29日由日本東京文求堂書店據手稿影印出版。

郭氏在《殷契粹編‧序》中寫道：「去歲（1936年）蒙託金祖同君遠道齎示，更允其選輯若干，先行景布。……視諸原著雖僅略當十之一，然其菁華大率已萃於是矣。」可見這部「足以矜耀於契林」的重要著作，祖同是出了大力的。

此外，金祖同在日本還陪同郭沫若拜訪河井仙郎。在河井看到流失日本的宋代拓本「先鋒本」、「中權本」、「後勁本」的《石鼓文》。郭根據這些難得的資料，對舊作修改和補充，集成《石鼓文研究》一書，由祖同交給上海孔德研究所所長沈尹默，作為「孔德研究叢刊之一」由商務印書館出版。沈尹默在《序言》中說：「近來研究石鼓文者實非一家，比諸往昔，發明已多。唯於建石之意推闡無遺，而持證精闢者，固當推此著為第一。」——從金祖同致金性堯的書信中，可知祖同一度曾在上海孔德研究所工作；而金性堯當時也曾幾次去研究所訪祖同、取資料。這裏先把淵源交代清楚，再看後面的書信便易於了然了。

四、金祖同從日本給金性堯四封信

金祖同在1936年8月離開上海，到了日本後，曾先後給金性堯寫了四封信。信中有要性堯知其父設在塘山路的顏料化工廠地址、便於通信時增些商業掩護；有告知日本的一些行蹤；有請性堯「時去中國書店照顧」；有直接寄性堯文稿代祖同「作主投去」的⋯⋯原信如下：

其一

堯兄：

　　請告我大府塘山路位址，以便通訊。鳳吾（按：即化名張鳳吾的阿英）處代候候。即頌

暑安　又請致意　嫂夫人（按：指武桂芳）妝安

且同手奉　　四日

其二

性堯兄：

　　「笑哈哈生非窮相」，居然給我一跑跑到了蓬萊三島。始皇是求「不死藥」，我來何干？

　　在阪因家嚴君（按：指其父金頌卿）有工幹（按：指中國書店的業務往來），大約還得有三四天勾留。西京離大阪只一小時路程，明後天去，當日來回。東京則需十小距離，約等上

海到徐州。去晤郭先生（按：即郭沫若）後，住東京抑千葉，
地址決定後再告兄。臨行盛宴謝謝。即頌
文安

弟　且同頓首　4日

其三

曾奉兩信，因未悉塘山路尊寓地址，故均由張先生（按：
張鳳吾即阿英）轉，祈速示為妙，□□（按：原信字跡不清）
先生函祈一看，可發一笑並一驚也。弟每到東京銀座，總想購
一些巧妙仇貨（按：指日本貨）贈君夫婦，尚未得適當了。店
（按：指中國書店）中請時照顧，不必賣買，看有否弟之信息
也。故人故人，夢念為勞。即頌
儷安

弟　且同上　廿九日

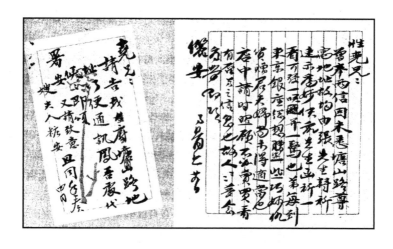

其四

性堯兄：

關於投稿，我將很不客氣的麻煩你，現在一一條舉如下：

弟有稿直接寄兄，由兄看稿的內容，代弟作主投去，小報亦不在乎，再請若英先生（按：即阿英）充設法，稿中瑕點的字請刪削。登出如有稿費請你代收。不登出，將稿收回最好。

請供給題目，如這次關於茅盾的論爭等。如你先將題目給我，再供給一些材料最好。

如有看過的雜誌、小報，請不吝寄我。雜誌看後奉還不誤。又來稿署名請勿改動。

這一篇急就章請先試試看。晚上另一篇關於郭先生的，寄來再談。

即頌

新年佳勝

弟　且同頓首　二日

五、金性堯代發文稿後的風波

金祖同致金性堯第三信所說「一看可發一笑並一驚」的「函」，據告知是由阿英轉給《今代文藝》發表的郭沫若《戲擬論魯迅茅盾聯》。孔另境用筆名東方曦發表《文壇「明星」主義》，以此為例予以批評。批評文章傳到日本，引起郭沫若反駁文章《漫話「明星」》祖同寄給性堯第四信中所說的「代弟作主投去」、「有一篇關於郭先生的」當係此文。發表在1936年12月18日的《大晚報‧火炬》上。

郭沫若此文較長，我當年從《大晚報》剪存。現擇其有關部分如下：

……「一副數十字的戲聯」是登在《今代文藝》第一卷第三期的。編者侯楓諸君所「私撰」的「一個冠冕堂皇的題目」是《戲論魯迅茅盾聯》。怎樣「戲論」的呢？不妨把那「數十字的戲聯」重錄一遍：

　　魯迅將徐懋庸格殺勿論，弄得怨聲載道；
　　茅盾向周起應請求自由，未免呼籲失門。

　　所戲論的程度就只這樣，這下邊還有自己的署名和年月日的標記，便是「沫若戲擬，1936年9月2日。」

　　之後便出現了「尊茅貶郭」和「擁郭譏茅」兩派，彼此紛紛發文，互相指責。我有幸親見了這場論爭，拜讀後感到比較有趣的是阿英、陳子展和金性堯的三首打油詩，不妨轉錄如下：

　　阿英的打油詩，題為《賦得「赫赫的太陽」》，詩云：

　　昔也未明今也曦，圓圭方壁彙靈機。
　　世間萬事皆矛盾，鬼作冰人又一奇！

　　東方未明、圓圭、方壁、矛盾都是茅盾曾用過的筆名。阿英起先誤會「東方曦」也是茅盾的筆名，所以作詩諷刺。前三句都是針對茅盾的。第四句「鬼作冰人」是指孔另境答辯文章《爐邊偶論之四：論「猜測」》，文中一再借魯迅生前被誣的例子為自己辯解：孔說「因替某一方面說話，就斷言他是某一派人，說的話一定有某種作用，這就不免胡鬧了！這就等於從前反對魯迅的人誣衊魯迅一樣，因為魯迅同情蘇聯，同情革命，就說他一定是受了俄國盧布的緣故。這種可笑而愚妄的『猜測』，在我們中國的社會上竟可以隨時出現的。」這是指責阿英。──阿英說「冰人」者媒冰也。阿英認為魯迅已死，東方

曦借例為自己辯解是牽強附會，所以說「鬼作冰人又一奇」。

　　東方曦雖然批評了《文壇禁地閒人莫入》的「關門主義」。陳子展認為他自己在《秋窗漫感》等文章的字裏行間，依然反映了文壇「關門主義」傾向的存在。他用筆名「何典」，發表《戲致東方曦》的打油詩。詩云：

> 文壇寥落幾明星，至今文壇有重心。
> 漆黑一團長夜裏，東方曦也尚關門。

　　在金性堯的心目中，郭沫若、茅盾都是他尊敬的師長，孔另境也是他購得《中國的一日》而新交的朋友。他無意捲入這場爭論。但經不住阿英、陳子展的一再慫恿，便對《秋窗漫感》中提出「文壇之有重心」、「中國有魯迅茅盾」的論點就事論事，用「無心」筆名，以《東方明》為題寫了打油詩。他說：「數日前何典丈（即陳子展），承告文壇佳話故事，『煙土批里純』（靈感）忽油然而生，遂口占四句云：

> 昔日文壇雙重鎮，偏將副座屈茅盾。
> 魯翁一死東方白，獨霸秋窗作替人。

　　金性堯當時並不瞭解東方曦是孔另境的筆名。聽陳子展談了文學研究會與創造社兩大文藝社團有關「為人生」、「為藝術」爭論的歷史糾葛以後，聯想目前的爭論有感而發，便口占了四句打油詩。他認為東方曦的文章小標題用了這個「主義」、那個「主義」等大帽子，頗不以為然，所以說「獨霸秋窗」。

　　在當時，陳子展和金性堯都是客觀地反映了讀者直感的一種幽默，並無惡意的。

六、郭沫若虎口脫險，金祖同功不可沒

　　郭沫若流亡十年以後的1937年7月，即「七七」盧溝橋事變後，為躲避日本政府的嚴密監視，在員警、憲兵的眼皮下，郭沫若由金祖同陪伴，經過化裝，化名「楊伯勉」從東京潛往神戶乘輪歸國，是一次冒險的行動。當時南京政府撥給郭氏的旅費和安家費，都是通過金祖同家開設在上海的中國書店轉交的。

　　可以說，這一次郭沫若虎口脫險，金祖同功不可沒。金祖同所以能成功，在於他獨具的身份和條件。就是：

1. 與曾任「左聯常委」的老資格共產黨員阿英是好友；
2. 與國民黨派往日本從事情報工作的金石書畫家錢瘦鐵交情匪淺；
3. 與父執之交、日本皇室貴族學者河井仙郎很熟識，在東京得其「關照」，易於掩飾；
4. 更為重要的，祖同與郭沫若有師生之誼，助郭編著的《殷契粹編》在東京出版，還多次在日本的學術性刊物《書苑》發表與郭聯名的學術研究文章……金祖同在東京可以冠冕堂皇和郭沫若保持接觸，不致引起日本政府的懷疑，從而可以便利行事。

七、金祖同託金性堯轉信的一張便條

　　祖同事後告訴我：郭沫若給「張鳳吾（即阿英的化名）的一封重要信件，是由祖同在日本皇室貴族學者河井仙郎向上海西藏路大慶里110號中國書店選購中國古籍的書目和函件中夾帶寄來的。祖同為防萬一，在郭信夾帶寄往中國書店的同時，再寫一張便條寄給上海的金性堯。便條內容如下：

張先生（處）祈轉言，沫若不日有信給他，在中國也。

「張先生」係張鳳吾，即阿英。「沫若不日有信給他，意思很明確。」在「中國也」指沫若的信寄到上海中國書店，要阿英去取。這是郭沫若重要信件轉送過程中，金性堯也出過一分力的證據。當然信件內容他是毫不知情的。

郭沫若用化名搭乘「日本皇后號」到達上海後恢復了自己的本名。英、美等國的通訊社向世界各國發了訊息，使日本政府非常狼狽。惱羞成怒，不顧外交慣例，以所謂「在東京從事反日陰謀活動的」誣陷之詞逮捕尚在東京的錢瘦鐵，關入黑牢嚴刑拷打。錢瘦鐵作為郭沫若的「替罪羊」吃足苦頭，被判刑四年。我國駐日本大使許世英多方交涉，也沒有結果。

八、《蕭蕭》發表郁達夫信，為錢瘦鐵「開脫」

1941年，為錢瘦鐵「開脫」日本政府強加的所謂「反日陰謀」的不實之詞，阿英和祖同商議後，把郁達夫致郭沫若的兩封信交給金性堯，在金性堯主編的《蕭蕭》半月刊上，以《郁達夫促郭沫若先生返國信》為題全文發表。

事實上，郭沫若此時已在周恩來擔任副部長的國民政府軍政部所屬的第三廳當廳長，具體領導重慶等大後方的文化藝術工作了。《蕭蕭》之所以發表《促郭沫若返國信》，無非要證明郭沫若歸國是合情合理合法的，進一步揭穿日本政府強加錢瘦鐵「罪名」的無恥和非法。這兩封原信作為歷史文獻，摘要如下：

其一

沫若：

　　今晨因接南京來電，屬我致書，謂委員長（蔣介石）有所借重，乞速歸。我以奔走見效，喜不自勝，隨即發出航空信一，平信一。一面並電南京，請先取銷通緝，然後多匯旅費去日，俾得早日動身。強鄰壓迫不已，國命危在旦夕，大團結以禦外患，當係目下之天經地義，想兄不至嫌我多事也。……

其二

沫若兄：

　　南京蔣（介石）氏有意招兄回國，我已先去說過。第一，要他（指蔣介石）辦好取消通緝手續；第二，匯大批旅費去。此事當能在十日內辦妥。望兄接到南京函後，即整裝返國。……

九、金祖同回到上海後給金性堯的信

　　金祖同回到上海，在南京西路美麗園孔德研究所工作。有一封信，是1937年8月7日致金性堯，原信如下：

　　　性堯兄：

　　　　辱承下顧，弟適到研究所去，失迎，抱歉之至。內亂外患目錄留在魯殿，得便可往一取也。館務清閒，日惟以在日所拓得之甲骨作整理，尚無成績可告耳。弟擬於暇時讀郭（沫若）師著作全部，阿英兄所有聞已被北新（書局）為印《前集》時取去。素聞尊藏當不乏此，能撥冗檢出假我最感！

　　　　本人胡道靜，懷琛公子、樸安之姪也。曩在（上海）通志館服務，為學不苟，人亦靜如處子，文人而有學者風度者。此良友擬為君介紹也（亦有著作）。

　　　　得暇仍請顧我一談，時間九至十二，二至五。

　　　　問尊夫人好。

　　　　　　　　　　　　　　　　　　　且同　拜上　七日

　　信中所寫「研究所」、「魯殿」、「館務清閒」之「館」，都是指祖同當時工作的同一單位孔德研究所。「研究所」研究傳統文化包括孔子的學說，祖同幽默稱為「魯殿」。所寫「內亂外患目錄」，是指阿英編近百年來的國難史料。性堯想閱讀，請祖同向阿英借得，祖同借來後帶到工作單位「研究所」內，要性堯「便中可往一取也」。性堯在《憶若英》中寫道：

說到若英所收的書，約言之有下列幾類。其一是晚清文學，……如有關辛亥革命的文獻掌故，在國內實在可得而數。……本擬刊百年來的國難史料，手稿曾藏寒齋多日，惜因於「戰時」不及印行……

這份「曾藏」性堯家「多日」的「百年來的國難史料手稿」，就是祖同信中要性堯「便中可往一取」的「內亂外患目錄」。性堯後來交還阿英，阿英用魏如晦筆名，以《國難書話》為題，連載於柯靈主編的《正言報》副刊《草原》上。時分為1940年底至1941年初，我曾剪存，時隔六十年，一時找不到了。解放以後，阿英分類彙編成《甲午中日戰爭史料集》等五大冊，由中華書局出版，此是後話。

十、抗戰勝利，祖同發表《郭沫若歸國秘記》

1945年秋，日軍投降、抗戰勝利。金祖同立即寫了一冊《郭沫若歸國秘記》，用筆名殷塵，以「言行出版社」名義自費出版，交五洲書報社代為發行。書中詳細記述了郭氏在日本的生活、交遊和歸國等情況。但限於當時環境，有些重要史事未便公開。一天在辣斐德路宋濤家的客廳中，祖同將《歸國秘記》分贈我們人手一冊後，向我們談了當時不便透露的一些內情……祖同強調：「郭沫若從日本脫離虎口而安全歸國，是使國際輿論界震驚的一件大事。促成此事成功的，決不是某一方面和某一個人的力量。有些已經披露了，如國民黨方面的蔣委員長、宣傳部長邵力子、福建省主席陳儀、侍從室主任錢大鈞、負責日本情報工作的王芃生、駐日本大使許世英、外交部的處長何

廉；以及文化界的郁達夫、錢瘦鐵；甚至京劇坤伶新豔秋等等，《秘記》中都有所交代。但是還有重要的另一方面：中共中央副主席周恩來、八路軍駐上海辦事處主任李克農、老黨員阿英，乃至蔣介石的機要秘書陳布雷（他的女兒、女婿和外甥都是中共黨員）等人所起的重要作用，當時不便如實寫出。」祖同還說「家父的好朋友、日本的河井仙郎在幫助迷惑法西斯軍警方面，也為我們出過力。其中曾積極從中傳送信息的金性堯，也不是能忘記的……」

金性堯與阿英：「文字淵源第一人」

——從六封信看他們的深情厚誼

　　金性堯先生青年時代交遊甚廣、朋友很多。但他心目中最重要的一位，則是筆名阿英的錢杏邨。性堯說：阿英是勉勵汲引他能與文字對面淵源的第一人。現從「金性堯自述・對阿英『衷誠感謝』」和「阿英書信：對金性堯『心感實深』」的兩個方面，來看他們的深情厚誼。

第一部分：金性堯自述・對阿英「衷誠感謝」

　　太平洋戰爭爆發後，日寇侵佔上海「租界」的第二年，受潘漢年領導的中共「秘密戰線」的袁殊創辦了綜合性的月刊《雜誌》。編輯吳江楓特約金性堯「命題作文」：因憶阿英。性堯在1943年8月19日寫了《憶若英》：

> 「若英的原來姓氏是錢，文苑中則杏邨其名；籍貫安徽。清黨後文網森嚴，才連姓帶名易為張鳳吾。這是有一時期的風氣，不止他一人。其他筆名很多，最著者似為阿英，是與林語堂先生等介紹明末小品的時候。再後是寫《碧血花》一名《明末遺恨》劇本，則又改名魏如晦，直至離滬。……此外的生平事蹟我也甚了了，……」（見遼寧教育出版社《風土小記》第150頁）

　　「文網森嚴」，性堯即使對阿英的「生平事蹟」非常了解，話到嘴邊留半句，也不能和盤托出了。

　　錢氏杏邨1900年2月6日即農曆庚子正月初七出生於安徽省蕪湖市

鏡湖畔。乳名雙喜、原名德富、學名德賦。從事革命時改名錢杏邨。白色恐怖後化名張鳳吾。1930年3月2日中國左翼作家聯盟成立，錢杏邨和魯迅、馮乃超、夏衍等被選為「左聯」常務委員。他早期革命經歷同李克農密不可分。李克農比阿英年長一歲。在徽州小學讀書是同班同學。一同進入聖雅各中學，共同投入「五四」新文化運動。「五卅」運動後一起創辦新穎的民生中學，從事革命活動。1926年阿英參加中國共產黨，李克農是他的入黨引路人。1928年至1930年，李克農在上海從事地下工作，和阿英在一個支部過黨的組織生活，其後李調入中央特科，在秘密戰線智勇戰鬥。阿英則在文學戰線上也名震遐邇。創辦太陽社，和創造社一起提倡「無產階級革命文學」。發表批評魯迅的《死去了的阿Q時代》至寫出重新評價魯迅的《魯迅論》，是中國新文學史上一位繞不過去的著名人物。這些情況性堯有的確實「不甚了了」；有的明明知道也只能韓埋入腦海深入，當時何能托諸筆舌？

《憶若英》是一篇樸實無華、感情深摯的好文章。他自己說：「情文無文是一大慚愧」，太過謙了。——「時光真是毫不慈悲的溜了過去，偶有記憶，也不堪與現實相對。海上秋風已與日俱深，回首前塵，誠不勝舊朋雲散之悲也。」——在當年低氣壓的上海，我曾反覆閱讀，低徊不已。

談到性堯與阿英的交情，且不論他們「小酌去青梅居，大宴往春華樓」；也不說灑脫風趣地同在馬路邊小吃攤「品嚐」牛肉麵的宵夜之樂……。我最賞心的是他緬懷故人時反覆申述的這樣幾點：

其一、性堯「衷誠感謝」阿英使他「能與文字對面的淵源，……勉勵汲引之力，得推第一人。」

他說：「首先，人要衷誠感謝的，我今日能與文字對面的淵源，固然原因很多，但若英勉勵汲引之力。實在還得推第一人，因而也就以他為最了。而在過去的有一期間，我和他的友誼，也占掉了我生活

的一大部分，其介紹者為吾家且同兄。認識的年代約在民國二十五年即1936年……。」（見遼寧教育出版社《風土小記》第150頁）

其二、性堯感謝阿英贈送珍本書籍和名貴期刊，「自與紙墨同芳，永為寒冬之光。」

他說：「阿英除了為我配本《語絲》合訂本，和幾本新文藝書之外，還有一種，也是寒齋藏盡書中所未敢忘卻的，即世界名著《十日談》，義大利薄伽丘著，中國由黃石胡簪雲譯出，開明書店出版。……向開明詢問，答云已售完了，……滬戰後……排印添紙水易，像這樣八百餘頁的書自不會再印了。沒有辦法，只好老著臉向若英乞取，私意未必允許，不料第二天果然將《十日談》送給我了。……其慷慨割愛之忱，自與紙墨同芳。……雲情稠疊，將永為寒齋之光也。」（見《風土小記》第157頁）

其三、性堯與阿英「彼之所好即我之所愛」，有「曾遊五嶽、擁書百城」的共識，「追求一點摩挲欣賞的趣味。」友誼便與日俱進。

性堯說：「我自小就喜歡買書，鄉間交通不便，到上海方時時出入於『文化區』一帶，然所買者多屬洋裝的新文藝書，……儼然以為很豐富了。待到在若英家裏，看了他的那些新舊藏書之後，才有愕然的小巫大巫之感，憶龔定庵贈人詩云，曾遊五嶽東道方，擁書百城南面王。若把若英所藏的圍接起來，倒確可以喻作一座書城。……也幸虧由若英及祖同的關係，……我的眼界……興趣也跟著提高了，懂得了此中的一二決竅，樹下金日後買書的根基。有時彼此買著心愛的書，就互相在燈火高樓，隨著窗外的雨聲，汩汩地互道著心中的甘苦哀樂。……我和他友誼的進展，於此事不無聯繫；而且復是彼之所好、我之所愛，同樣的想於此中追求一點摩挲欣賞的趣味者，雖為某些人所憎厭，然興之所在，也不遑他顧。」（見同上第151、152、158頁）

「燈火高樓」「窗外雨聲」。正所謂「不睡拼教雨夜永，遲明看取

一池平。」世平日亟，何時承平？「人之相知，貴相知心。」在訪書、買書、翻書、讀書中獲得真知、共識，正是人生難得的一種勝緣。

這樣的情操和襟懷，構成了性堯與阿英友誼的基礎。

第二部分：阿英書信・對金性堯「心感實深」

金性堯與阿英的最初結識，開始於1936年2月，這是一個很不平常的年代。

在深重的民族危機前，中國共產黨面臨著異常艱難險阻的困境。國民黨反動派在日本法西斯步步進逼的侵略面前，不去抵抗，聽任祖國河山大片淪喪，卻對共產黨人和工農紅軍採取剿盡殺絕的政策。「九・一八」東北淪陷後，連續發動了對革命根據地和工農紅軍的五次軍事圍剿。紅軍被迫長征。

1935年的上海，形勢更是非常嚴峻和險惡。上海地下黨經過1934年兩次大破壞，處境異常艱難1935年1月，被破壞後剛剛組建的地下黨江蘇省委又遭到破壞，領導成員全部被捕。中共中央在領導機構曾多次遭到破壞。同年2月和7月，地下黨上海中央局以及中央文委兩次遭到破壞，大批領導成員被捕。上海臨時中央局的工作宣告結事，主要幹部大多轉移去外地。據《中國共產黨上海史》的記載，此時此刻，潛伏在偌大上海的共產黨員總共只剩下200人左右。（見該書第817頁）這些地下黨員與中央失去了聯繫，相互之間也沒有橫的組織關係。在白色恐怖的環境中，他們本著堅定的共產主義信仰和為民族解放事業奮鬥的革命意志，仍在艱苦卓絕的條件下各自孤軍奮鬥、獨立作戰。

阿英就是這樣孤軍奮鬥、獨立作戰的一員。

在此種情況下，金性堯以結識阿英為榮，要求金祖同陪他一而再、再而三地登門拜訪。兩次撲空，直至「三顧茅廬」，終於相識建交……。

「三九嚴寒何所懼！」金性堯與阿英建交，究竟何所求？——其時，阿英正處於困頓苦惱的急難中……。

楊絳老人最近在她智慧的結晶《走到人生邊上》寫道：

「據說，一個人在急難中，或困頓苦惱的時候，上帝會去敲他的門——敲他的房扉。他如果開門接納，上帝就在他心上了，也就是這個人有了信仰。一般人的信心，時有時無，若有若無，或是時過境遷，就淡忘了，或是有求不應，就懷疑了。這是一般人的常態。沒經鍛鍊，偏心是不會堅定的。在人生的道路上，如一心追逐名利權位，就沒餘暇顧及其他。……一個人有了信仰，對人生才能有正確的價值觀。」（見該書第97頁）

我認為：楊絳老人這段話用來比喻阿英與性堯、或性堯與阿英之間的關係，是比較確切的。性堯不是「一般人」，有阿英書信為證。

第一封信

性堯兄：相識不久，屢蒙幫忙，心感實深。今晨小兒突病，正以醫費無著，頗用躊躇，不意竟為兄窺其隱，而予以助力，免弟奔波，尤為感激。當時即思作函申謝，以偕小兒就醫不果。此病大約無礙，惟醫藥費殊出意外，藥房送藥來，竟達伍元捌角，匆促間無法付出，祇得約彼明晨來取。（今日本有一定約定款，改時又改期不送來）故不得已，仍擬請兄再一援手。累兄正深，再調款項，實不敢啟齒，即兄慷慨，弟亦不願領受，故奉上弟支票一紙，煩兄代為設法一調①。屆時決不會退票，以累好友，千請放心。若有貼息必要，請兄斟酌辦理。該款務乞明晨（十三日）九

時前擲下，因明早要付藥費，後日恐需覆診也。如感困難，請明晨八時前來舍告知，當另想法子。至過去挪移款項，本下兩月，當如數理楚，屢思寫信不果，今茲便及。令妹事如有困難，請告知，當再沒法，務辦到為止。《通俗》一文，今日總可刊出。萬一景深一文過長放不進，（另一篇換一名字）下周當同時刊入兩篇也。屢蒙相助，無言以謝，只有心銘矣。

　　尊夫人相助②，迄今不能報，亦極歉，先請代為說及，稍緩當再相報也。《大晚報》一稿最近如不能登出，當代送《女月》；不過，萬秋為人，不大負責，督之總不致不出也——其實，那篇文字實不差。如風子方面可能，頗想介其合作，容緩圖之。

　　家父返皖③，內子又早離去，所謂第三人者，亦不存在，一人兼顧內外事，又要為朋友幫忙，視諸我兄，真天上人矣。甚望能利用此大好環境，多多努力也。匆上。

即請晚安

弟英　十二日下午四時

　　按：信中有幾點注釋如下：①「奉上支票設法一調」指舊社會流行的「調頭寸」。即本人開一張遠期（或半月、或一月期限）的支票調換現鈔，貼利息若干，當場扣除。②「尊夫人相助」指性堯夫人武桂芳相助阿英謄清《晚清小說史》手稿。③「家父返皖」指阿英之父錢聚仁老先生，是一位支持革命的好父親。1935年春節後不久，一天深夜，阿英因事外出，特務前來捕人撲了空，便將錢先生逮捕後關押在國民黨龍華警備司令部看守所，關押了半年查不出「犯罪」證據，只得釋放。阿英在一年搬家數次，老先生在上海休養了半年，就回家鄉安徽蕪湖去了。1936年「西安事變」以後，國共第二次合作，阿英才得以在常德路壽萱坊32號定居了數年。

　　我保存阿英致性堯的第二封信，內容涉及金祖同日本來信、以及《今代文藝》稿子等事，也是前述「郭、茅之爭」的一件旁證。原信如下：

第二封信

性堯兄：稿事（九一八）如何？明日要發稿，如未寫，盼能一趕。

　　今天本要來找你，那知留下的白克路地址，一進竟找不到。祇有累你跑一次了。請你再留下一個吧！──我明天來看你。

　　因為《今代（文藝）》要出，祇得跑了。

　　且同今日有一信，涉及你的一張，留下給你一看。

　　《今代（文藝）》明天出版，送一本給你。

　　上月稿費，尊夫人元二角，你四元八角，毛稈六角，共七元六角，一兩天就送把你。

　　《中國的一日》半價券留給你一張。

　　款事昨加詳細考慮，決自明後日起，恢復個人工作──最近太沒有辦法了──奉還確期，陽曆十及十一兩月准分兩次清楚。最近十元，最近即奉。餘二十元。亦在月初。我真覺得對你太難堪了，真對不起朋友。我不知向你說怎樣抱歉的話才好。一切心照吧，我什麼也沒有得說呢！諒你深知我，亦不至於見怪的。

　　如明早送稿，早點出來談談，如何？

　　下午三四時，我也許和《今代》老闆在大東（茶室）三樓吃茶，可走過看看，我們另坐一張桺（桌）子談談。

匆上，即請

刻安

弟英　十四日

第三封信是1936年12月29日寫的：

第三封信

性堯兄：

　　昨夜趕稿至四時，今早起身已遲，未及往北新（書局），即去料理中國（書店）事，至頃間始妥。而《申報》又來索元旦文字，不在來矣。今晚明晨准去北新（書局）弄來送上，務乞鑒諒。助我過多，心殊銘感，無辭謝矣。昨詩過露，刊出如經挑剔，《大晚（報）》將有封門危險，萬秋（注1）懷沙（注2）亦不願登，祗得奉還。又《大晚（報）》副刊整個計畫改變，除《兒童（週刊）》外，所有《特刊》一日起全部停止，但通俗文學稿仍要，不過分散在《火炬》發表，由萬秋一個人編。今晚當去找（陳）子展，在《時事新報》去重弄一個給兄編，《大晚（報）》仍可寫也。謎語又收到一種，請收存。如款不能延至明日，乞即示知，當於晚間去設法。草草，即請刻安　雨衣、帽、鞋附奉

　　　　　　　　　　　　　　弟　若英　十二月廿九日

　　按：注1.「萬秋」即崔萬秋《大晚報‧火炬》主編。曾在日本留學十年。信奉國家主義而加入「中國青年黨」。1928年至1933年曾與魯迅通信。1936年發表張春橋《我們要執行自我批判》指責田園小說《八月的鄉村》，遭魯迅寫《三月的租界》痛斥。1937年抗戰軍興，崔以精通日語和精諳日本國情，為國民黨中宣部任命為「國際宣傳處第三科科長」，從事對敵宣傳工作。—阿英為性堯介紹崔萬秋，只是一般的投稿。注2. 懷沙，指徐懷沙，從事新聞工作的青年編輯。

第四封信是1937年1月5日寫的：

第四封信

性堯兄：

　　晨間來，值趕十二時送出《春風秋雨》稿，未能招待，至希原諒。款事累承詢及，而以瑣屑，未能早日歸還，至為歉仄。產則因亦殊簡，即我『為友』一念總無法給『為己』一念壓住。太旅社一夜之談，使我不能不再束起肚子，債務，為朋友幫忙。八日以後，當能賡續前作，期了債務。（趙）景深來函，北新（書局）託編一叢書，以千五百元為酬，亦當於年內盡之。事如山積，恐不克如前此之每日來矣。關於尊款，弟能確定者，即陰曆年內，掃數歸趙，零數數日內亦當籌送。即大數年內付不出，亦當請北新（書局）付（支）票。總之，清結一原則，無論我個人生活如何困難，亦必辦到。恐兄深念，特奉知。『時新』（指《時事新報》）事無望，因（陳）子展以兄名，對方不肯接受，祇得將來再說矣。《逸經》已看過，明後日當並《太炎集子》等送來。上海送來。上海雜誌公司無去望，急要無法。請恕我。

　　昨（金）且同有書來，但無甚事。祇對我近窘『泫然』，其實，是窮慣了的，亦大可不必也。《大晚（報）》有暇，仍可送稿去，條件是祇要能通得過，發表總無問題。匆上，即請
　撰安

弟英一月五日

按：信中所說「《春風秋雨》」，係1936年11月應中國旅行劇團要求，編寫的四幕話劇。公演時遭國民黨審查機關刪削。1937年2月由

上海一般書店出版，署名阿英。

此外，性堯在《憶若英》中有一段話，錄下可為這幾封信的背景作參考。

> 「（阿英）沿著（晚清）小說史這一路的發展，進而又欲提倡通俗文字，遂於星期三日在《火炬》上闢一園地。……那天他大約從蹦蹦線上面，聯想到了戲曲小說，隨即和祖同說：『何妨跟萬秋（崔）去說說看呢。』到了第二天，先和崔先生說妥，再經曾虛白先生的同意，由西諦先生作一發刊緣起，《通俗文學週刊》便這樣出版了。於是他一面鼓勵我寫歌謠，一面再借我以鄭西諦先生的《中國文學論集》……。可惜我始終有名無實濫竽充數，除那些不成氣候的歌謠外，於俗文學一道至今依然一無所得也。」（見《風土小記》第154頁）

這裏我還保存阿英給性堯的二封短信，有一封正是鄭振鐸編的《中國文學研究》事。不過這是《小說月報》的號外專刊，與開明書店出版的《中國文學論集》，是兩回事。

短信之一

性堯兄：

　　昨購得絕版之《中國文學研究》平裝本一部，謹以奉贈。此即兄前要向我借之書也。

弟　英即日

短信之二

性堯兄：

　　一月來為《碧血花》備極困頓。尊事三五日內定當報命。戲票二張，請收。最好晚場去，日場唐若青不登臺也。

匆匆

刻安

弟　英　頓首即日

　　按：阿英從1939年初開始研究南明史料，寫出了他的第一部南明史劇《碧血花》，又名《明末遺恨》、《葛嫩娘》。從3月17日開始在《華美晨報》副刊《浪花》連載。10月25日到11月17日由上海藝術劇社在璇宮劇場公演，連演23天，轟動上海。1940年初又續演。並應華成影業公司請求，改編拍攝電影，易名《葛嫩娘》，在滬光電影院首映。由引可知這封短信，當寫於1939年10月間。

　　阿英致性堯的信，本來不止這六封。自己輕信失察，追索無著，反而與借信人結了終生之「恩怨」，實非始料所及，也是我對不起贈信者性堯先生而成了永恆的遺憾……。

「抗戰時不能忘卻的柯靈」
——柯靈發表性堯四十多篇文章、給他十一封信

　　性堯先生晚年在《憶〈星屋小文〉》中寫道：

「每一個從事文學生活的年輕人，都有創作慾與發表慾。三十
年代確是一個值得懷念的時代，也不知怎樣一來，我忽然會在
報紙上發表文章，第一個不能忘卻的是阿英先生，有了他，我
才能在《大晚報》的副刊上露面。抗戰時不能忘卻的是柯靈，
他不但讓我在（《文匯報》副刊）《淺草》上也有我的份。我
的『文載道』的筆名，最初就是發表於《文匯報》上刻錄斯諾
演講時使用的。」（見《閉關錄》第189頁）

柯靈原名高季琳，浙江紹興人，中共黨員。比性堯年長七歲。
他和性堯通信時已過「而立」之年，而性堯還是雙十年華的小青年。
他雖然在兩年內發表了性堯四十多篇文章，聯合出版了《邊鼓集》和
《橫眉集》等抗戰雜文集，但與性堯這冊《星屋小文》的編印和出版
絲毫無關。為何想起柯靈？

其時柯靈早已逝世多年，卻在上海受到一個被柯靈「引上文壇」
的人「鞭屍」、辱罵……。彼此相熟，不勝慨嘆。性堯心目中的柯靈
是謙謙君子、忠厚長者。眷念舊誼，故人情重。性堯有感而發，便
「不能忘卻」這位老朋友了……。

第一部分：柯靈發表性堯的哪些文章？

柯靈在抗戰以前，是上海明星影片公司宣傳主任，兼《明星半月
刊》主編。並任《大晚報》記者。抗戰爆發，他是以郭沫若為社長的
《救亡日報》編委。創辦《民族呼聲》，任主編。孤島時期，他是抗
日報紙《文匯報》、《大美報》和《正言報》的副刊主編。他在這三
大日報的副刊《世紀風》、《淺草》和《草原》上先後給性堯發表了
四十多篇文章。據我青年時代不完全的剪報和記錄，細目如下：

其一：《文匯報・世紀風》

——1938年4月30日至1939年5月15日發表30篇

1938年4月30日署名文載道：煙幕的衝破

1938年5月11日署名文載道：論《西行漫記》作者愛狄加施樂及其演詞（附施樂的畫像與中文簽名）

1938年6月14日署名文載道：戰士與奴才（收《邊鼓集》）

1938年6月18日署名文載道：也來一下「噓」

1938年6月30日署名文載道：「借題發揮」

1938年7月4日署名文載道：哀日本水災（收《邊鼓集》）

1938年7月14日署名文載道：邦死

1938年7月22日署名文載道：健康之大敵（收《邊鼓集》）

1938年7月26日署名文載道：從體育談開去

1938年8月12日署名文載道：母親的心（收《邊鼓集》）

1938年8月21日署名文載道：真正的兒孫（收《邊鼓集》）

1939年1月7日署名文載道：分明我們的愛憎

1939年2月9日署名文載道：悼王玉龍同學

1938年5月15日署名文載道：短簡

（5月19日《文匯報》被封停刊）

其二：《大美報・淺草》

——1939年12月2至1940年3月29日

1939年12月20日署名文載道：祝《淺草》

1939年12月22日署名文載道：面臨著深淵

1940年1月20日署名文載道：遙祭玉瓏（上）

第二部分：

其一

性堯兄：

　　賜稿收到。《關於電訊的翻譯》，是「不能刊出」的。文末說到高爾德，已有干礙；那譯員是晚報的同胞兼同事，更易招致誤會，按照中國的道德，一為同事，就不准說短道長，公開指摘，更於其職位有關。這譯員先生倘不知道我不通洋文，就難免要以為我意存奸攻，要搶他的飯碗了。世道維艱，吃飯日難，覺得向你道一下歉，還是聞妥當的辦法。（該文起初我想可以給黎庵，但立即想到裏面有涉及林公

處，則也還是不寄為妙。林公雖是文學家，且雅有紳士風度，恐怕也是碰不得的。）

《盜汗》已發，（沈按：見1940年3月26日《淺草》）但明日星期，照美國規矩是放假的，高公怕未必來，那麼恐怕還是要遲一天了。我星期天不發《淺草》稿，星期一所刊者，須於星期五發，蓋亦以湊高公之便也。

大作留弟處。天氣苦寒，近日心情又大不快，亟盼春暖，作一次遊散也。匆候

雙安

弟琳上

三月二十三夜

又：雜文有興寫，渴盼賜助。《淺草》苦楚，又以稿費太少，稍疏者即不敢奉擾，惟盼二三知友，推情相助耳。

其二

性堯兄：

前奉一信，想荷鑒及。後來未見回信，大作亦從此絕跡。我想，大約是生氣了。但深思一下，信裏自然使你不愉快，惡意卻是一點也沒有的。這並非對你解釋，倒是我的自信。我們總有這弱點，希望別人恭維我們，對我們嘻嘻哈哈的笑，即使明知道那笑是從《酬世大全》中揣摩出來的。

大作一篇，因為登不出，所以奉還。《大美報》停了。謝謝你的，賜助，這是為《大美報》而說的最後的「謝辭」了。稿費千字兩元，離館時已結清，但您須下月五六號可領，只好請你寫了條子，飾役走領了。

匆匆。即候

雙安

弟陳浮上

七月二十七日

（按：陳浮即柯靈的筆名）

其三

性堯先生：

　　疊承賜稿，無任欣幸。《動與靜》需稿甚殷，弟又瑣務較忙，渴街先生之賜助，以增光采也。

　　欠欲作出奉候，以遷延未果，徜暇當奉竭，藉由謝意。

匆上，即祝

著祺

弟高季琳上

五月十九日

其四

性堯兄：

　　附上戲票2張，請收。李青崖譯的《波華荔夫人》，健吾先生囑代借閱，請即交來紀帶下為感。

　　報事今天得消息，知未絕望，且正進行中。附以奉聞，儻亦樂聞歟？匆候

儷安

季琳

（鉛筆字　九月十日）

其五

堯兄：

　　頃來，你已睡著，故不再驚擾了。今天午前曾打電話給你，知道你去看醫生，病猶未痊，為之快快。請加意珍攝為幸。

　　《魯迅風》稿發得如何？我的稿至今未寫成，真覺無以為對。這幾天因為《文匯年刊》搶出版，每天看校樣要看到晚間九十時以後，弄得刻骨的疲倦，而且心情抑塞，真想找你長談一次。我輩小字輩階級，偏處此大時代，報國無由，而又消極不得，奈何奈何，勿留並候

晚安

　　　　　　　　　　　　　　　　　　　弟琳上　即晚

其六

堯兄：

　　留奉拙稿一篇，是舊作的改寫，預備收到《望春草》裏的，請你看看。如果不大好，還是不用為妙，因其無關抗戰也。

　　我現在要告訴你的是《文匯報》正起著軒然大波，今天《新聞（報）》等服的編輯部同人的啟事，現在天一天在開會，鬧得天翻地覆，結果大約是完事大吉。我還有事去，《偶語》怎麼也無法靜下心來寫，乞見諒。

　　新華廣告也許今天會送來。奉還《從文習作選》及《時代文選》，請收。勿候

午安

　　　　　　　　　　　　　　　　　　　弟琳留

　　　　　　　　　　　　　　　　　　　六月一日

其七

堯兄：

　　海岑稿奉。你先看一看，如決定用，弟意題目及文字都須改動。纏錯歷史，給以糾正，已經夠了，過於苛刻的斥責也就近於囂張，弟以為還不如平心靜氣的好，最多是說幾句俏皮話。我想可請海岑自己一改，必要時拿給李或陳看看，他們對法國史瞭解的多。打仗文字，不得不慎重也。兄以為如何？匆候雙安

弟琳
二十六晚

其八

性堯我兄：

　　大作請即交來人擲下。戲院裏臨時有事，不來了。已打電話給劍三先生，他說隔一天來。匆個
雙安

弟季琳　三十日

　　昨失約，兄似頗不懂，兄殊不知弟奔走之苦也。賜助熱忱，豈不知感，只以托熟，遂不拘拘平。桂芳有稿否？

其九

載道兄：

有《追悼閻海文》的《救亡日報》（作者為閻同學，裏面有說到飛機的開法的）。懇一借，交來人擲下，萬感！

還有，高宗皇帝的生年及時辰，查得出否？能否幫忙一查？

《魯迅風》稿發齊了嗎？《世紀風》希望你還是多來點。祝　好。

弟琳　十一晨

其十

性堯兄：

奉訪不晤，至悵。《民族呼聲》准本星期四五可出，以後務希源源賜稿為幸。家槐、鋼鳴兄等尚在滬否？代徵之稿，如已寫就，懇請寄舍為荷？勿留，祝好

弟季琳　二十七日午後四時

其十一

堯兄：

示悉，《望春草》弟尚未得到，且未見也。《大公報》稍緩奉上，總之決不拆濫污也。復候
午安

弟琳復

附記：最後對《世紀風》、《淺草》和《草原》的背景作些說明。據柯靈《上海抗戰期間的文化堡壘》寫道：

「《世紀風》在黨和進步文藝界的大力支持下，起了活躍『孤島』文藝運動的積極作用」。「《世紀風》的特點之一，是經常刊載雜文，作為戰鬥的武器。寫得最多的是王任叔，經常寫的有周木齋、唐弢、孔另境、陸象賢（列車）、文載道、周黎庵等。」「《文匯報》被迫停刊」後，柯靈：「由楊潮（中共黨員）推薦，到《大美報》工作。……開闢了一個文藝副刊《淺草》，使夭折的《世紀風》移花接木，一脈相延。……《淺草》給黨領導下的『孤島』抗日文藝運動添了不少熱鬧。」「進入四十年代，『孤島』局勢進一步惡化。」《大美報》正副經理被暗殺殉難後「被迫停刊」，「《淺草》也隨之消歇」。「《正言報》在上海創刊。這張報紙的背景是國民黨三青團，編輯部主持者是《文匯報》的老同事李秋生，邀我參加編副刊。我和文學界內外幾個前輩商量以後，取得他們的支持，決定應聘。……副刊命名為《草原》，意在和被迫停刊的《淺草》相銜接。」（見柯靈《煮字生涯》第35、38、40、41頁）

這就是三張副刊和柯靈致性堯書信的歷史背景。

性堯「最誠摯坦白的友人」家槐
——《憶家槐》讕言的「不愉快舊事」

性堯先生早年所尊敬的師長和相知的良友，有陳望道、鄭振鐸、王統照、阿英、柯靈、王任叔和何家槐……。

他在「驚心動魄的大時代」、全民抗戰的烽火中。「時當此時、地當此地」的淪陷區上海,「時時有幾個千百里外舊朋的影子,浮上心頭,彷彿聲音笑貌如在眼前」,難以忘懷。「懷人千里,因風寄意」,於是有「三憶」之作。即《風土小記》中的《憶望道先生》、《憶若英》和《憶家槐》。

想當年,他為何要寫「三憶」?明眼人一「想」便知。陳望道不僅是《修辭學發凡》的「權威」,講授「文藝思潮」令人如沐春風的良師,更是將馬克思恩格斯《共產黨宣言》譯成中文的第一人。阿英「一襲蘊袍」、「脫略形跡」,標點明人小品、觀看蹦蹦戲《馬寡婦開店》而提倡「通俗文學」;然而正是在這種似乎「頹廢」的「外衣」掩飾下把毛澤東的《論新階段》、《論持久戰》、《論魯迅》等在上海大量印刷後傳播各地。甚至在組織遭到大破壞的白色恐怖中曾一度擔任過地下黨的「文委」領導成員。至於性堯文章中一再稱道「我的朋友中最誠摯坦白」的何家槐,則是「左聯」最後一屆負責行政事務的核心人物,奉命與魯迅先生聯繫,是「左聯」解散後成立「文藝家協會」的發起人之一。——當美軍在太平洋開始反攻,日寇已如「大江東去夕陽西」,性堯緬懷故人,寫了「三憶」,正是他心路歷程的反映……。

一、性堯與家槐的相識、交往

魯迅先生逝世兩個月以後,馮雪峰直接領導的「臨時工作委員會」對上海地下黨「整理組織、審查黨員」。時年二十五歲的何家槐並沒有「政歷問題」,但他寫過提倡「國防文學」的文章。這個年輕的共產黨員的政治生命正在受到考驗。關鍵問題:是否「反對」過魯迅?!就在此時的1937年3月,家槐與性堯相識了。說他「沒有政歷問題」,看他的簡歷便可得知。

　　家槐原名永修，1911年生於浙江義烏，比性堯年長五歲。1926年
北伐開始了大革命，家槐年僅十五歲。北伐軍來到浙江，在中學讀書
的家槐投身工人運動，參加總工會工作。中學畢業後到上海。考入中
國公學，攻讀政治經濟學和中國文學。後轉入暨南大學，課餘寫作，
在《小說月報》、《東方雜誌》發表文學作品。出版小說集《竹布
衫》等。

　　1932年二十一歲，加入「中國左翼作家聯盟」，被編入「左聯東
北區）（即滬東楊樹浦和閘北等工人區）搞宣傳工作。後來由葉以群
（當時名華蒂）提拔參與」左聯「機關刊物的編輯工作。先後在工人
中從事組織文藝小組、通訊聯絡、辦工人夜校等工作。1934年加入中
國共產黨。

　　按照組織指示，參與《時事新報》副刊《每週文學》以及洪深和
沈起予掛名、實際由夏衍主編的《光明》半月刊看稿等編務。在良友
圖書公司出版小說集《曖昧》，與魯迅、茅盾、葉聖陶、巴金、老舍
等名家的著作一起編入為「良友文學叢書」之一。

　　在東北淪亡、華北危急的困難聲中，家槐在《時事新報·每週文
字》上編發了「國難文學」的探討文章。於1936年1月11日發表《作家
在救亡運動中的任務》，提倡「國防文學」。5月6日在《文學界》月
刊發表《文藝界聯合問題我見》，宣傳了黨的抗日統一戰線⋯⋯。

　　當蕭三從莫斯科來信，要上海地下黨解散「左聯」。周揚等遵命
執行。魯迅對「左聯」無聲無息自動解散深為不滿。從陝北來的馮雪
峰支持魯迅、授意胡風提出與「國防文學」對立的「民族革命戰爭的
大眾文學」，於是便發生了「兩個口號」之爭。

　　1936年2月，地下黨「文委」派何家槐負責抗日救亡的學生運
動。4月、5月間又派他參與發起和籌備「文藝家協會」的組織工作。4
月21日奉命向魯迅先生寫信，請他參加發起「文藝家協會」。魯迅覆

信說「簽名並不難，掛名卻無聊」，婉言拒絕參加。6月7日由茅盾、葉聖陶、王任叔、鄭振鐸、傅東華、何家槐等27人為「發起人」的中國文藝家協會成立，參加者一百十一人，何家槐當選為「理事」。臨時召集人為《文學》月刊主編王統照。──就是這樣，在上海200名地下黨員審查後第一批恢復160人黨的關係的名單下，沒有何家槐。「組織」上審查他是否「反對」魯迅⋯⋯。在這種情況下，性堯經周鋼鳴介紹認識了家槐。

性堯說：「鋼鳴為人熱情有餘，較之家槐則就精深不足，其學問亦然。」他「雖然和鋼鳴認識在先，但後來的友誼卻還是以家槐為深。」兩人建交後同至新亞飯店聽中華基督教的聖樂團，去卡爾登劇院話劇，下榻書齋後面暢談終宵，時時來談論朝野動亂，討論文藝的寫作問題。⋯⋯

此時，最令家槐歡欣的是黨的組織關係被確認和恢復。

「救國會」領袖沈鈞儒、鄒韜奮等「七君子」因愛國救亡被國民黨無理逮捕，關在蘇州監獄半年多了，黨為了營救「七君子」，發動了「救國入獄運動」。7月2日何家槐率領十三名青年向蘇州法院提交聲援「七君子」入獄「投案書」，給國民黨反動派施加群眾性的壓力。

家槐從蘇州回滬後，自7月16日至8月7日，性堯約家槐一起鼓棹浙東，到家鄉住了二十天，過了一段最寬暢、自由與安適的鄉居生活。

兩人建交時間不長，來往不過半年左右，相知之深勝於早年的同學、鄉親。

二、家槐在抗日前線性堯的信

「八‧一三」日寇侵略上海的炮火，激發了全民抗戰。在國共兩黨廬山談判時，周恩來與陳誠協議：一旦抗戰爆發，共產黨組織「戰

地服務隊」幫助國民黨軍隊加強政治宣傳工作。淞滬抗戰開始，上海地下黨遵照中央指示精神作出決定：「根據『前線作戰指揮部』要求，抽調黨員和積極分子組織精幹的『隨軍戰地服務隊』，奔赴抗日最前線……。」

何家槐奉命參加了「第一戰地服務隊。」

第一戰地服務隊由八路軍駐上海辦事處的文委委員、暨南大學教授、中共黨員錢亦石任隊長。隊員有杜國庠、左洪濤、何家槐、林默涵、石凌鶴、孫慎、柳青、王亞平等30人組成。參加浦東前線的國民黨第八集團軍張發奎將軍的部隊。1937年9月25日報到，即赴嘉興接受短期軍訓。

同年9月26日，何家槐給性堯寄來了長信。原文如下：

性堯：我們於昨日午後抵浦東，停留二小時餘，即來嘉興。離滬前曾留一函給你，請武君轉交（並《解放》一冊），想已收到。初次離滬，頗覺不慣；昨夜因終日坐汽車，且震動過度，已覺萬分疲倦了，但蚊蟲極多，竟至不能成寐；拂曉起視，只見滿被都是殷紅的血跡。吃飯也不慣，每天兩頓，早飯九時，午飯下午四時，與難民們差不多；今日裁製軍服，三天後即可成為一軍隊中的『文同志』，從此紀律與服從將為每日之功課。昨天下午張發奎將軍訓路，（亦可稱為談話，蓋甚客氣也），語頗懇切中聽，且胸襟擴大，氣魄不小，於文化人之優點與缺點亦不算隔膜。待遇因係長期抗戰，中央負擔已甚重大，自甚微薄，關於這一點，張總司令昨天亦有詳細說明，且深致歉意。至我等來此目標，純出於愛國熱情，為軍隊服務，即為國家民族服務，任何犧牲都所不惜，那裏會計較什麼利害？我妹妹的讀書經費，我自己恐怕節省不下來，（如果每月

二十元，至多能節省十元），所以一方面我今天就寫信給家裏設法匯款，一方面我還是寫文章，湊湊數目。但在我的家裏未曾寄錢給你以前，我妹零用當希你代墊，不勝感激。我那篇速寫（即《午後》），你妹妹看過沒有，可有什麼批評嗎？如果有什麼意見，請你轉告！老周見面否？《文學》我沒有寫文章，不知他寫了沒有？你可鼓勵他多寫一點。這裏暫時不再需要人，否則，找老周同來，是多少的好！性堯，趕快來一個長信（請慎重一點）吧，因為我們在這裏只有一禮拜左右的耽擱，稍遲也許會看不到你的回信呢。

你好。

槐　二十六日上午

立成附筆問候。密斯武和令妹令弟前請代致意，不另寫信了。
（我的妹妹那裏，也請你轉告。）

（注：1「武君」指武桂芳；2、「老周」即周鋼鳴；3、「立成」即音樂家孫慎，性堯友人；4、「密斯武」即性堯夫人武桂芳。）

　　家槐給性堯寫了這封信的二十天後，10月16日軍訓結束，即隨部隊開赴浦東前線。在前線隨軍開展慰問宣傳活動，鼓勵士兵英勇抗戰。10月28日戰地服務隊在奉賢南橋召開「軍民合作抗日動員大會」，由第八集團軍司令張發奎將軍主持開幕式。《救亡日報》社長郭沫若、總編輯夏衍和田漢等專程從上海市區趕來參加大會。服務隊演出了自編自演的話劇《保衛浦東》。郭沫若說：「這支戰地服務隊是後來國民黨恢復政治部的先聲。它使國民黨看到了軍隊政治宣傳工作的重要作用，隨後也恢復了軍隊政治部。」

　　11月12日，戰地服務隊隨張發奎部撤離上海，輾轉於蘇、浙、贛、湘。——後來性堯感慨地說：「惜未知家槐飄泊何處」？

三、性堯文中諱言家槐的「不愉快舊事」

　　性堯《憶家槐》中幾次提到的和家槐談話，說他「說話則如一般人的藍青官話」，「談話到興酣淋漓，語尾往往拖句『他媽的』國罵。」「其與作除少數的散文外，自以小說為最。但不幸說到小說，難免要聯想到這件使他不愉快的舊事上去，雖然兩方面要負點責。他在滬的時候，不時以這件事情深自慨晦。」——究竟是件什麼樣的「不愉快舊事」呢？性堯筆下厚道，為好友諱言，沒有寫出來。

　　「這件事情」就是魯迅在1934年4月20日致姚克信中提到的「徐、何創作之爭。」

　　正如性堯所說：「家槐在滬的時候，不時以這件事深自慨悔。」而性堯本人則是如他自己所說「碰著我這個著名的不懂世故、不諳人情的孟浪漢」偏要刨根問底……。於是家槐從自我批評出發，敘明原委真相的給性堯寫了封長信。可惜這封信和另一封信給性堯敘明兩次給魯迅先生寫信的前後經過……用《光明》箋紙寫了密密三頁的更長的信，上個世紀五十年代唐弢借閱後留住未還。現在未能像前信那樣原件照錄，是一件憾事。

　　1960年柯靈先生為編寫《魯迅傳》電影劇本下集「魯迅在上海」時問起家槐給性堯的這兩封長信，我即向唐弢索取，唐弢推說從上海搬家到北京時丟失了……。我便請性堯回憶，當時作了筆記。現據性堯的複述要點，大意如下：

　　「這件事情」開始在家槐參加「左聯」以前……。

原來家槐有一個小同鄉、小同學叫徐轉蓬的。家槐在暨南大學讀書，課餘寫的小說都被《東方雜誌》等名牌刊物發表了，也有了小名氣。在大夏大學讀書的徐轉蓬都羨慕，也寫了些小說，稿子請家槐修改。開始時兩人很要好，又都是「窮學生」。當時家槐在文藝界比徐轉蓬有名氣，良友圖書公司趙家璧把家槐的小說編入《良友文學叢書》，銷路不壞。徐轉蓬提出：徐和稿子經家槐修改後有時就用家槐署名便於發表，得了稿費兩人分用。家槐當時同意了。

後來家槐參加了「左聯」，還加入了共產黨。（入黨是秘密的，徐不知道）而徐轉蓬則投向了國民黨，跟王平陵等人搞在一起。王平陵他們搞什麼民族主義文學，遭到「左聯」批判。他們就唆使徐轉蓬寫文章揭露所謂「左翼作家何家槐是剽徐的稿子的『文抄公』……」。家槐的名聲被弄得很不好。王平陵他們就用這件事搞臭何家槐，想在政治上打擊左翼文學、打擊「左聯」在群眾中的影響。

據家槐說：當時家槐在「左聯」內的上級彭柏山做他的思想工作，和他談心。為了防止反動派對家槐在政治上的迫害，勸他不再在暨大讀書，專門做「左聯」的實際工作。家槐說彭柏山談話時，周鋼鳴也在場。……他在暨大的學業就此中斷了。

性堯說：家槐信中說了不少自責的話，所以稱他「襟懷坦白」……。

四、性堯說「誠摯坦白的家槐在劫難逃！」

1938年何家槐隨「戰地服務隊」到達武漢。黨在服務隊的特別支部在武漢與中共中央長江局接上了關係。經過研究，黨決定一部分同志撤出服務隊：如林默涵轉去香港工作；石凌鶴和王亞平轉去蘇北新四軍；杜國庠以年老離隊轉去重慶等大後方……。何家槐則奉命繼續

留在張發奎部隊，從事秘密的統戰工作。正如家槐自己所說：「抗戰八年中我都在張向華（即張發奎）先生的指揮機關裏做事，雖然也走了一些地方，增加了一些見識，但建樹實在太少。」

1945年8月，抗戰勝利。復員到廣州，因多年積勞，半年中竟大病三次。嚴重的胃潰瘍幾獲不治。次年5月回家鄉義烏休養。病癒至紹興稽山中學執教。1947年到上海，組織上本想派他去南洋從事對華僑的統戰工作。後因時局變化，沒有去成。要他留滬隱蔽下來，在浦東私立大江中學任教。1948年冬組織安排他北上進入解放區。1949年到達北京，參加第一次「文代會」，當選「全國文聯」候補委員。新中國成立，先在北京任馬列學院（即中央黨校前身）語文教研室主任。後又調至中國科學院文學研究所任當代文學組組長。在作家、新文藝等出版社先後出版了雜文《寸心集》，文藝評論集《一年集》、《海澨集》和《魯迅作品講解》等。1964年調往廣州暨南大學，任中文系主任、黨委委員。

1966年「文革」爆發，何家槐「在劫難逃」，被作為「三十年代文藝黑線人物」揪出批鬥。最後以「鼓吹國防文學」和所謂「反對魯迅」的「罪名」將他殘酷批鬥和迫害。1969年含冤而死，年僅五十八歲。

「何家槐『在劫難逃』！」是性堯先生在上個世紀八十年代一次宴會後和我談話時說的。記不清在豫園老正興還是杏花樓，蘇淵雷、陳從周、鄧雲鄉、金性堯等老先生聚會，我叨陪末座。我和性堯談起「文革」中家槐含冤而死，「罪名」是「反對魯迅」……。性堯說：家槐含冤而死在劫難逃！說他「反對魯迅」完全是不實之詞。

可惜家槐在1937年5-6月間給性堯寫的長信不在了。無法提供當事人的第一手材料了。但是當年家槐為答覆性堯追問而提出辯解的長信，還有印象。

　　家槐當時提出他決沒有「反對魯迅」，證據是他公開寫的一篇文章和給魯迅先生的兩封信。

　　《魯迅傳》電影創作組組長是葉群，組員陳白塵、柯靈、杜宣和導演陳鯉庭；還有遠在北京的唐弢也掛名為創作組的組員。在展開對魯迅有關者調查訪問時，何家槐也是訪問對象，由於他當時不在北京，沒有見到。組長葉以群和負責寫「魯迅在上海」部分的編輯柯靈，都向唐弢問起「何家槐給金性堯的長信」，唐弢一再表示：「搬家時弄丟了……。」創作組顧問許廣平先生介紹給我們去魯迅博物館，查閱何家槐給魯迅的原信（由葉淑穗同志接待）。我們看到了原信，（重要的是第二封信）並同意給我們作了摘錄。

　　原來在1936年4-5月間，上海文壇上流傳著所謂「何家槐攻擊魯迅先生破壞統一戰線和文藝家協會」的謠言。何家槐為此在文藝家協會成立前5月18日特地給魯迅先生再寫信，「聲明決沒有罵過先生破壞或反對統一戰線。我只是說你不加入文藝家協會，因為你給我的復信裏，曾經明白表示過。」他本人「對於（魯迅）先生我是始終敬佩的，先生在中國文藝界的貢獻，誰也不能否認和抹殺，……因為先生有這樣廣大的影響，如果能夠參加而且領導文藝家協會這一類實際運用統一戰線的組織，那末的確是一個中國民族解放運動和中國左翼文學運動的福音。先生認為簽名很容易，掛名卻是無聊之至，可是在事實上，如果從政治意義說起來，那是象先生這樣的人『掛名』於文學團體，決不是毫無意義，而且意義簡直是很大的。」並說「左聯的解散，沒有更詳細的和先生討論，……的確足使我們痛心和後悔。」，並說明了「所以會如此」的四點原因。希望「多受先生的教益」，「更盼望我們能與先生建立一個比較密切的關係。」──這封信，魯迅是5月19日收到的，由於魯迅的病情較重，《魯迅日記》有云：「日漸委頓，終至難於起坐」，「其間一度頗虞奄忽。」因此，也就無從給何家槐覆信了。

　　至於何家槐的一篇文章，即在魯迅逝世後家槐發表在《光明》半月刊的悼文《學習魯迅先生的精神》。文中說他「感到切膚的悲痛」，表示「我們每一個人都要學習和擴大魯迅先生的精神。」同時，魯迅先生給何家槐覆信的手跡，亦製版印出。

　　當然，家槐給性堯長信中有許多人、事等細節，上述材料僅作聊勝於無的參考，原信已失，無從覆案，只能遺憾了。

　　性堯因此堅信：家槐沒有反對過魯迅，說他「反對魯迅」完全是不實之詞。──雖然「哲人其萎」，他始終把家槐視作一位「最誠摯坦白」的老朋友、好朋友⋯⋯。

金性堯與中華女子職業中學
──蒯斯曛給性堯的四封信

　　上海古籍出版社印的《金性堯先生生平簡介》寫道：「金性堯青年時代追求進步，1938年9月至12日由王任叔介紹在中華婦女補習學校當義務教員。」我保存該校當時的負責人蒯斯曛同志於（1939年）1月27日、30日、31日和（2月）5日給金性堯的四封信，可以作些補充介紹。

一、中華女子職業中學創辦背景

　　「中華婦女補習學校」當時正式掛牌的校名，是「中華女子初級職業學校」，簡稱「中華女子職業中」。校址設在上海市法租界辣斐德路（今復興中路）458號。1938年春，黨的「職委」遵循江蘇省委關於加強對「產業職工教育」的指示精神，採取著名的進步社團「中華職業教育社」總幹事姚惠泉先生的積極支持（「中華職教社」社址在法租界華龍路即雁蕩路），向租界當局登記批准，開辦了中華女子職

業中學。「文委」系統派蒯斯曛為該校負責人，還動員一些黨員和進步人士充任義務教員。

學校任務以學文化為主，通過傳授文化知識，傳播革命思想，啟發學生的愛國主義意識和革命覺悟……。

二、蒯斯曛給金性堯的四封信

蒯斯曛（1906-2002）原名蒯世勳，江蘇吳江人。中共黨員。1926年開始寫作並發表作品，先後出版短篇小說《悼亡集》、中篇小說《新時代的曙光》等。1938年參加地下黨「復社」出版的第一部《魯迅全集》編校工作。為支持「職委」的「職業教育」工作，由「文委」派去兼任中華女子職業學校教務主任。1941年12月8日爆發太平洋戰爭，日寇侵佔租界，蒯氏撤至蘇北解放區。先後擔任新四軍第一師師部秘書；華中軍區司令部秘書；第三野戰軍司令部秘書處主任；華東軍區外文學校政委。建國後至上海，擔任上海文藝出版社社長兼總編輯……。

他在1939年1月27日、30日、31日和2月5日給金性堯寫了四封信：

其一

性堯兄：

現在有幾件學校方面的事情，跟你商量：

一、你擔任的初中二國文，用什麼教本？請開示書名，編者，出版書局。（上學期用的是周予同先生等編《初中國文》第三冊，晨光書局出版。據張先生（即金人）說，此書選文份量大多，不便教學）。

　　二、排課方面，有何條件？國文六小時，須分五天教，其中有一天連上二小時，可為課內作文之用。

　　三、附表請填就擲下。

謹祝

儷安

弟蒯斯曛謹啟
一月二十七日

其二

性堯兄：

　　囑補《華美》（按《華美晟報》），緩日奉上。

　　《華美》，老王（按：即王任叔，下同）本已預備不編了，不過他們答應送三期稿費來，仍請老王編下去。所以你的文章，請大筆一揮。

　　日前奉上關於校課的信，收到沒有？課如何抓，教本已定否？暇祈示復！

　　囑寫文，惟有瑣事指導思想，迄未執筆，是一定要失約的了，乞諒，為幸。老王的《為人在世》，下期《風》（按：指《魯迅風》）中立可登出，確是一篇少見的傑作也。祝好！

弟斯曛　三十日

其三

性堯兄：

　　茲奉上教本三冊。晨光版第三冊，是上學期讀過的。這學期是否仍用晨光版第四冊？或改用世界版第四冊？請即決定，為幸。弟明日當打電話來問，吾兄如須外出，請將決本（定）之書名告訴武先生。專此即頌

著安

弟斯曦上
一月三十一日

其四

性堯兄：

　　茲奉上《華美》稿費三元五角，乞查收。《華美》仍由老王編下去，老兄大筆必須繼續揮下去。請在星期三以前，預備文章一篇，感感。專以即頌。

著安

弟　斯曦上　五日

　　按：（金性堯以文載道筆名，在1938年12月8日《華美晨報》副刊《鍍金城》發表《敬告上海電影界》。所說「奉上稿費三元五角」當係此文稿費。

「年青的期待」
——劉雪庵的《何日君再來》
——提供一件歷史資料

　　劉雪庵（1905～1985）先生是著名的愛國作曲家。日本帝國主義悍然發動侵略我國的「九・一八」事變，掠奪東北等大片領土後，劉雪庵立即創作大量抗日救亡歌曲。如《流亡三部曲》的《離家》、《上前線》；《長城謠》、《大家一條心》；為著名影片《十字街頭》作詞譜曲的《思故鄉》等等，對於我輩在當年民族危亡的悲憤和苦難中度過的過來人，是記憶猶新、廣為傳唱的。劉雪庵的歌曲曾經激勵了我們的抗日鬥志。

　　不料，他在上海「孤島」時期為方沛霖導演的影片《三星伴月》譜曲、又被蔡楚生導演的影片《孤島天堂》選作插曲的《何日君再來》——區區一首歌曲，竟被誣陷「為敵人張目」的「黃色歌曲」、「漢奸歌曲」……，而被錯劃為「右派」，在「文革」中升格為「反革命」……。遭紅衛兵凌辱、折磨和毒打，其夫人也被逼含冤而死。

一、為劉提供證明

　　「四人幫」倒臺、「文革」結束後，蒙冤受屈二十載的劉雪庵得到平反改正。他好不容易出席了第四屆全國文代會。可是，萬萬想不到，大會上竟還有人誣稱《何日君再來》是「黃色歌曲」、「漢奸歌曲」？！——劉雪庵經此刺激，導致眼底出血、視網膜脫離，雙目失明。從此臥床不起，哽咽難言……。

　　此時，從上海某報開始，對《何日君再來》的批判，又捲土重來。臥病在床的劉雪庵在所謂「輿論壓力」下違心檢查「造成惡劣後果」，為此「表示痛心」……。

　　我作為歷史的見證人，致函《北京晚報》編輯部負責同志，明確指出：

> 「劉雪庵先生至今還在檢討，其實是不必的。因為在當時並沒有出現有人唱了《何日君再來》而變成『反革命』的事實，根本談不到什麼『惡劣後果』，劉先生也不必為此『痛心』……。」

　　同時，提供了有關「《何日君再來》的社會效果」的歷史資料，作為證明。拙文題目是《「年青的期待」》，初刊於1980年8月23日《北京晚報》社《信訪簡況》第53期；同年9月23日又公開發表在《北京晚報》第3069號「爭鳴」欄。

　　劉雪庵的子女將拙文讀給雙目失明的父親聽。劉雪庵聽了要其子女來上海舍間向我表示了劉先生對我的「謝忱」。

二、「年青的期待」

　　我們並不提供唱《何日君再來》這首歌曲，因為它流露了不健康的情緒。但是有的文章說它是「漢奸歌曲」，說它「適應了日本帝國主義的需要，是為愛國人民所不齒的」，是「強調某一歷史事實而排擠另一歷史事實」。情況果真如此嗎？這裏我要談到一份歷史材料，看看歷史事實究竟是怎樣的。

　　第一個演唱《何日君再來》的，是以《馬路天使》蜚聲藝壇的「金嗓子」周璇。周璇當時演唱的歌曲數以百計，為什麼唯獨《何日

君再來》曾經「風靡」了全上海？這是有客觀的歷史原因的。

凡是讀過魯迅《寫於深夜裏》和《書信集》的，決不會忘記其中多次提到的「人凡君」即「曹白」。這位被魯迅認為可以「隨便談談的青年」原名劉平若，山西人，因研究木刻為國民黨逮捕，魯迅引用的《坐牢略記》便是他的親身經歷。抗戰爆發，他在黨的直接領導下從事救亡運動。1938年8月，黨調他參加新四軍工作，轉戰大江南北，後來擔任過譚震林同志的機要秘書。他在離滬前夕的1938年6月22日寫了一篇報導《喘息》，專門記述上海人民為什麼喜歡唱《何日君再來》的真正原因。他寫道：「上海未曾陷落之前所流行的歌曲是『起來！起來！』（《義勇軍進行曲》）；已經淪落後所流行的歌曲是《何日君再來》。但你們慢一點笑，以為淪陷之後的少男少女們，真孱，只會唱《何日君再來》了。但說起來呢？上海的陷前和陷後，的確是變得兩樣的。當然啦，我們是做了更苦的奴隸了。……四郊既然封鎖，出入是這樣的難：認真做個良民，心頭又是這樣的苦，還是在租界裏……唱唱《何日君再來》罷，這倒還是屬於可以藥救的」。「我們的紳士、淑女、次紳士、次淑女……至於連《何日君再來》也不願唱，因為嫌它的『味道』太淡薄了。但我愛《何日君再來》。……因為它裏面包含了年青的『期待』。《何日君再來》──什麼時候再來呢？不知道。橫在上海的全體市民頭上的，幾乎永遠是黃梅季節的怨憤而抑鬱的晦黯的天空，在呼吸的窒澀裏，在精神的苦刑裏，我們時時刻刻，時時刻刻『期待』著一個東西的再來。……期待，你這奴隸的未死的心腸。」接著，作者根據當時的客觀事實，把《何日君再來》比擬為「戰鬥者『期待』未來的黃金世界的到來」；「沙漠中的旅者『期待』清泉」；「農民『期待』久旱後的雲霓」；「高爾基『期待』行將襲來的革命暴風雨」。最主要的，「是奴隸的未死的心腸」──「期待克復上海啊！」他最後的結論是：「陷前的

上海歌聲，『起來！起來！』那是年青胸膛的鼓動；陷後的歌聲，《何日君再來》應該作為年青的滿懷的哀訴。雖然嫌孱弱，然而是真的。」這篇文章最初在《七月》發表；至1941年6月由海燕書店集印在《呼吸》中。由此可見，《何日君再來》當初的社會效果是有著積極的一面的。

《十日談》和「打鬼運動」

　　《十日談》在六百三十年前問世時，西歐正處於中世紀的「黑暗時代」。它通過一百個詼諧幽默、生動有趣的故事，有力地鞭撻諷刺了「神聖的」反動教會和一大批宗教迷信迷吹者的卑鄙無恥，熱情歌頌了廣大人民追求自由和幸福的鬥爭精神。

　　《十日談》最初是以「手抄本」的形式出現的。經過一百多年的輾轉傳播，終於在1470年正式出版了印刷本。我國的第一部中文譯本是由黃石、胡簪雲合譯，由開明書店印行，比原著推遲四百六十年。時當大夜彌天、狐鬼當道的二十世紀三十年代，距今已有整整五十年。

　　卜迦丘為什麼要寫《十日談》？黃石又為什麼要將它翻譯成中文？據黃石的《略論卜迦丘及其作品》透露：是同西歐和中國先後反對「黑暗統治」的「打鬼運動」有關。黃石把歐洲的文藝復興稱之為西方的「打鬼運動」；把中國的反帝反封建鬥爭稱之為東方的「打鬼運動」。這種看法，是有一定道理的。

　　也許是偶然的巧合，《十日談》的作者和譯者之間，時隔五百多年，卻有一段比較相似的經歷。《十日談》作者開始對宗教懷著十分虔敬的心情，一度充當過伴侶，以精通教義著稱，因而「博得了教皇的歡心」。它的中譯者則原來是一個年輕的基督教徒，在廣州白鶴洞的協和神科大學「潛修神學」，因鑽研宗教史頗有心得：而得到主教的垂青。卜迦丘是先寫出《諸神家譜》，然後再完成「人曲」《十日談》的。黃石在翻譯《十日談》之前，曾編寫了一部《神話研究》、卜迦丘對希望羅馬神話的起源和世系從事了長達二十多年的研究，看清了古代神話同日常生活及自然現象的相互聯繫，認為神話中著名的

噴火巨龍是古代地震時火山爆發引起人們幻想的反映，從而揭示了古代神話的現實基礎。黃石也花費了相當時間，對埃及、巴比倫、希臘、北歐等國的神話同我國古代所謂「開天闢地」的傳說作了比較分析。他認為，我國「太古史事……盤古氏、女媧氏、伏羲氏、燧人氏、神農氏、三皇氏等等」的傳說，「就是中國的神話」。過去有人「忽視」這些中國神話「那不單是我們的不幸，並且是全人類的一件重大的損失……」。——正是因為譯者和作者在人生觀、宗教觀、社會經歷和學術研究上存在不少共同點，為理解原著的精神實質提供了較好的基礎。儘管卜迦丘和黃石之間的天賦不同、才華不同，但他們都是開始著眼於「超世間」的「天堂」，最後回到「現世間」的人間來的。卜迦丘埋頭寫畢《諸神家譜》，回首塵世，看到周圍有一個「人類的大敵，那就是鬼」，卜迦丘認為「這只鬼扮作羅馬教的僧侶而出現，在人們搗鬼鬧亂，把人世間弄得烏煙瘴氣，暗無天日。他們憑藉基督教現成的權威，來壓榨平民的膏血」。卜迦丘和當時的無數先驅者一樣，憤世嫉俗，便追隨著偉大詩人但丁，投身到「一個驚天動地的打鬼運動——文藝復興運動」。卜迦丘是用《十日談》來表達他「和鬼的勢力宣戰」的。他寫《十日談》是為了「打鬼運動」。當黃石的《神話研究》於1927年由開明書店出版時，中國大地上忽然「黑雲壓城」、「鬼氣彌漫」。獨夫民賊蔣介石揮舞屠刀，發動了「四‧一二」反革命政變。廣州白鶴洞這所「清幽雅靜」、像「修道院一般的協和神科大學」也關不住年輕的宗教徒了。黃石「不得不離開白鶴洞」的神學院，「再入人生的戰場」。他從「人生戰場」的腥風血雨中看到了中國當時政治和社會的現實。他以翻譯為武器，參加了反對反動派的行列。他在《十日談‧譯者序話》中把反動派稱之為「鬼」，他寫道：

「現在中國還有無數鬼的黨羽，扮作種種形相——愛國者，革命黨，教育家，藝術家，『聖人之徒』，『以風化為己任』的『衛道衛生』，遺老遺少，紳士學者等等，利用社會固有的權威，壓制人性，榨取平民。我們覺得卜迦丘這本《十日談》在今日的中國，還很用得著，於是用一個暑假的工夫，把它譯成中文，讓讀者讀過了許多『打鬼運動』的莊言正論、救國救民的大道理之後，讀一兩篇來醒一醒腦兒，怕不是無益之舉吧」。（開明版，《十日談》第5、9頁）

一個「協和神科大學」出身的翻譯工作者，在當時有這樣的認識，應該說是他的人生觀的重大突破。開明書店接到這部譯稿後，用重磅道林紙排印，還加印了作者像和插圖十一幅。經錢君匋裝幀，編成九百二十多頁的一巨冊。封面分綠帆布全布面燙金精裝和紙面布脊精裝兩種。1930年12月初版後，成為三十年代出版物中的精品。

為了擴大這部譯本的影響，茅盾親自撰文，在《漢譯西洋文學名著》和《世界文學名著講話》中介紹《十日談》。茅盾寫道：

「《十日談》有黃石、胡簪雲的合譯本，開明書店出版。這是根據了英國Thomas Wright的英譯本轉譯的。英譯本大概不免刪節了原文描寫性慾的地方，但這不關重要。……要曉得卜迦丘的面目，看這《十日談》譯本也算夠了。」

還得一提的，最早把《十日談》介紹來我國的是光華書局在1929年5月出版的《十日談選》，譯者柳安，據說是羅皚嵐的筆名。他當時在清華大學讀書，翻譯此書曾得到詩人朱湘的鼓勵。朱湘寫信給他說：「近來聽說你在譯著《十日談》，這是一本妙書，雖然不及《金瓶梅》，總算趕得上《今古奇觀》了。全譯印行，我想一定會遭禁，你不選擇一些最好並最通俗的印行？」（見《朱湘書信集》第125頁）

譯者在讀到原著後，「歡喜之餘」，就「選擇了八篇，另外加上了相當的題目，讓它們在《螢火蟲》中成一個單行本」（見《十日談選·題記》第3頁）。所謂「八篇」，是根據原著「第一天」之四、「第二天」之二七、「第三天」之一和十、「第五天」之四、「第九天」之二和四等譯出。所謂「相當的題目」，是譯者自擬的《女尼的秘密》、《夜鶯？》、《被盜後的豔遇》、《愛情歷險》、《僧人與女人》、《牝馬裝尾巴》、《魔鬼進地獄》和《尼庵故事》，頗有《今古奇觀》的筆法。錢牧風裝幀，道林紙橫排毛邊本，印得相當精緻。到了四十年代，世界書局出版了閩逸（陳天放）譯的《十日清談》，紙面精裝、厚七百多頁。與開明版的譯本相較，顯得大為遜色。解放以後，新文藝出版社在1958年3月出版了方平、王科一合譯的《十日談》。他們根據「與原文的面貌最接受」。「忠實與流暢」的「三種英譯本」所譯出，是迄今為止最為完善的譯本。附有插圖十八幅，厚一千零十頁，大32開精裝一巨冊，可惜已經絕版了二十多年了。從1929年到1958年我國先後出版過《十日談》的四種譯本，經過比較校讀以後，譯文也是「後來居上」，新譯大大超過了舊譯。《十日談》雖然存在著糟粕，但精華卻是主流。那些猛烈抨擊中世紀黑暗統治、無情揭露利用宗教迷信大搞蒙昧主義、徹底批判那些「表面假冒偽善、內裏男盜女娼」的神父、主教、修道院長的醜惡本質……的許多故事，至今沒有喪失它原來的戰鬥鋒芒。在這個意義上，我們非常希望《十日談》中譯本能及早重版。誠然，黃石譯本已完成它的歷史使命，沒有重版的必要了。但是，對黃石在三十年代的勞績，是不能抹煞的。他們為了配合反對反動派──「打鬼運動」而翻譯《十日談》，也是應該肯定的。茅盾在三十年代曾兩次推薦這個譯本，也是有其積極意義的。

友誼篇

郭沫若六十年前對一個青年的厚愛
——我提供他的譯詩佚文、他介紹優惠購書

　　1936年夏，郭沫若在日本流亡期間，翻譯了德國歌德的詩歌劇《赫曼與竇綠苔》，這是歌德在四十六七歲時（1796年9月～1797年6月）完成的傑作，其時正當法國大革命時代。詩中所敘是1794年8月間發生的時事。描寫當時法國革命軍與普魯士、奧地利兩國聯軍發生的一場戰爭，詩劇中的地點在萊茵河東岸一帶。郭沫若認為：

　　「這詩是以希臘式的形式來容納著希伯來式的內容。內容於我們目前的現實沒有多大的教訓，只是多少有點『國防』的意味，和竇綠苔的為革命而死的未婚夫之可貴的見解是值得提起的。」

　　「國內近來頗有敘事詩和長詩的要求，為技術的修養起見，我想到了這首有名的長詩，便把它翻譯了。」

　　郭沫若譯的《赫曼與竇綠苔》發表於1937年1月出版的《文學》第八卷第一號「新詩專號」。經過八年抗戰，日寇對上海的蹂躪，圖書期刊被大肆燒毀。這本《文學·新詩專號》也稀如星鳳。

　　1946年，與中共地下黨有關係的群益出版社自重慶遷來上海，為郭沫若出版《文集》，登報徵求刊載《赫曼與竇綠苔》的《文學·新詩專號》，一時無人應徵，群益出版社通過中國書店的我的好友金祖同兄來向我商借。我便把這本書送至虹口區溧陽路1264號郭沫若寓所。順便留條，擬請郭老方便時代向晨光出版公司的趙家璧先生打一招呼：我想購買晨光預定出版的《英國版畫集》特製本照批發價七折……（比普通本要貴十倍，無人訂購，後來沒有出版）

　　郭老在1947年10月2日給我來信：

凝華先生：

　　承惠假《赫曼與寶綠苔》譯本，謝甚。

　　用畢當由群益奉還，請釋懸念。

　　附名片一紙，請直接與趙君商購，能收效否，不敢必也。

　　　　　　　　　　　　　　敬禮。郭沫若　　十月二日

名片上寫道：

　　友人沈凝華先生擬購貴處《英國版畫集》特製本一冊，可
否打一七折，至感。

　　趙家璧先生

　　　　　　　　　　　　　　郭沫若　　九月三十日

　　這張名片，足見郭老在六十年前對一個青年的厚愛。1948年，群
益出版社的負責人吉少甫先生，奉郭老之命，在還給我《文學‧新書
專號》時，還送給我新印本《赫曼與寶綠苔》、《浮士德百卅圖》和
精裝本《抗戰回憶錄》。這後一種為當時國民黨查禁，未能發售。解
放後此書改名為《洪波曲》出版面世。因此這本精裝的郭沫若所著、
扉頁上加印「樣書」的《抗戰回憶錄》，也可算是新文學版本書中的
珍本了。

　　郭老親筆信、信封及名片原件複印如下：

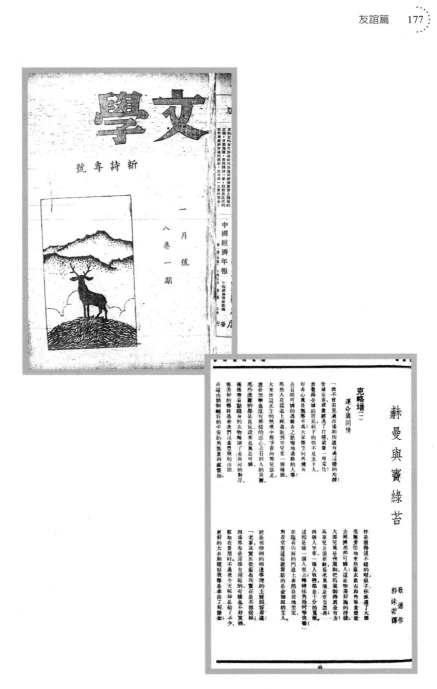

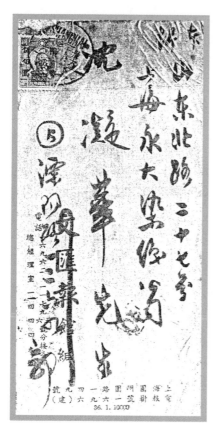

豐子愷「往事憬然」憶魯迅
——「文革」中我與豐老在日月樓中「苦中找樂」

　　新中國建國以後，聞名海內外的畫苑大師劉海粟、吳湖帆，以及國畫權威和西洋畫名家都雲集上海，在市府領導下籌備成立「中國畫院」。上海市陳毅市長任命豐子愷為「畫院院長」。人們說：「熱鍋裡爆出『冷』栗子，沒有想到。」終年茹素、與世無爭的好好先生榮膺上海藝苑重任，人們認為：「在人際關係頗為複雜的繪畫界，陳老總慧眼獨具，豐子愷眾望所歸……」

　　畫院不是「坐班制」，除非黨委通知必要出席的會議外，豐子愷便在自己陝西南路的寓所日月樓裡，譯書作畫，默默地為祖國的文化事業作貢獻。一向慈悲為懷、和藹可親，平時走路連螞蟻也不肯踩一隻的豐老，不料在「文革」浩劫竟被當作「當權」的「走資派」、「反動」的學術權威的雙重身份揪出來批鬥。畫院內一些有良心的畫師雖不敢言，心實非之。女畫師周鍊霞就是其中的一位。

　　當年赫赫有名的什麼「革命樓狂妄大隊」，用有銅扣的皮帶劈頭向周鍊霞襲來，左眼打出血，醫院不肯收，導致視網膜脫離而失明，我去看望她，她苦笑著自稱「渺一目者」。我無言可慰畫師，只能說：「二十年前『燈火管制』，你有眼不能看燈；如今燈火通明，卻是一目難見光明了……」周鍊霞「渺一目」睜一眼，用鋼筆給我寫了一首舊作：

　　　　長記瓊樓最上層，流蘇如漆掩香燈。
　　　　未容覿面驚丰采，衹許呼名辨細膚。

我問起豐子愷老師的近況，她說：照顧他年老，放回家去寫「交代」了……──於是我便去陝西南路日月樓中拜望豐老。

一、虎口奪書：抄家搶回《子愷漫畫》

我從小就愛上了豐子愷先生的漫畫。接觸豐老的漫畫始於七歲那年的暑假期間。家鄉只有初級小學，嗣母說服了我的祖父帶我到上海讀「高小」。住在拉都路的小洋房裡雖然舒適，但是太寂寞了。我要嗣母陪我到以前去過的閘北寶山路的商務印書館去購彩圖的《兒童文庫》和《故事一百種》。嗣母說：「商務印書館和東方圖書館，早同我家的絲綢號一樣，都被東洋人炸光了……」

嗣母帶我到「文化街」福州路，先去了「兒童書局」，幫我選了章衣萍、林雪青合譯法國莫內德夫人原著《苦兒努力記》上、下兩冊；《歷代名人叢書》一套六十冊，其中有孔子、管仲、諸葛亮、關雲長、司馬遷、玄奘、司馬光、范仲淹、蘇東坡、岳飛、文天祥、戚繼光、海瑞、黃黎州、史可法、林則徐、石達開、秋瑾、孫中山等60人的傳記。

然後再到「一家春餐廳」旁邊的開明書店。嗣母原想為我購巴金的《家》，回答是「《家》還在《時報》上連載，要等報上登完了再出單行本。」嗣母就為我購了巴金的《滅亡》和《新生》……我在店堂正中的書櫃上看到了《子愷畫集》和《子愷漫畫》，捧在手裡愛不釋手。嗣母就為我購下了。

回到家裡反覆閱「讀」，意味無窮。《漫畫》第43頁「人散後，一鉤新月天如水」，一道捲上的蘆簾，一個廊邊的小桌，桌上一把壺三個杯，天上一彎新月……疏朗的幾筆，我的情思被帶到詩意的境

界，心裡感到一種說不出的美感。《畫集》第75頁的「賣花女」，彷
彿帶我回到蘇州黃鸝坊的小巷，聽著聲聲的「阿要梔子花白蘭花」，
惹起我無限的夢思……正像朱自清所說：「畫中的片片落英都含蓄著
人間的情味。」可以說，這兩冊畫集，從小到老，使我百「讀」不厭。

　　毛澤東對文藝界的「兩個批示」傳達後開始了文藝整風，「北影廠」的《早春二月》和我們「上影廠」的《北國江南》、《舞臺姊妹》都進行公開批判。我愛書如命，在老伴和長女的幫助下，要家鄉樹榮哥的機帆船來滬把我的部分藏書和資料裝箱運去，放到鄉下，深藏密鎖。但是手頭經常翻閱的豐老的《漫畫》和《畫集》，認為與政治無涉，也不是珍本，便放在抽屜裡。

　　「文革」抄家，把我的許多期刊、雜誌等全部運去……「抄家」的是廠裡製景車間的工人「造反派」，看到我喜愛的豐子愷的兩本畫集也要抄去。忽然想起我為《魯迅傳》組到北京革命博物館訪問徐彬如館長，在館長辦公室，聽到田家英同志（毛澤東主席秘書）說過：「毛主席看了《子愷漫畫》說好，有童趣……」的話，馬上立正高呼：「最高指示」……正在抄家的造反派停了下來。我接著高聲：「毛主席教導我們，《子愷漫畫》好，有童趣……」帶隊的小頭頭問我「怎麼回事？」我把事實經過講了一遍，小頭頭說：「這兩本書不算『四舊』，還把儂（即還給你）。」──這兩本書總算「虎口奪書」，保留了下來。

　　我帶著這兩本書去看望豐子愷先生，聽我講了這段「虎口奪書」的事，豐老破顏大笑，說道：「我的漫畫，在『百花齊放』中算不了什麼，不過小草、亂花。這叫『亂花迷人眼，淺草沒馬蹄』啊！」我請豐老把這兩句寫給我。豐老說：「這兩句是

白居易的詩，原詩是『亂花漸欲迷人眼，淺草才能沒馬蹄』。現在風浪未息，我把白居易的全詩給你寫一幅立軸吧。」豐老有感我的「虎口奪書」，我得到了豐老的墨寶。

豐老關照：「這種冒險，可一不可再。幸虧抄你家的是工人，假如是紅衛兵小將，不但書搶不回，還要吃一頓生活……」他還寫了一首白（居易）詩告誡我。豐老手跡如下：

二、日月樓中：「往事憬然」憶魯迅

　　美國尼克森總統訪華以後，中央一度由周恩來總理主持大局，政治形勢略有鬆動。寄存在好友宋濤兄家（原三樓有賀樹師居住時特闢的密室）的部分資料原物送回。

　　我就帶了1928年5月出版、由魯迅序校的一本《陶元慶的出品》前去日月樓。書中有著名畫家陶元慶的彩色和單色繪畫八幅；魯迅的《當陶元慶君的繪畫展覽時我所要說的幾句話》和豐子愷的《我對於陶元慶的繪畫的感想》。豐老撫摸原書，感慨不已。便提筆在原書扉頁題詞如下：

> 「立達學園為陶元慶開畫展，約半個世紀前之事也。我雖參與其事而早已遺忘。沈鵬年君出示此冊，展讀之下，往事憬然在目。此亦美術文獻之一端，彌足珍貴。
>
> 　　癸丑立冬前二日　豐子愷題印。」

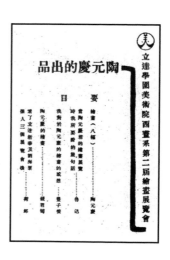

其時是1973年11月5日。越三日，豐老從陶元慶談到魯迅。我正好隨身帶了一冊《魯迅日記》，豐老便一面翻閱《魯迅日記》，一面回憶往事。豐老說：

「我從翻譯《苦悶的象徵》開始與魯迅發生關係，到一同介紹《陶元慶的作品》而與魯迅有了進一步聯繫，這是很有意思的……」

打開《魯迅日記》，翻閱了魯迅寫了這段記載：

「1927年11月27日，星期×，晴。上午，……豐子愷、陶璇卿來。午後託璇卿寄易寅村信。」

豐子愷先生說：

「我正式與魯迅先生相識，是風雲變幻的1927年，他剛到上海不久，是內山完造介紹的。我從日本回國後，經常去內山書店購書，和書店主人內山完造發生了友誼。魯迅當時也是內山書店的常客，經書店主人介紹，我們便相識了。但那只是一般的招呼，見過幾次而沒有深談。
我和魯迅比較有親切的接觸和深談，就是陶元慶陪著去他家中。魯迅自己也在《日記》中記載了。時間是那天的上午十時後，因為璇卿和魯迅是熟人，許廣平便把我們引到樓上魯迅的床邊，——魯迅還躺在床裡呢。開頭，魯迅擁著被子坐在床上和我們談話。他一開口就很幽默地說道：
『人家說我動筆就罵人，我躺著不動筆，讓他們舒服些罷！』我

和元慶聽了，莫逆於心，相視而笑。這一次訪魯迅，有三件事：

一、是陶元慶向魯迅請教編印《陶元慶的出品》問題。魯迅認為故宮博物院用珂羅版印畫比較清晰，就親自寫信給當時擔任故宮博物院院長的易寅村，為陶璇卿作介紹。這就是《日記》上『託璇卿寄易寅村信』的內容；

二、是我翻譯廚川白村《苦悶的象徵》，魯迅也翻譯這本書，兩個譯本『撞車』了。我的譯本作為『文學研究會叢書』在商務印書館出版，魯迅的譯本在北新書局出版。我因為不知道魯迅已經翻譯了這部書，所以才譯的；倘若早知魯迅在翻譯，──他的理解和譯筆遠勝於我，我就不會多此一舉了。當時，我向魯迅說明了這個意思。但魯迅卻對我說：

　　『這有什麼關係，在日本，一冊書有五六種譯本也不算多呢。』魯迅的話消除了我的顧慮，我們之間便一下子親近起來了。

三、是魯迅同我們談了不少對美術的意見。魯迅問了我對日本美術界的看法，我告訴他：我對竹久夢二和路谷虹兒的畫的風格非常欽慕。特別是竹久夢二，往往寥寥數筆，不僅以造型的美感動我的眼，還以詩的意味感動我的心。魯迅同意我的看法，他說『路谷虹兒的畫風也這樣，用幽婉之筆，描畫出美的心靈……不過竹久夢二的東方味道濃，路谷虹兒的西洋風味多……魯迅非常感慨『中國美術界的沉寂、貧乏與幼稚』，還希望陶君和我『多做一些提倡新藝術的工作』。他還告訴我們，為了使中國的美術青年有所借鑒，他正在編輯一套《藝苑朝華》，準備把《路谷虹兒畫選》作為其中的一輯，介紹到中國來……魯迅謙虛地說：他『對藝術界的事知道得極少，但總以為新的藝術要發展，就要突破兩

重枷桔。第一重是墨守成規的舊枷桔；第二重是全盤歐化的新枷桔。創造新的藝術，一定要和世界的時代思潮合流，但又不能喪失中國固有的民族性……」魯迅先生的意見，至今還有現實意義……」——豐先生謙虛地表示：他「也是在魯迅先生鼓勵下，更有信心地從事『子愷漫畫』的創作的」。

三、苦中找樂：為《憶》題詞「飲花雕」

1925年12月樸社出版的俞平伯的新詩集《憶》，是新文學版本書中的珍品。

原書為四十開小本，薄宣紙手寫影印，絲線穿訂。封面用虎斑箋，篆字題簽，由孫福熙畫瓶花香爐。扉頁俞平伯恭楷寫「憶——呈吾姊（即許寶馴夫人）」。頁後又題龔定庵詩「瓶花帖妥爐香定，覓我童心廿六年。」全書收新詩36首，豐子愷畫插圖18幅，其中彩色圖8幅。後附舊體詩詞16首，前有其夫人瑩環（即許寶馴）的題詞，後有朱自清的跋語。這樣的印刷品，在當時很少見，新文學書中可謂絕無僅有。

宋濤兄從秘室取出我的部分藏書後，好友陳從周兄特來寒齋觀書，覩《憶》「歎為觀止也」。從周兄因公將有北京之行，為蘇州「曲園」修復事。曲園係俞平伯祖父俞樾之故居，蘇州園林管理局特委託陳從周赴京與俞平伯相商。我乘此良機，託從周兄將《憶》帶京請原書作者題記。從周兄於書尾記云：

「沈兄鵬年書齋見此集，並屬余乞平翁為記。
聊書數語，以志因緣。」

從周癸未初冬　印

　　從周兄北京歸來，赴蘇州覆命前先來寒舍，稱「受人之託，終人之事，先將珍集原璧歸趙……」從周兄真乃「誠信君子」，心感莫名。俞翁平伯在《憶》卷首題詞如下：

　　「以塗鴉之筆寫小兒夢境，乃蒙鵬年君珍藏三十餘
　　載，誠為過愛。遠寄命題，慚感何似！時癸丑九秋。」

　　　　　　　　　　　　　　　　　　　　平伯自記　印

　　我當即攜書去日月樓，請豐老同賞。豐老欣喜之餘，擬請我飲酒同慶。我以不善酒而敬辭。豐老提筆繼平伯老人題詞後寫道：

　　「鵬年君以此書屬題，余讀之如逢闊別四十餘年之舊友，回思
　　當年作畫時之光景，心情返老還童。酒興頓發，自斟花雕，遙
　　祝平伯詩翁長壽。」

　　　　　　　　　　　　　　　　　　癸丑孟冬　子愷記　印

這便是我們在「黑雲壓城」的「文革」狂飆中「苦中找樂」，通過新詩集《憶》的題詞「飲花雕」相慶的佳話。

四、無聲抗議為《魯迅著作集名印譜》題簽

周總理為適應外事工作的需要，請靠邊的畫家出來為裝飾接待外賓的賓館畫一批國畫，豐子愷也膺命繪了兩幅。

不料，「四人幫」在上海的爪牙別有用心發動「批墨畫」。豐老又被揪出批鬥。豐老對此以「老僧入定」方式，作無聲的抗議。

為了慰問豐老，我帶了萬葉書店在1946年精印的彩色《子愷漫畫選》去日月樓，我說：「人民大眾喜愛您的畫。」畫冊卷首有一幀豐老的玉照，他高興地給我題字：

「三十年前故我」

　　　　　　　鵬年兄屬題　　癸丑歲暮　　子愷　　緣緣堂印

　　當魯迅先生逝世三十八周年的1974年10月，我應同鄉前輩陸澹安先生囑咐，為魯迅著作二十五部「集名」擬寫了二十五則說明，分別由上海著名的青年藝術家篆刻（其中陳巨來大師的弟子徐雲叔篆刻十五方、陸康篆刻六方、陸大同篆刻四方）手拓約百部，裝訂成冊，由來楚生署簽扉頁，豐子愷題寫封面──作為對魯迅逝世三十八周年的紀念，當時頗獲好評，朵雲軒的負責人擬謀出版。不料「四人幫」爪牙「市革會文教組」以豐老係「黑畫」作者，「不准出版」。取去樣書也「石沉大海」。這幅《魯迅著作集名印譜》的題字，成為豐老的絕筆！

　　魯迅說：「石在，火種不會滅的！」豐子愷的精神永在！

《魯迅傳》創作組的「政委」
——緬懷杜宣同志

在太湖畔驚悉杜宣同志（1914～2004）病逝的噩耗，不勝哀悼。人世無常，歲月難忘，四十八年前與他初識的往事，湧現眼簾。

我為編寫魯迅著譯最初刊出處的雜誌，涉及杜宣主編的書刊，一個星期天的上午經葉以群同志介紹去訪問杜宣。不料開門的竟是我在長寧區工作的老同事葉露茜同志。當時我在區委宣傳部任宣傳科長，業餘研究魯迅；葉露茜是區的文化科長，管轄五個劇團和三座影劇院。工作時相配合，聯繫密切。因此，一見面就受到杜宣的熱誠接待。

杜宣告知：他在日本東京主編《雜文》月刊，親手編發魯迅的三篇文章；後來在上海，又見到魯迅先生……

那是1936年新秋，組織上因事派杜宣從東京回到上海，住在施高塔路（即今山陰路）四達裡陳家康（抗戰期間在重慶曾任周恩來的秘書）家中。施高塔路上有家內山書店，杜宣得空便去內山書店翻閱書刊。有一天幸運地見到了大病新愈的魯迅先生。幾個月後，魯迅先生不幸逝世了。

杜宣問我：「出身紡織工人，怎樣開始研究魯迅的？」我童年在海光小學讀書時，曾由張瓊老師帶領，和同學們一起到萬國殯儀館瞻仰魯迅先生遺容。匆匆一瞥，幼小心靈受到極大震動，這就是熱衷於學習魯迅著作的起因。

杜宣聽了頗為嘉許，便談了他參加左聯，組織「三三劇團」，到日本留學，和郭沫若先生交往，在東京公演《雷雨》、主編《雜文》等經過。我在他的啟示下，編寫了這樣一段「簡介」：

「《雜文》月刊，1935年5月15日創刊，東京印刷，杜宣主編，
上海群眾雜誌公司發行。在第二號上發表了魯迅的《孔夫子在
現代中國》（亦光譯自《改造》6月號）。第三號上發表了魯迅
的《從幫忙到扯淡》和《什麼是『諷刺』》」。

　　這段經杜宣審閱的文字，收入1958年上海文藝出版社出版的「中
國現代文學史資料叢書」甲種之一：拙著《魯迅研究資料編目》第161
頁。憑此淵緣，上影籌攝電影《魯迅傳》，市委宣傳部將我調去負責
資料工作，參與了電影《魯迅傳》從誕生到夭折的全過程。

　　1960年1月29日（農曆春節年初二），市委文教書記石西民約葉
以群、杜宣和柯靈在老錦江對過的上海文化俱樂部聚談。石西民代表
組織正式宣佈成立電影《魯迅傳》創作組，指定由葉以群為創作組組
長，杜宣為創作黨組組長。為此，文化部副部長夏衍在北京國際俱樂
部的《魯迅傳》顧問會議上、杭州飯店的劇本討論會和上海東湖招待
所的工作彙報會上再三稱「杜宣」是《魯迅傳》創作組的政委……

　　作為《魯迅傳》創作組「政委」，杜宣在1960年3月14日市委
宣傳部召開《關於創作〈魯迅傳〉座談會》上強調：「通過《魯迅
傳》，要讓電影觀眾能夠對魯迅有一個準確的瞭解。」他說：「但在
劇本創作中困難很多，」因為「魯迅一生涉及到許多歷史人物，有些
人原來好的後來變壞了，也有本來不好的後來變好了。有些人有定論
的容易處理，還沒有定論的怎麼辦？」

　　杜宣說：「有一次以群曾說劇中人物『索性除魯迅外，其他都
用假名，那樣會好辦些……』我認為這樣處理是不夠妥當的。魯迅在
上海和我們黨有直接的關係，接觸了那麼許多具體的黨員，要是都用
假名，豈不是使魯迅生活在虛假人物中間了，恐怕也是不恰當的。」

（見《訪談記錄》第一集第175頁。）最近，陳村同志重金購得《訪談記錄》，可以覆核。

杜宣以他藝術實踐的豐富經驗，協助組長葉以群抓了創作中的一些關鍵性問題。例如：

魯迅生平有些歷史公案：如魯迅與「老虎總長」章士釗之爭，魯迅與吉祥胡同「正人君子」（特別是在《華蓋集》多次點名批評李四光）等筆戰，魯迅與創造社（同郭沫若等）的筆戰，魯迅與周揚等兩個口號之爭⋯⋯在影片中如何反映？

魯迅與共產黨領導人的關係，特別是毛澤東在北京時代的形象能否出現？（據《周作人日記》1920年4月7日毛澤東曾到八道灣魯迅故居訪問過）。他在《新青年》同人中與陳獨秀有過密切交往能否表現？他在上海與李立三的會晤能否正面描繪？等等。杜宣認為：這一大堆非常敏感的、當時屬於「禁區」的難題，決不是任何一個作家個人所能解決得了的。

為此，葉以群、杜宣帶了我去請示華東局宣傳部副部長俞銘璜同志。他是黨內著名的才子，與胡喬木有「南俞北胡」之稱。俞銘璜聽了葉以群和杜宣的彙報，反覆思考說：「這些難題，只有去請示周恩來總理。」

3月下旬，葉以群和杜宣帶我們同往北京，上午到達，即去中宣部，經中宣部副部長林默涵同志安排，我們住入新僑飯店。下午去文化部和全國文聯拜訪了夏衍和陽翰笙同志，晚上拜訪了全國作協副主席邵荃麟同志。

次日上午林默涵來到新僑飯店，葉以群彙報了劇本創作的構思和設想；杜宣提出創作中無法回避的（上述）一大堆「難題」，請示如何處理。

林默涵表示，這些問題可以請示總理。他說總理的「文教辦」主

任齊燕銘同志現在兼文化部黨組書記，可請他先轉達請示。

　　在聽取《周總理有關〈魯迅傳〉的幾點指示》、假座國際俱樂部召開了《魯迅傳》顧問團會議以後，5月8日我們登上了京廣直達快車，去尋訪魯迅在廣州中山大學和中共粵區區委的蹤跡。廣州市長朱光同志在愛群大廈為我們設筵接風。在找到文明路上當時在中共粵區區委書記陳延年同志會晤魯迅的地點後，又去瞻仰了白雲樓魯迅故居。葉以群、杜宣、陳白塵和我等一行，在白雲樓下，由廣東省文聯負責人韓北屏同志為我們攝影留念（這張劫後僅存的照，杜宣認為是「很好的紀念品」）。

左起：沈鵬年、葉以群、陳白塵、杜宣

　　回到上海，爭取時間，創作組雙管齊下搞劇本。由陳白塵等在錦江飯店寫《魯迅傳》上集；由杜宣和柯靈在閔行賓館寫下集。組長葉以群全面總抓，照顧兩頭。國慶前夕，《魯迅傳》初稿上、下兩集初步完成。上海市電影局局長張駿祥向市委文教書記石西民彙報，受到讚揚。陳白塵執筆的《魯迅傳》上集文學劇本，已由上海文藝出版社公開出版。杜宣和柯靈合作寫成並經柯靈謄清的《魯迅傳》下集文學劇本手稿，葉以群和杜宣囑我保存備用。我在「文革」中拒絕工軍宣隊的指名追查，被抄家6次，受盡折磨，冒著生命危險將這份手稿轉移密藏，歷40餘年，終於保存下來。杜宣和柯靈看到以後大為驚奇。他們口頭授權，要我設法出版。

　　2002年1月15日我帶了夏衍、葉以群、柯靈等手稿和有關《魯迅傳》的重要資料，到泰安路杜宣家中。杜宣翻閱後深為感慨，對我

說：「我的這些材料，被作協造反派抄得片紙無存了……」他囑咐我將這些寶貴的資料整理成書後爭取出版，表示要為此書寫一篇序言。杜宣為了對我的鼓勵，當場揮毫寫贈墨寶：

江南又是草青青，
千里迢歸罷遠征。
長夜每懷慈母淚，
蝸居常伴讀書燈。
半生蹤跡浮滄海，
一片愚誠唱赤旌。
縱有繁霜催兩鬢，
更磨利劍擊蒼鷹。

舊作述懷一律書贈鵬年同志並乞兩政

辛已年臘月　杜　宣　印

　　杜宣還將新出版的《杜宣劇作選》上下兩巨冊，題款蓋章贈我留念。他送我到大門口，殷殷囑咐：「《魯迅傳》資料快點整理好……」

　　不久，我因勞累過度突罹「急性心梗」，經搶救幸活。杜宣親自寫信給我表示慰勉。我在太湖畔帶病延年；一面養病，一面整理《魯迅傳》資料。不料時不我待，杜宣竟往生極樂，去會先他而去的夏衍、以群和他的愛妻露茜於黃泉了。悲痛之餘，湊了幾句輓詞：

　　難忘歲月，京華朝聖，留影白雲樓；
　　蹤跡滄海，滬闊傑構，遺憾《魯迅傳》。

　　送往靈前，表達了我的一瓣心香。

杜宣與沈鵬年（右）

張愛玲論唐大郎的詩文
——《大郎小品》中的張愛玲佚文

　　抗戰勝利之初，夏衍同志膺命重返上海，籌畫《新華日報》自重慶遷滬出刊事項，經「自己人」關係，與龔之方、唐大郎會晤。得龔、唐大力相助，假座有「上海大亨」黃金榮「靠山」的《共舞臺》二樓的豪華辦公室，一度作為中共地下黨的聯絡據點。夏衍同志看了唐大郎的詩文，稱許為小報界的「江南第一支筆」。

　　吳祖光從重慶剛到上海，小丁（即丁聰）告訴他：在上海有兩個朋友不可不見，一個是綽號「梅蘭芳」的龔之方，一個就是「洋場才子」唐大郎。說到大郎這不可不見的理由，因為他乃是海派文人之翹楚。一般人說起「海派」常與「京派」相對立，過去往往含有貶意。可是出身北京的吳祖光的心目中則並非如此。吳祖光認為「海派」是與豪爽、義氣不可分的，而大郎正是如此。所謂「豪爽、義氣」簡而言之，即「俠義」是也。

　　說到唐大郎在文化界「打抱不平」的「俠義」之舉，眾所周知的，一為周知堂講公道話；二為幫助張愛玲洗刷所謂「文化漢奸」的「罪名」。

　　當京（南京）滬報刊上一片「罵周」聲中，唐大郎力排眾議，第一個在《鐵報》上宣稱「知堂文章之美足垂千古……」他一再與友朋說：「不能戴了有色眼鏡只看表面、不看實質，魯迅不是說過嗎，知堂詩文為今之青年所不憭……我（大郎自稱）認為文如其人、人如其文，真理埋在塵埃裡，真相終有一天會水落石出的。」——大郎在六十年前說這個話，是極有膽識的。建國以後，正是在大郎主編的

《亦報》和《新民晚報》副刊上，周作人得以發表了近千篇小品，近百萬字，給新中國的文化界留下了《魯迅的故家》、《魯迅小說裡的人物》和《兒童雜事詩》等著作，受到胡喬木稱許。當時周作人的著作是由私營「上海出版公司」印行的，胡喬木特令國家出版社重印，由國營新華書店總發行。唐大郎是「功不可沒」的。唐大郎此舉最初曾為某些人非議，「文革」中為此吃了苦頭。唐大郎寫詩自詡：「強盜烏龜皆恨我，好人盡道大郎賢。」

最為膾炙人口的，龔之方與唐大郎合力幫助張愛玲洗刷所謂「文化漢奸」的「罪名」。抗戰剛勝利的1945年10月，有人唆使他的學生化名「司馬文偵」，自費用「曙光出版社」名義出版小冊子《文化漢奸罪惡史》，交給卜五洲辦的「五洲書報社」代發各街頭報攤出售。其中對張愛玲舉不出任何「投敵」的證據，便胡說她的母親姓張、父親姓黃，把她父母的姓也弄顛倒，硬說「張愛玲從了母姓」姓張，使用不堪上口的髒話，只是惡意地人身攻擊。唐大郎勸卜五洲「不要受人利用」。唐大郎說「這本小冊子的後臺是『敝本家』，他要弟子在小冊子中公開捧他『不聲不響不寫文章』堅貞不屈『渡過一個時期』，好讓他能和柯靈一樣，撈一枚『勝利勳章』。為了突出他一人，把國共兩黨『打進去』做地下工作的文人統統誣為『文化漢奸』……」卜五洲聽了唐大郎的忠告，就把這本53頁的小冊子停發了，存書退還給「司馬文偵」。這是卜五洲親口告訴我的。

接著，在龔、唐合作創辦的山河圖書公司為張愛玲出版了《傳奇・增訂本》。大郎不但請上海著名的書法家鄧散木為此書題寫封面；還慫恿張愛玲寫了《有幾句話同讀者說》刊於卷首，公開闢謠。——大郎的「俠義」精神，使我深為敬佩。

我把當時刊登唐大郎《高唐散記》、《西風人語》、《定依閣隨筆》的小報購來閱讀，選出一小部分剪貼裝訂成一冊《大郎小品》，

請友人平襟亞先生轉交給大郎寫序言。不久，大郎給我用毛筆在「乾隆紙」上寫了《序言》，還寫了《文字因緣》、《以文會友中的勝友》，後來都發表在《鐵報》上。原報剪貼如下：

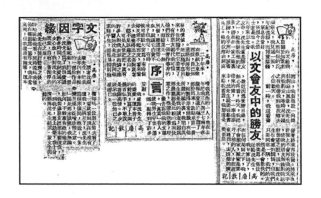

　　就在我的《高唐散記・大郎小品》剪貼本中，有大郎寫的《紀念生平》及《序與跋》中涉及張愛玲。

　　唐大郎寫道：

　　　　「我想印的那本詩冊，有人反對我用《定依閣近體詩選》的名稱。因此想就叫它《唐詩三百首》吧。上月裡，碰著張愛玲小姐，她也以為《唐詩三百首》這名字來得渾成。

　　　　她告訴我選詩的工作，不能由我自己，應該委之別人。所以馮亦代先生叫我把全部的稿子，先讓他看一遍。張小姐的意思是從客觀可以尋出許多真正的性靈文字，而為寫的人所來不及覺察的。我本來想把打油詩的一部分放棄了，而許多朋友力勸我把它列入。譬如張小姐說我《四十生日》所作的八首打油詩，有幾首真是賺人眼淚之作，當我寫下來的時候，一定想不到會這樣感動人的。……」

大郎在另一篇《序與跋》中，還引錄了張愛玲親筆寫的一段文字——這是迄今為止尚無人發現的張愛玲的佚文。大郎原文如下：

「去年，《傳奇增訂本》出版，張愛玲送我一本，新近我翻出來又看了一遍，作者在封面的背頁，給我寫上了下面這幾行字：

『讀到的唐先生的詩文，如同元宵節，將花燈影裡一瞥即逝的許多亂世人評頭論足。於世故中能夠有那樣的天真；過眼繁華，卻有那樣深厚的意境，……我雖然懂得很少，看見了也知道尊敬與珍貴。您自己也許倒不呢！——有些稿子沒留下真是可惜，因為在我看來已經是傳統的一部分。』

我忽然想著，張小姐這幾句話可以用作《唐詩三百首》的短跋，同時請桑弧寫一篇序文。他們在電影上，一個是編劇，一個是導演，在這本詩冊上，再讓他們做一次搭檔。……」

大郎及引述張愛玲的原文，剪貼附錄於下：

　　張愛玲此時，早已與胡蘭成離婚。她與進步文化人接近，龔之方曾主動想使桑弧與張愛玲「締結秦晉之好」。解放後，前輩夏衍同志是上海市的文化主管，把桑弧吸收入「上海電影製片廠」任導演；把張愛玲吸收入「劇本創作所」任編劇。我親眼看到「桑弧與張愛玲合影」的彩色照片──這在當時，市場上沒有彩色照片，只有電影廠有此條件。可惜由於批判《武訓傳》開始的文藝整風，影劇人員首當其衝──也理所當然沖散了「桑、張的姻緣」。好事難成，張愛玲便申請去了香港。

　　如今，撰寫的種種《張愛玲傳》充滿書市，卻對張愛玲如「曇花」式的傾向進步的一段史實，俱付闕如。爰記其事，供專家們參考。

陳從周情繫徐志摩

一、我是「書迷」的「多元論」者

由於嗣母的影響，我從青少年（七八歲）開始，就成為「冰心迷」、「胡適迷」、「周作人迷」、「宗白華迷」、「徐志摩迷」……至於發誓「情繫魯迅早獻身，不求依附但求真」而成為「魯迅迷」，則是十歲以後的事了。——我從小就是「書迷」的「多元論」者。

請容許我轉錄一段拙著《青春之憶》的經歷：

「……我從小生活在充滿『愛』的溫馨家庭。祖上既在本地擁有枇杷、楊梅、銀杏、茶葉、蠶桑等大片果園；又在上海開設經營外貿的絲綢商舖。童年得以隨同家長經常來往於『洋場上海』與『古城蘇州』之間。四歲啟蒙、五歲入塾，讀完了傳統的孔孟經籍，跳級插班新式小學校。

留學法國歸來的嗣母給溫馨之家帶來了新鮮氣息：山村罕見的小提琴、羅浮宮的複製油畫和她自書創作的《楓丹白露之夢》，薰陶了我的音樂聽覺和審美視覺。使我最感興趣的，是一箱新文學書籍。冰心的《繁星》、《春水》；胡適的《嘗試集》；周作人《小河》、《掃雪的人》、《過去的生命》和《自己的園地》；宗白華的《三葉集》和《流雲小詩》；而徐志摩的《再別康橋》和《翡冷翠的一夜》更引起我無限遐思：『輕輕的我走了，正如我輕輕的來；我揮一揮衣袖，不帶走一片雲彩。』獨自在『三學書屋』後花園假山旁搖頭晃

腦，自以為非常之『瀟灑』……」——最初是嗣母影響我成了「小徐迷」的。

「詩哲」因飛機失事而羽化登仙，我只是五六歲的孩童，看著嗣母傷心流淚，我纏著嗣母問她為誰而哭？

十歲那年，上海良友圖書出版「徐志摩先生《愛眉小札》真跡手寫本限定印一百部」，嗣母帶我趕到上海去購得一部。同時還購到了作為「良友文學叢書」之一沖皮燙金精印的鉛字本《愛眉小札》，扉頁有陸小曼的簽名蓋章。次年嗣母因病逝世，這些珍本成為我「小小書屋」的藏品。

十三歲到上海自立謀生，淘舊書成了我業餘唯一愛好。耿濟之先生辦的蘊華閣書店、吳文祺先生開設雲裳舊書店、金祖同兄祖傳的中國書店、革命前輩賀樹老師為掩護設立的公大舊書店……我是每週必到的常客。這樣，我就收齊了徐志摩的全部單行本。這些書我珍藏了六七十年。

尼克森訪華以後，徐志摩的後裔從美國來到大陸。其時我在單位中長期受審查，由於誣為「不老實」而停發工資達七個月之久。我的六個子女尚在小學、中學讀書，嗷嗷待哺，靠了在錦樂毛巾廠當檢驗工的愛人微薄工資支撐一家八口的生活，每個月至少有三分之一的日子處於半饑餓狀態。老朋友陳從周來說：徐志摩的後裔願意出高價用美金「收購」我的徐志摩原版單行本……當時我還在奉賢幹校。我愛人對陳從周說：「書是鵬年的性命，他看得比自己的生命還重……我們無法滿足徐先生的要求，多謝陳先生的好意……」等我從幹校休假歸來，去探望陳從周兄，從周兄告知這件事，拿出他新繪的《寒梅圖》贈給我，落款是「鵬年、雪萼賢兄嫂儷正」……

二、陳從周三蒞寒舍欣賞徐志摩「手跡」

第一次，為修訂《徐志摩年譜》來查資料

建國以後，陳從周教授從聖約翰大學轉業分配同濟大學。他雖然自費出版了《詩人徐志摩年譜》，卻繼續尋找資料進行增訂。為此曾專程來寒舍。在同濟大學出版社出版的《世緣集》第190頁，陳從周寫道：「曩歲予編《詩人徐志摩年譜》，於印度詩哲泰戈爾1929年來華一節未能確實其日，但記年月耳。近於友人沈鵬年同志處見姚華譯泰戈爾《五言飛鳥集》內刊泰氏一照，胡適為記，文曰：『泰戈爾先生今年（編者陳從周注1929年3月19日）路過上海，在徐志摩家住了一天，這是那天上午我在志摩家照的。胡適1929、4、30』。徐志摩序言：『我最後一次見姚先生是1926年的夏天……』。」

第二次，「文革」前夕來觀「徐志摩手跡影印本」

良友圖書公司出版《徐志摩先生〈愛眉小札〉真跡手寫本限定印一百部》之一的原書，我珍藏三十年後，「文革」前夕，聽說郭沫若副委員長在「人代」大會上提出自己的書要付之一炬……我和愛人商量，準備把這批新文學珍本書設法轉移密藏。一天深夜，陳從周趕到我家，指名要欣賞一下這部徐志摩真跡手寫影印本。他翻閱再三、摩挲良久，對我說道：暴雨欲來風滿樓，能夠再一次觀摩徐志摩的真跡手寫影印本，也是一段勝緣，不可不記……他向我要了毛筆，在書末寫道：

「陳從周觀於沈兄鵬年齋中（印）。」（原跡影印附後）

　　第三次，徐志摩逝世五十周年，特來觀書題詞

　　距上次來寒舍觀書十六年後的1981年，已是雨過天晴、改革開放新時期，陳從周第三次光臨舍間，指名求觀徐志摩這部「真跡手寫」影印本。我請他飲了紹興朋友送我的「女兒紅」，他興奮之餘，在此書版權頁上題詞：

> 「是書印本流傳極罕，無異宋刻元版，勿等閒視之。從周（印）」

　　陳從周當時談起「今年正好徐志摩逝世五十周年」，感慨良久，唏噓不已。我說：何不把您的所感，在書上寫幾句。他欣然從命，提筆寫道：

> 「一九八一年十一月十九日，志摩逝世五十周年。余舊作《志摩年譜》重印發行。趙家璧為志摩門人，曾影印此冊，此情可欽。今復與余撰文於《新文學史料》成專輯紀念之。鵬年持是集屬書數語，回首前塵，不覺淚下。從周（印）」（附原件影印手跡於後）

　　陳從周長我九歲，是一位地道的「老徐（志摩）迷」。幾十年來熱愛徐志摩著作的我，差強人意，濫竽充數，勉強當一個小「徐迷」。老小兩「徐迷」相交五十餘年，晤談知無不言。歷次運動都受到衝擊，彼此「相濡以沫、相煦以濕」，從來沒有違反交友的道義，情誼如昔。

　　陳從周同我交往，「君子之交淡如水」，深情厚誼濃於血。

　　如今從周兄魂歸道山，墓木已拱。遙望南天，能不悒悒？

你看住的美境，有你的愛寵，

你看住的美境，有你的愛寵，

五歲的雪峰，雪峰從此疏遠至人的記憶中。

這看別看這過得看，還有還有遠方遠遠黃的地方。

陳從周親此地先鵬之宗仲

徐志摩先生愛眉小扎真跡手寫本限定印一百
部每部實售國幣二元
二十五年四月十日出版
上海良友圖書公司印行

是書印本不流傳理甚多矣
宗訓先股印者潤祝之　從周

天二五年十二月十一日青華摩逝世已十有年矣

宗為作志摩全譜重印弁言

趨宗從同志摩門人肇影印此冊

以情所欲含護之余撰文于歇文字

史料成書期紀念之鵬年捋是

集屬為較詳回者荷塵不覺淚下　從周

科學之光　藝術之美
——記愛國科學家許寶騄的坎坷一生

　　三十年代末，當日寇侵華、祖國淪喪時，一個二十多歲的青年在英國兩次獲得博士學位，為了民族解放而毅然回到昆明，在西南聯大教授數學；四十年代後期，人民革命力量暫時戰略撤退，國內民主運動處於低潮時，他堅信人民必將勝利而終止在美國講學、謝絕了美國好幾家高等學府的多方挽留，再次毅然回國，在北京大學從事教育和迎接全國解放的鬥爭……

　　他——就是國際上聲譽卓著的愛國科學家許寶騄教授。

　　許寶騄是專治科學、嗜愛崑曲，精通業務、熱愛祖國，頂住逆流、熱愛事業的著名數學家。他的數學造詣、博宏精微，不局限於一隅，不收功於一得；而在紛紜雜亂的大量偶然現象中探索必然規律為人類造福作貢獻，更使國內外數學界為之讚歎和推崇。

　　他既有科學之光，更含藝術之香。在向「四化」邁進的新長征路上，使人深深懷念。他生前桃李盈門，其學識亦世有定評。這裡記述他生活中一鱗半爪，無非是「滄海的微漚」而已。

一

　　許寶騄是一個傑出的數學家，對文藝有特殊愛好，這完全是童年的生活教養所致。他生於一九一〇年九月一日，原籍浙江杭州，生在北京，乳名京生、字閒若。排行第七、又稱「許七」。他的父親許安巢是晚清國學大師俞樾的外孫；祖母即靈隱「冷泉巧對」的俞繡孫，是俞樾的

次女。許氏是世家而關注科學民主，為反對封建復辟，在許寶騄童年時家庭有過「三遷」：當袁世凱製造兵變而逼孫中山讓位時，他們從北京搬到天津；當張勳復辟而發動武裝騷擾時，又從天津搬到蘇州，住在馬醫科巷曲園。俞平伯在《燕知草》中寫道：「許家住在花園裡的達齋。」這個達齋原是俞越親手設計「有書能著錄、於世不邀名」的「俞太史著書之廬」的憩息所，構造非常精緻。老人病危時在《別曲園》中寫道：

> 「小小園林亦自佳，盆池拳石手安排；
> 春風不曉東君去，依舊年年到達齋。」

這裡「有蒼潤的山石，曲折的池館，扶疏的花木。」所謂「園林一曲柳千條，但覺扶疏綠蔭繞。」因此許寶騄雖在此地風塵中出世，卻是在江南鶯飛中成長。他自幼喜歡博覽群籍，春在堂中有著豐富藏書，而代表晚清先進學術水準的《春在堂全書》就有一百六十本。他父親更延聘了不少名師授課，學業愈加精進。許安巢有時還帶孩子去吳苑聽崑曲，在曲水池畔「玩汽槍」……後來又去杭州西湖，還遊了山陰。「蒼巒翠徑微陽側，憑我低徊緩緩行。」許寶騄飽覽了大自然的湖光山色，他的天資有了更充分的發展。因此他九歲通曉古文；十歲善就詩詞劇曲小說中的素材製作燈謎，頗具巧思；十一歲以文言撰寫小說《花生姻緣》，父老們閱後都讚揚他的文才；十四歲以前，已經盡讀《四書》、《五經》等古籍，又涉《史記》、《漢書》、《三國》等前四史，更對古文辭精彩篇章能琅琅背誦……

「五四」以後，他和哥哥姊姊去杭州城站，通過「出賣信紙」接觸和聯繫群眾，事見《燕知草》。這是一次「到民間去」的豪邁行動。

不久，反動軍閥孫傳芳侵佔杭州，齊燮元和盧永祥爭奪地盤也在舉起屠刀躍躍欲試。「江南萬姓聞野哭，豈憐湖上生塵埃」。許安巢

「棲惶」在「寂寂危樓待風雨」中憂患成病，於一九二四年十一月逝世，這對年僅十五歲的許寶騄 是一個重大打擊。同年冬，他又跟隨母親程時嘉舉家北遷，揮淚別江南，結束了童年生涯。

二

許寶騄早年接觸傳統文化的精華，他的進步雖然產生於尊崇傳統，更貴於突破傳統另闢蹊徑。終於掌握了一門最嚴密、最明確、最科學地表達事物本質的工具──數學。而開啟他數理方面智慧的鑰匙，是《益智圖》和《移棋相間法》……

《益智圖》作者童葉庚，是深通「疇人術業」的數學家，以《益古》演算原理用十五塊圖板設計一千多幅形象圖案，深具匠心。配上詼諧題名，能啟發兒童思維，又培養詩味畫趣。許寶騄 孩提時就能嫻熟拼擺出各種形象圖案，使見者都很驚奇。

我國奕棋，相傳始於堯舜。棋局縱橫，以子圍而相殺，謂之圍棋；而子移而相間，謂之移棋。其中存在數學原理和規律。許寶騄 在十六歲至二十歲時對《移棋相間法》的探索，正是對數理統計研究的實踐。清代褚稼軒《堅瓠集》記載：《移棋相間法》於順治年間傳自胡君，最初為「十子」，即取數目相等的黑白棋子，分列左右。移棋時，第一步並取二子，由左而右或由右而左，以後左右互移。凡奇數完全互移，偶數必有一順移。順移即一、二步都是自左至右。最後，至黑白各子位置互移而相間排列始止……許寶騄的外曾祖母、俞樾夫人姚季蘭才思敏慧，從「十子」推行至「二十子」。再經許寶騄探索，又有了進一步發展……

一九二五年，許寶騄住在姊丈俞平伯家。有一天聽姑父俞陛雲（平伯之父）「談及幼年」曾向祖母姚季蘭「學《移棋相間法》」，

惜「迢迢數十載」已「不能悉憶，移至七、八子而止。」許寶騄好學深思，經推衍而恢復「二十子」，並進一步發展至「五十子」。

一九二六年寒假，許寶騄和俞平伯「縱論往事，興會復多」，又作進一步探索。他「最先假設律宜依倍數而立，如四八同法」；後重新思索，始得「四項規律」，則「已得執簡馭繁之要，盈天下之數，悉入此四律之內」。俞平伯為之輯錄成書，還寫了《移棋相間法序》。

一九二九年春，「己巳新正二日之夜」，許寶騄又發現《移棋相間法》「合四為一」的基本規律。俞平伯說：許寶騄「以合四為一之新律相告，其法簡而整，其言明且清」，而「去其繁冗、正其謬誤，使人一覽豁然貫通」。許寶騄「六兄」許寶駤教授也告訴筆者道：

> 「寶騄性喜深究，聞《移棋相間法》後，勤加推衍，不久即能推移至五十子。
>
> 再進，則摸得四項規律；又進，則竟合四律而為一。於是執簡馭繁，盈天下之數盡可據此推移。此雖小道，亦足見其在數理方面之天賦。」

唐代數學家僧一行（張遂）通過計算棋局，測算了「子午線」長度；宋代科學家沈括，用《棋局都樓》，即棋局中運用組合數學，提出用數量級概念把握大樓「3361」；許寶騄從《移棋相間法》推衍「五十子」步法和發現「合四為一」基本規律，都是從錯綜複雜的隨機現象中提示必然規律。這僅是許寶騄數學天才的初露鋒芒而已。

正因為這樣，許寶騄從頭趕學代數和三角，只花了短短兩月。後來轉入清華大學跟從名師熊慶來等前輩專攻數學，三年後數學成績優異，以「理學士」畢業時，年僅二十三歲。

三

　　凡是一個傑出的數學家，必然具有高尚情操和博大襟懷。許寶騄最初對人生的態度是：自愛、平和與前進。他思想和意志上的自愛、平和與前進是早期經歷促成的。他一生中的黃金時代，幾乎在憂患中度過。一九二五年因父喪兵亂而回到天津北京；一九二七年又遇到奉系軍閥屠殺李大釗等革命志士；接著，蔣介石又在軍事和文化上發動殘酷的反革命圍剿……正如魯迅所說：「人民在欺騙和壓制之下，失了力量，啞了聲音，……相率被殺，被奴。」許寶騄不甘「被奴」，更不願「被殺」。便想起了魯迅的名言：「我是願意平和的人」，「無論何國何人，大都承認『愛己』是一件應當的事。這便是保存生命的要義，也就是繼續生命的根基。」他還說：「人類總不會寂寞，因為生命是進步的，是樂天的。」許寶騄正是服膺魯迅的主張，和俞平伯、許寶騄騌一起發表《吾廬約言》，宣稱：

　　「我們認為一個人對於自己的生命與生活，應該可以有一種態度，……我們幾個人之間有了下列相當的瞭解，於是說到『吾廬』。

　　一是自愛：我們站在愛人的立場上，有愛自己的理由。

　　二是平和：至少要在我們之間，這不是一個夢。

　　三是前進：唯前進才有生命，要擴展生命，唯有更前進。

　　四是開適：『勤靡餘暇，心有常閒』之謂。

　　如此，我們將不為一切所吞沒。假如把住了這四端，且能時時反省自己，那麼，我們確信塵世的盛衰離合俱將不足間阻這無間的精誠。……這是一種思想的意志的結合，進德修業之謂；

更是一種感情有興趣的結合，藏修息遊之謂。生命至脆也，吾身至小也，人世至艱也，宇宙至大也，區區的掙扎，明知是滄海的微漚，然而何必不自愛，又豈可不自愛呢。」

當時許寶騄在清華就學。為了「拔了海外的奇花瑤草，來移植在華國的藝苑。」他和俞平伯等「共同」翻譯美國愛倫・坡的小說《長方箱》。但因「世變愈亟，民生愈瘁」，譯事並沒有繼續下去。

有一個貧民出身的崑曲教師何經海，身懷絕技卻難圖一飽，於一九三三年貧病而死。許寶騄用自己的生活費「賻贈」給「孤寒」的遺屬，使他們買棺成殮，得以挾「弱親」回轉「家山」……

一九三六年，許寶騄赴英國從事概率論、數理統計方面的科學研究。兩年後達到世界先進水準而得哲學博士學位；一九三九年更以新的成就晉為科學博士，為國際學術界公認為數學新星。但他看到祖國正在進行抗戰、人民處於水深火熱之中，激於愛國熱誠，毅然在一九四〇年回國，到「白晝則群蠅密集，黃昏則一燈如豆」的昆明鄉下西南聯大數學系任教。他吃著「滲泥砂而煮不熟的黑米飯」和「無油的清水茶」，毫無怨言。後來與羅常培、鄭天挺、袁家驊等教授合夥包飯，也是僅饜粗糲而已。偶爾「打牙祭」，沒有鍋釜，用臉盆代替，盛了雞豚煮食，算是珍饈，許寶騄喜稱為「吃臉盆」。儘管營養不良，體力削弱，而堅持工作，不稍衰餒。白天要「跑空襲」，就在斗室的油燈下從事科研。往往在蠟淚成堆、煙蒂盈器中度過無數不寐之夜，完成了科學論著。一九四一年在英美等國的學術刊物一連發表五篇數學研究論文，令人敬仰。

由於許寶騄科學研究的成就，美國諸大學爭相延聘，請他赴美講學。此時，國民黨統治區政治腐敗、社會混亂、民不聊生。他的長兄許寶駒和六兄許寶騤在周恩來同志親切關懷下參加民主同盟的發起

工作。在兩位兄長的幫助下，許寶騄 認識到中國革命的必然趨勢，於一九四四年參加了民主同盟。為了在美國開展聯繫海外華裔進步學者的工作，許寶駒竭力慫恿「七弟」赴美講學。一九四五年先後在加州大學及哥倫比亞大學講學；一九四六年轉至北加羅納州（North Carolina）大學任教。同時幫助海外華裔進步學者提高對中國革命的認識，還介紹了國際聞名的學者涂長望等教授參加了民主同盟。

一九四六年七月，國民黨反動派發動全面內戰；一九四七年三月，人民革命力量暫作戰略撤退、主動放棄延安；不久，蔣介石宣佈民主同盟為「非法」，民主運動處於低潮，祖國天空翻滾烏雲。許寶騄謝絕美國各大學多方挽留、放棄海外優厚待遇，不顧個人安危而再次毅然回國。他與祖國息息相通，和人民心心相印。

一九四七年下半年回國後，任教於北京大學數學系；在白色恐怖籠罩下堅持文教界的民主運動，為迎接全國解放而鬥爭。

從為己、為人到為民族，從潔身自愛、熱愛祖國到獻身社會主義事業，這就是傑出數學家許寶騄思想發展的必然結果。

四

愛美和藝術，是人類的本能。世界上有不少科學家都愛藝術。愛因斯坦喜歡音樂、愛拉小提琴。他說：「我的快樂，是工作後拉梵亞鈴，靈魂就有了歸宿。」許寶騄熱愛崑曲、嗜好《臨川四夢》，尤耽曲譜聲律。他也認為：科學研究之余，「發豪情於宮徵，飛逸興於管弦」，那些曲調、音律、聲腔會帶來無上的快慰……

他們的身上，都發射著科學之光，又儲蓄著藝術之香。

崑曲是江蘇昆山和蘇州的地方劇。在舊社會已凋零沒落。俞平伯、趙景深諸氏和「傳」字輩藝人，都想盡辦法不使它泯滅；而許寶

騤也是努力扶植崑曲的有心人。他是嫻音律、精聲腔、善拍曲的行家。每聽一曲，不數遍就能準確地寫出其工尺曲譜。一九三○年至一九三三年，與俞平伯等為研習崑曲而組織谷音社。

一九三三年九月，他曾「三遊靈隱」。靈隱飛來峰畔有冷泉亭，亭上有聯：「泉自幾時冷起，峰從何處飛來？」俞樾問女兒繡孫：如何回答？答曰：「泉自禹時冷起，峰從項處飛來。」「禹」是治水之夏禹，「項」乃拔山之項羽。這位才思敏捷的俞繡孫，就是許寶騤的祖母。在九月廿二至十月三日，他還「七度聽曲」。劇碼有《荊釵記》、《折柳》、《偷詩》、《樓會》、《醉酒》、《拾畫》、《驚夢》、《奇雙會》等。由仙霓社和俞振飛等演出。許寶騤最激賞的是《活捉》。俞平伯說：「看《活捉》頗佳，寶騤深譽之。」

許寶騤「深譽」《活捉》，因為崑劇《活捉》和紹劇《女弔》是同工異曲，一個重在「復仇」，一個兼有《尋盟》。引子、道白、腔調、演技都有獨到處。說「桃花星進子命哉」的冷雋和唱「春蠶絲到死渾未盡」的委婉，從「三摸臉」到「效於飛雙雙入冥」，表演了高度藝術技巧、歎為觀止。

一九三六年夏，他赴英國深造。臨行前選湯顯祖《四夢》中「通行之劇若干折，屬谷音社社友分寫之」，「捆戴爾許之小冊頁以下海舶」，藉以消除「海天寥廓，旅夜未央」的寂寞，可見對崑曲愛嗜之殷。

解放以後，他擔任中國科學院專門委員兼數學研究所籌備處副主任；北京大學數學系教授兼概率論教研室主任，工作繁忙而緊張，雖愛崑曲卻「夙好成稀賞」了。難得痛快地欣賞崑曲，是一九五二年十二月廿一日俞平伯的「京寓曲集」。當天葉聖陶也來聽曲。有《玉簪記‧琴挑》、《紫釵記‧折柳》、《牧羊記‧望鄉》、《孽海記‧下山》、《金雀記‧喬醋》、《漁家樂‧藏舟》。俞平伯寫《鷓鴣天》志盛，詞云：

「鴛水流風跡既陳，吳觀儔侶散如雲；城東鶴寄三椽屋，
無恙兵戈歷歲春。兼此語，箋南人，朋簪際合豈無因，
玉量殊轉渾閒事，記取聞歌醉耳新。」

葉聖陶興奮之餘，也寫了一首和詞。詞句中嵌著六折崑曲中的劇
名、人物、事件和情節，原詞如下：

「潛托琴心夜訪陳，灞橋離緒亂如雲，陵亂懇切寅韋漢，僧意
纏綿忽感春。金雀女，月東人，漁舟寄跡有前因，年來夙好成
稀貴，半日偷閒曲曲新。」

其實「半日偷閒」聽曲也沒有繼續，因為俞平伯在一九二一年四
月至七月寫的《紅樓夢辯》，於一九五二年改名《紅樓夢研究》重印
後，有人認為「傳播了資產階級『反動』思想」，進行撻伐……「紅
學」成了「黑鍋」，當然無意舉行「曲集」了。《古槐書屋詞卷二》
有詞云：

「悵望飛雲臨九垓，彌天文網出燕台，蠅營蟻慕貪夫業，孤雁
眠羊買命財。須坦白，莫遲挨，織成鴛錦待伊猜，閒茶浪酒都
知罪，長袖今宜罷舞來。」

「茶酒知罪」、「長袖罷舞」，《活捉》絕響……許寶騄的「夙
好」又成「稀賞」。但是科學家愛嗜的藝術之花，決不因「極左思
潮」干擾而減香……

五

　　馬克思認為數學是任何一門科學發展的基礎。它本身不受權威或先哲遺教的束縛。歐幾里得建立了「幾何公理」，數學發展歷史上卻有「非歐幾何學」出現。科學必須用智慧的光芒堅持對的、選擇好的、反對錯的、揚棄舊的、發展新的……數學家考慮問題，是冷靜、忠實、細緻、頑強地用事實和資料進行邏輯思維。在當代那種不顧事實和歪曲事實的某些觀念氾濫成災時，數學家平凡的工作方法，顯得格外難能可貴。而許寶騄就正是一位難能可貴的科學家。

　　一九五一年九月廿九日，是許寶騄畢生難忘的時刻。周恩來總理來北京大學作報告，五個小時講了七個問題。即立場、態度、為誰服務、思想改造、知識問題、民主問題和批評與自我批評。講得親切而深刻，並誠懇地聯繫自己、向大家「交心」……使許寶騄如沐春風化雨，心弦受到極大震動。他認識到只有社會主義能救中國，改造客觀世界必須改造主觀世界。科學家接受了真理。

　　為了建設需要，國家把數學列為發展的重點部門。但概率論與數理統計、微分方程、計算數學等三門學科，又存在「需要迫切和基礎薄弱」的矛盾。許寶騄雖然身染肺疾，在與病魔作鬥爭時更以忘我精神從事工作，把概率論為社會主義建設服務的研究作出了新的貢獻。

　　許寶騄因肺病纏身，決意終身不娶，把自己的生命全部獻給祖國的科研和教育事業。但在一九五八年，康生之流自詡「辦社會主義大學是內行」，竟大放厥詞，胡說「科學研究的基礎理論」是「垃圾」和「無用的累贅」，要「大學辦成生產單位」……許寶騄沒有理睬這一套，孜孜不息地寫出了具有世界先進水準的數學研究論著和培養了大批數學人才。黨和人民推選他為中國人民政治協商會議第四屆全國委員會委員。

一九六六年六月，康生之流來北京大學點燃反革命烈火後，意想不到的災難降臨了。他身染重病、備受凌辱，痛苦地把使用了幾十年的「PanKen」金筆斫去英文字母後繼續保留著，表示「只要一息尚存，就要用它寫科研論著……」隨著局勢的日益惡化，他在痛苦中想起了魯迅的話：「最高的輕蔑是無言。」他便長期保持沉默，連親屬來訪，也往往閉門不納；偶或遙遙一望，便揮手令去，同樣的不交一言……

一九六八年七月，北京大學在江青等人的唆使下變成武鬥戰場。許寶騄雖有重病而得不到及時治療，兩腿肌肉也萎縮了，被迫癱瘓在床。他還說：「身雖殘廢，腦尚健好，還能從事數學研究。」

一九七〇年九月，當許寶騄六十誕辰時，他在病床上回顧了自己的一生，憂患滔滔、湧到枕邊，他想起了父親和祖母……曲園老人臨終時寫了「略將數語示兒童」的《病中夢囈》，語重心長地說：

「歷觀成敗與興衰，福有根荄禍有基；
　不過循環一花甲，釀成大地是瘡痍。」

從張勳復辟到林彪復辟，正是「循環一花甲」。「而釀成大地瘡痍」的「禍基」，依然是封建專制主義，我們的科學家感到沉痛和悲憤。

一九七〇年十二月十八日，許寶騄感染肺炎，卻仍在病床上力疾作書寫著數學論文。在家屬毫無所聞下溘然長逝，手中握著一支舊金筆、身側散落著幾頁殘稿……許寶騄 寂寞地離開人間，卻留下一顆熱愛祖國的心和三十九篇有國際先進水準的論文……

　　「誰惜斷紋焦尾，高山流水人琴。」黨和人民深深地懷念著許寶騄教授。北京大學等全國五十多所高等學校和有關科研單位集會紀念他誕辰七十周年；國家出版社將要出版他的學術論文全集和選集；海外愛國人士也影印出版了許寶騄早年手寫的《古槐書屋詞》摹寫本……許寶騄書法古樸可愛，他的真跡劫後倖存，其藝術的芳香將和科學之光同存於天壤之間……

　　「江山留勝跡，我輩復登臨！」願許寶騄的科學之光和藝術之美激勵我們更好地在新長征路上奮勇前進吧！

　　（本文曾煩俞平伯、許寶騄兩先生審正，志謝。）

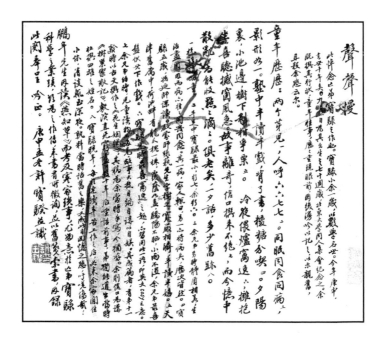

神秘的書屋和奇特的教授
──木簡書屋主人、久經考驗的忠誠黨員范紀曼

前言

二十四年前，我應上海戲劇學院黨委張逸誠同志之約，去看一份中共中央組織部關於為我的老友范紀曼同志徹底平反的文件，他終於在生前盼到了這一天。於是我特地跑到南京西路1040弄大華商場憑弔老友長期戰鬥過來的遺址，寫了這篇小文，經張逸誠同志看過後寄給一家刊物。當時未能刊出⋯⋯

范紀曼同志是中共秘密戰線英勇戰士，又是1940年代上海的著名文化人。他創作的詩集《汐之螺》1946年由中外文藝書店出版：他翻譯德國海涅的詩集《還鄉記》1943年由木簡書屋出版：他翻譯俄國普希金的詩篇，1945年交給地下黨員李時雨同志在《光化月刊》發表；他夫人彭雅蘿翻譯的美國夏弗萊原著《音樂的解放者貝多芬》，經他注釋和編輯後於1946年由上海斐多芬學會出版⋯⋯。他還擔任過「上海貝多芬學會」會長。他奉中共地下黨之命，在上海最繁華的鬧市區南京西路和淮海中路先後開設了富麗堂皇的木簡書屋，高雅別致的悲多芬書店，作為共產黨的秘密工作據點。即以他為掩護而從事的文化藝術工作而論，其貢獻也不應輕率抹煞的。他當年出版進步書籍的書影，附刊如下：

不料范紀曼和木簡書屋遭到唐弢的一再抨擊。

唐弢是我在樹民中學讀書時相識的老朋友。淪陷時期他是非黨群眾在聯華銀行任職，我們經常結伴「淘舊書」，他晚年在書信中提到過。

抗戰勝利後，卻在《文匯報》副刊發表《晦庵書話‧海涅「還鄉」》寫道，

「……（海涅《還鄉集》……到了1943年上海淪陷期間，這本書又有另一譯本出現，……譯者范紀美，出版者木簡書屋。這位范紀美曾在汪記政府中央大學當過藝術教授，後來不知怎的鬧了彆扭，大攤紗帽，從南京跑到上海，在靜安寺路一個商場裡開起舊書店來，這個書店便是木簡書屋，裡面陳列著許多原版西書，頗有一些珍本，我在那裡見過一冊插圖本《魯濱遜漂流記》，由哥倫比亞大學印行，精美絕倫，便在美國恐怕也很難買到了。還有許多德，法文書，我是外行，不敢瞎說，可是富麗堂皇，一望而知是古董，令人艷羨無限。書屋裡偶然也有線裝古籍和新文藝讀物，我的精裝本《西洋美術史》

和春野版《達夫代表作》，就是從他那裡買來的。木簡書屋陳
列各書，定價奇昂，好書又往往標作非賣品，望之興歎……」

當范紀曼因潘漢年、楊帆冤案牽連被捕後，他在1956年10月24日
《讀書月報》，發表《書話・開場白》

「我的《書話》（即《海涅〈還鄉〉》篇）竟然碰痛了一個大
特務，他在汪偽時期擔任過中央大學的教授，在上海開過舊
書鋪，做了一些鬼鬼祟祟的工作。「八・一五」以後，國民黨
「從天上飛過來，地下鑽出來」，他又成為紅極一時的「要
人」。我把他的底子揭穿了。他便派人通知我，一定要更正，
否則就以手槍對付。派來的人要我當面和他談談，我誠然閞得
發慌，卻還沒有「吃講茶」的工夫，而且既是事實，又怎麼能
夠更正呢?決定由他去。亂世人命，本來就很難說呀，我只好在
那裡坐以待『斃』了」。

1962年《書話》北京出版社單行本《序言》寫道：

「『這位教授』兼書店老闆搖身一變，居然成為紅極一時的『要
人』。我在《書話》裡揭破了他過去的歷史。他派《中央日報》
總主筆來找我，要我在《書話》原地更正。否則的話，他手下有
三百名全副武裝的『豪客』，隨時隨地可以槍斃我。」

我帶了上述材料去華東醫院高幹病房請教范紀曼，范老說：

> 「此人到木簡書屋來購書以前，我同他素不相識，毫無恩怨可
> 言。再三思索，無非是他看到鎖在書櫥中許多我自己的珍貴藏
> 本，纏著不放，硬要我降價出售，我堅決不肯……可能得罪了
> 他……至於，『手槍對付』，『三百名全副武裝』『隨時隨地
> 槍斃』……都是捏造的不實之詞。」

如今，范紀曼同志已於1990年12月6日享年84歲病逝。唐弢也在
1992年1月4日終年78歲逝世。兩人生前「莫名其妙」的「恩怨」也該
落幕。但是，最近出版的十大卷《唐弢文集》及《晦庵書話》中誣陷
范紀曼同志的不實之詞，依然白紙黑字，影響後世。

所謂范紀曼同志——

> 「是大特務，他在汪偽時期擔任 過偽中央大學的教授，在
> 上海開過舊書鋪，做了一些鬼鬼祟祟的工作。」

　　「利用書店做鬼鬼祟祟的工作。『八一五』以後，……這位『教授』兼書店老闆搖身一變，居然成為紅極一時的『要人』。我在《書話》裡揭破了他過去的歷史。……」

究竟真相如何？

中共上海戲劇學院黨委書記在「范紀曼同志的遺體告別」時致《悼詞》明確指出：

　　「從一九三四年起，范紀曼同志先後在我黨劉逸樵同志和錢俊瑞同志的領導下，為蘇聯紅軍總參謀部和共產國際作情報工作，提供了許多他搜集到的日本帝國主義和國民黨軍事，外交方面的有價值的情報。抗日戰爭時期，他按照黨的指示，一度深入到汪偽的中央大學當訓育主任，繼續搜集日本情報。太平洋戰爭爆發後，日寇佔領上海租界，范紀曼同志冒著極大的風險，協助有關同志將我黨設立在上海的一座秘密電臺搬到自己家裡，掩護發報，保持住了與延安總部紅色電波的暢通。

　　一九四五年抗戰勝利不久，范紀曼同志通過關係進入美國新聞處圖書館工作，一九四七年又打入了南京國防部二廳任少將代理專員。他利用這些特殊身份，作了許多工作，首先是為我黨獲取了不少有價值的國民黨黨、政、軍，特的機密情報。例如他提供了蔣介石的總部移駐臺灣的重要情報，使我黨能及時掌握敵人的戰略部署。此外，如當一九四六年上海經地下黨組織領導和支持下籌辦上海《聯合晚報》時，他有力地幫助解決了報館的房子和印刷設備等問題，又如他掩護地下黨員徐淡盧同志，讓徐住在自己的住處，當毛澤東同志為新華社寫的新

年獻詞《將革命進行到底》的重要文獻發表後，他協助徐淡盧
同志在自己家裡油印了這份文件，穿著國民黨少將制服。用小
汽車送出散發給民主黨派及國民黨上層人物。」

由此可知，拙文《神秘的書屋和奇特的教授》：有與《唐弢文
集》、《書話》並存參考的價值。

神秘的書屋和奇特的教授

　　南京西路，車水馬龍，大華商場，更見繁榮。但在1040弄弄底
十六號的那間房屋，卻重門深鎖，雙扉緊閉。四十年前有一個奇特的
教授在這裡開設了一家神秘的書店：木簡書屋，引起人們無限遐思。
歲月悠悠，人世滄桑，原來的門面玻璃變成了一堵灰牆，許多金碧輝
煌的圖冊和它的主人不知遷往何方？

　　這個秘密的書屋主人，究竟在哪裡？

　　中共中央組織部1984年12月30日頒發的「84組建字1272號文件」，
為我們提供了最新的消息和正確的答案。原來這個奇特的教授范賢本，
就是中國共產黨的老黨員范紀曼，他今年正好八十歲，黨齡已逾六十年。

　　這個革命老人的一生，是可歌可泣的。

一

　　長江上游一千里的四川萬縣，地當川東的交通中樞，是物產豐
富、商務繁盛的古城。義和團運動失敗後的第二年，帝國主義的侵略
魔爪便伸到了這裡。萬縣地區的人民不堪忍受帝國主義和封建主義的
雙重壓迫，紛紛起來反抗，遭到殘酷的鎮壓，這就是舉世聞名的「萬
縣慘案」。范紀曼就出生和成長在這樣的環境裡。

　　范紀曼的故鄉梁山，是萬縣地區所屬的小縣城，他在1906年3月
29日誕生時，已是萬縣淪為殖民地的第四年。從小耳聞目濡，逐漸萌
發了要求革命的思想。為了尋找革命的真理，他學習了俄、日、英、
德、法等各國外文；又對歐美的文學、藝術、音樂、戲劇進行了研
究。他最喜愛的是德國的海涅和貝多芬。以詞言志，他借用海涅的抒
情詩，用戀情隱喻對革命的感情。他在譯詩中寫道：

　　　年月在來來往往
　　　人們竟走向墳場
　　　只有我心中的戀愛
　　　永生著不會消亡

　　在第一次國內革命戰爭的風雲年代，范紀曼投筆從戎，於1925年
考入武昌中央軍校分校，和羅瑞卿等同志是同班同學。在革命的大家
庭裡，他用海涅的詩表達自己的感受：

　　　在往時我們底情感都不瞭解
　　　在往時我們底友誼也難和諧
　　　如今現實的痛苦都一樣
　　　透徹的瞭解，和諧而明朗

　　同年他加入了共產主義青年團，次年轉為中國共產黨黨員。不久
參加北伐，在國民革命第四軍獨立團團長葉挺領導下任排長，戰鬥中
身先士卒，曾英勇負傷。
　　大革命失敗後，黨派他去四川開展工作。四川省委書記傅烈要他
去萬縣地區建黨，並擔任梁山的第一任縣委書記。1928年去合川，任

川北地區的軍委書記兼組織部長。1929年至重慶，組織上要他入西南美專，又以重慶高級中學圖書管理員為職業掩護，從事學生運動。不久又去敘府縣組織農民武裝，準備暴動。黨的「六大」後，形勢有了新的發展。省委書記張秀熟便派他到上海工作。

范紀曼到了上海，黨把他的組織關係編到法租界金神父路新新裡支部，具體工作是交通聯絡員。十里洋場的殖民地文化，使他感到窒息般的難受。他想起了貝多芬的名言：「音樂應使人們的精神爆發出火花。」他覺得，貝多芬的作品頌揚英雄精神，鼓舞了人們爭取自由幸福而鬥爭的信心，正是戰勝殖民地文化的有力武器。他對貝多芬產生熱愛和崇敬，他說：「貝多芬認為我們的時代需要有力的心靈，以鞭策那些膽怯的人。我們的理想是共產主義，但通過貝多芬的不朽樂章，可以更好地影響和鼓舞人民。」憑這一點因緣，抗戰勝利後，他一度擔任了上海貝多芬學會會長。

二

1931年范紀曼在北平，加入了左聯北平分盟。當時他先後在北平大學藝術學院、法學院、俄文經濟和戲劇系進修。曾專攻舞臺美術，受到熊佛西先生器重，經常在《晨報》等副刊上發表文章。

「九・一八」事變後，東北淪亡，國難當頭，北平各校學生抗議蔣介石的「不抵抗」政策，在黨的領導下成立了抗日學聯，開展救亡運動，范紀曼當選為學聯主席團成員。為了要求蔣介石抗日，五千餘名學生衝越軍警的封鎖，自己開火車南下，沿平津線抵達南京，向國民黨中央黨部、外交部請願示威。范紀曼擔任愛國學生南下抗日請願團的糾察總指揮，站在火車頂上和國民黨機關門前，領導大家高呼口號，與反動軍警搏鬥，情景十分壯烈。宋慶齡介紹美國記者史沫特萊前去採訪，寫了《怒吼的北平學生》等報導。史沫特萊看到范紀曼在鬥爭中奮不顧

身，非常感動，便把自己的鋼筆贈范留念。後來，范把這支鋼筆送給愛人彭雅蘿，彭用這支鋼筆翻譯了《音樂的解放者貝多芬》。

南京請願後，組織上認為范紀曼不便回北平了，便調他到上海，在老劉領導下從事革命工作。范紀曼想：自己既然參加了左聯，便不能放棄寫作。為了翻譯海涅、歌德和普希金的作品，他經常去內山書店找參考書，終於見到魯迅先生。有一次，內山完造拉著范紀曼向魯迅先生介紹說：

「這位范先生是青年翻譯家，也是木刻藝術的愛好者。」

魯迅先生微笑著點點頭。魯迅先生看到范紀曼手中拿著一大疊德文、法文參考書都是毛邊的，便問范：

「你也喜歡看毛邊書？」

范紀曼連連稱是。魯迅先生風趣地說：

「好呀！我們『毛邊黨』又多了一個同志。」

原來魯迅先生自費印書都不切邊，自稱「毛邊黨」，影響所及，早期的新文學社團如新潮社、未名社、沉鐘社所印的書都是毛邊。魯迅先生的話給了范紀曼極其深刻的印象。後來他自費出版了兩部書，也都是毛邊的。他說：「毛邊書像藝術家的頭髮，有一種參差的自然美。」

由於范紀曼專門學過戲劇，當蘇聯舉行第四屆戲劇節時，組織上要范紀曼和錢俊瑞、馬彥祥等同志一起赴莫斯科，出席戲劇節活動。回國後，在黨辦的新知書店當編輯。

抗戰爆發，上海成為孤島，組織上要他以「北平行」、「雅典娜」美術用品社負責人身份為掩護，堅持革命的秘密工作。皖南事變後，日寇準備新的對華大舉進攻。為了國家民族，組織上派他到南京工作，打入中央大學，擔任訓育主任兼藝術系教授，他出色地完成了黨的任務。他多次組織中大學生到新四軍和游擊隊，使他們參加抗日武裝鬥爭。

當第三國際宣佈解散時，反動派叫囂「馬列主義破產」，中央大學偽校長樊仲雲也大放厥詞。范紀曼暗中領導愛國學生進行駁斥，發生了「打倒樊仲雲」的學潮。敵偽軍警前來彈壓，范紀曼以訓育主任身份出來保護學生，說「學生因樊校長克扣和貪污大家的伙食費而鬧事，情有可原。」樊向陳公博哭訴後，準備逮捕范紀曼。由於周之友等同志幫助，范紀曼在1943年5月匆匆逃回上海，幸未及難。（周之友原名周幼海，是大漢奸周佛海之子，傾向革命，後經田雲樵同志介紹加入中共。）

三

范紀曼在上海，組織上要他盤進靜安寺路（今南京西路）1040弄16號的店號，開辦木簡書屋。名為書屋，實際上從事革命工作的秘密聯絡點。為了掩人耳目，他把自己的珍貴藏書。西文原版書、精美畫冊都搬來裝點門面。木簡書屋寂寞地處於商場的一角，主人便經常用酒精燈煮咖啡，伏案讀書和寫作。這裡根本不像書店，而是一間鬧中取靜的書齋。商場裡人來人往，熙熙攘攘，正好成為聯絡點的自然屏障。

當時劉鶴孔化名李一鳴負責一座秘密電臺，范紀曼便利用收購和出售舊書的方式為黨傳遞消息。有一天突然接到緊急通知：敵人將到白爾部路去查抄電臺，范紀曼匆匆趕在前面，把電臺用麻袋裝了搶救回來，老李及時安全轉移。敵人撲了空，留下特務「釣魚」。過了幾天，他藉口「收購圖書」去原址附近探詢，回來時被特務盯梢，捉到日本憲兵司令部。范紀曼想起貝多芬的話：「我要卡住命運的咽喉，決不許它毀滅我！」在審訊時，他用日語責問敵人為何無故將他逮捕？敵人見他日語講得極為流利，知識又非常淵博，對他毫無辦法。因為沒有證據，關了幾天便交保釋放。

開了書店不賣書，長此以往也不是辦法。范紀曼用「范紀美」筆名翻譯的海涅抒情詩九十首，自費印刷後以木簡書屋名義出版。此

外，木簡書屋代售過唯一的一份雜誌《光化》，是打入上海市偽警察局任司法處長的地下黨員李時雨所創辦。李和范不但是同志，還是北平大學的老同學。刊物取名《光化》者，乃是「光天化日」——希望光明化掉黑暗之日的意思。當時，李時雨奉組織之命又在淞滬行動總指揮部任軍法副處長。他大權在握，便辦刊物爭取群眾。《光化》雜誌巧妙地介紹了李大釗、毛澤東、鄧中夏、惲代英、張聞天等同志早年參加少年中國學會的史實，配合了正在重慶舉行的國共談判，大長了革命人民的志氣。

四

木簡書屋主人利用青黃不接的時機，威震敵膽，營救同志出獄，是一段頗為驚險的革命佳話。

一九四五年八月，日本天皇被迫宣佈投降。在華日軍孤立無援，惶惶無主；國民黨軍隊遠處大後方，鞭長莫及。此時，黨指示范紀曼設法營救同志，即關押在上海監獄的東北抗日聯軍總指揮楊靖宇烈士的兄弟楊樹田。范紀曼便約李時雨來木簡書屋商量。恰巧李與上海監獄的偽典獄長沈冠三相識。兩人經過反覆研究，決定利用那種青黃不接的有利時機，作一次冒險的嘗試：化妝闖監獄，逼沈冠三放人。范紀曼弄來一套美式軍裝，化妝成從重慶飛來的國民黨高級軍官，自稱為「軍事委員會少將參議」。范紀曼坐上由李時雨駕駛的汽車，橫衝直撞地開進監獄。沈冠三聽說是「重慶來客」，慌忙出接。范裝出國民黨軍官的橫蠻凶相，厲聲責問：

「我有一個部下被你們關在這裡，還不趕快放出來！」

是！長官。請問貴部下的大名……」沈惶恐地問。

「媽的，裝什麼蒜！他叫楊樹田，你會不知道嗎？」

　　沈冠三諾諾連聲忙派人將楊樹田押出。其實范與楊並不相識，他想到組織上交代過楊曾在哈爾濱工作過，懂俄文。因此，范一見楊進來，立即用俄語向他招呼說：

　　「監獄如問你和我是什麼關係？你就說是我的部下。」

　　楊樹田心中有數，立刻向范行了一個國民黨的軍禮，沈冠三見了，對於范、楊之間的關係也就深信不疑。范紀曼認為此處不宜久留，便對李明雨一揮手，說道：「楊出來了，我們走吧！」

　　「長官，你們領去犯人，要寫一個提人收據。」沈冠三著急地說。范紀曼隨機應變，裝出不耐煩的樣子訓斥道：

　　「日本投降了，你們這批漢奸都應槍斃！你不要錯過機會。我來接我們的人，你還要寫他媽的什麼紙條！你想幫日本人嗎？真是混蛋！你自己在討死！」

　　沈冠三心中害怕，只能放行。范紀曼便坐上李時雨的汽車，帶著楊樹田揚長駛出了上海監獄。

　　他們先在錦江飯店開了房間，洗澡、理髮、更衣後，李時雨駕駛汽車把楊樹田送到拉都路安樂村住下。范紀曼回到木簡書屋，將勝利完成任務的消息報告組織。不久，組織上把楊樹田接去，通過關係到達東北。全國解放後，黨和人民委任楊樹田為哈爾濱市副市長。就在救出楊樹田的次日，國民黨先遣部隊接管了上海監獄。

五

　　抗戰勝利後，組織上要范紀曼以大學教授的身份繼續在上海工作。此時，由藝術大師劉海粟為校長的上海美專、由話劇奠基人之一熊佛西為校長的上海劇專，都從內地遷回上海。劉大師很欽佩范紀曼的學識，而范紀曼本來就是熊校長的得意門生，因此，美專和劇專都聘范為教授。

1946年，有人在《文匯報》上指名攻擊「開設木簡書屋的范紀美」是所謂「大漢奸」，國民黨正中下懷，準備對范紀曼下毒手。黨組織研究以後，立即通過劉尊棋的介紹和金仲華的推薦，由美國駐華大使館所屬的美國新聞處聘任范紀曼為工作人員，國民黨對范也就無可奈何。

范紀曼在上海美專、上海劇專和美國新聞處三處兼職，木簡書屋的事務自然無法照顧。組織上要他把木簡書屋交給張子羽負責。作為一個學者，他不能忘情於書籍；對於一個長期用書籍掩護革命工作的共產黨員，更對書懷有特殊的感情。范紀曼通過木簡書屋貢獻給讀者的最後一部書，就是自費出版的《音樂的解放者貝多芬》。

《音樂的解放者貝多芬》從翻譯到出版，也是范紀曼和彭雅蘿的愛情的結果。

木簡書屋的掛名經理彭雅蘿，1929年在重慶與范相識。三十年代初期兩人都在北平，一個進修戲劇，一個專攻音樂。彭在范的影響下醉心於貝多芬作品，準備寫貝多芬傳記。范從美國選購了夏弗萊的這本名著贈送給彭。范向彭介紹：這是一本有獨到創見的研究貝多芬的重要著作。彭欣喜之餘，八個月中反覆閱讀，愛不忍釋。後來遭逢戰亂，她在顛沛流離中花了四年把它譯成中文。書稿譯出，有情成熟，兩人便在1939年結婚。范將譯稿整理後，又據俄、德、法等國的文獻增譯了許多注釋，於木簡書屋轉業前一年由上海貝多芬學會出版。全書正文五十六章，精美插圖三十餘幅。米色道林，毛邊精印，顯得典雅大方。

當《音樂的解放者貝多芬》問世之日，人民解放的隆隆雷聲已響徹中國大地。范紀曼回首前塵，展望未來，心潮澎湃，便在該書卷首，寫下了貝多芬的這樣一段話：

「我深切的瞭解到，我的音樂必須全部向著自由的前途邁進！

因為不自由的痛苦，已經有千百萬的人群遭受夠了。」

在中國人民解放「這聖潔的靈感交織成宇宙脈胳的音韻」中，神秘的木簡書屋完成了歷史使命，奇特的教授范紀曼也走上了新的革命崗位譜寫新的工作樂曲了。

（1985年12月13日）

從周楞伽遺簡看文人風骨
——給我和致性堯的信

　　1992年2月1日上午，因事先接到上海古籍出版社「周華嚴先生治喪小組」1月27日寄來的《訃告》，得以參加了對老友遺體的告別儀式。

　　「治喪小組」由李俊民為組長，錢伯城為副組長，魏同賢、何滿子、高章采等為組員。可知組織上對華嚴兄的喪事是極為重視的。

　　華嚴兄原名周楞伽，筆名：苗埒、周夷、柳文英等。1911年8月17日出生於江蘇宜興。和我是「環太湖」的大同鄉。上海孤島時期創辦《爛火文藝叢刊》，發刊《紀念魯迅特輯》開始引起我的注意。淪陷期間出版《萬歲》半月刊，發表長文《新文壇滄桑錄》使我極感興趣，進行接觸和交往，但是他耳聾失聰，只能筆述，無法深談。解放後的五十年代中期，在上海舊書店和古籍書店多次相遇，相互點頭握手，他筆談告知：他在古典文學出版社併入中華書局上海編輯所，擔任編輯。「文革」結束後任上海古籍出版社編審。與我有通信往來。1992年1月26日病逝，享年81歲。

　　關於他的生平，組織上以《悼詞》為他蓋棺定論，我聽了對華嚴兄有了進一步瞭解。《悼詞》云：

　　　　「早年接受新文化運動影響，就已涉足文壇。1928年在胡
　　　也頻主編的《紅與黑》上發表散文。1931年起，在陳伯吹主編
　　　的《小學生》上發表許多童話，並為北新書局寫了兩本《小朋
　　　友物語》。1933年起，在《申報》副刊《自由談》、《東方雜
　　　誌・文藝》欄和《新中華》上發表小說、散文、隨筆。1935年

自費出版的長篇小說《煉獄》，是學習茅盾《子夜》的一部著作，書中寫到了當時工人階級的狀況。他與魯迅先生也有過通信之誼。1936年主編《文學青年》半月刊，提倡報告文學。中國文藝家協會成立時，他是發起人之一。『八‧一三』後，曾編《抗日的第八路軍》一書。上海淪陷後的『孤島』時期，他堅持抗戰文學、提倡文藝大眾化。曾編《文藝連叢》、《新文藝》；一度主編《小說月報》第一版；並在《文匯報‧世紀風》發表散文隨筆；在《小說月報》、《小說月刊》、《萬象》、《文綜》、《文林》等刊物上發表小說。抗日戰爭勝利後，繼續以寫作為主。

　　新中國成立後，他於1950年創辦新人出版社，專出解釋新名詞術語的工具書與《學習問答》。公私合營後，於1956年進入古典文學出版社、並來中華上編，仍任編輯。十年動亂期間，曾遭迫害。1972年因年老退休，並被評為編審。
周華嚴先生從事寫作達六十年之久，編寫了近千萬字的作品，包括文藝創作、通俗小說、兒童文學、古典文學研究。
在古典文學出版社和中華書局上海編輯所任編輯期間，由他負責整理加工的書稿有《剪燈新話》、《綠窗新話》、《醉翁談錄》、《全唐文紀事》、《歷代詩話》、《玉生年譜會箋》、《蒲松齡集》等。

　　退休以來的二十年中，他繼續從事筆耕，又有許多作品問世。如長篇神話小說《哪吒》，歷史小說《岳雲》，在廣大青少年中影響很大。整理注釋的古典小說有裴鉶《傳奇》、《殷芸小說》、《西湖二集》、《裴後語林》。此外，又有《唐代傳奇選譯》、《清代七大奇案》和為本社改編《金瓶梅》、《封神演義》等。」

組織上根據他一生的表現，最後對他為人的評價是：

> 「周華嚴先生生前熱愛黨，擁護社會主義，他對馬列主義的
> 學習也很認真，這是他所以能在學術上取得成就的重要原因。
> 　　他一生正直無私，敢於發表自己的見解。在從事學術研究
> 和文藝寫作中，精益求精，一絲不苟。凡青年或後輩遇有學術
> 問題向他請教時，能熱情予以幫助。生活一貫儉樸。」

正是因為華嚴兄「正直無私、敢於發表自己的見解」，使我欽
佩，成為我們友誼的基礎。比如，我在《〈魯迅風〉裡看性堯》中披
露了他致性堯並表示了對王任叔文章的不同見解，本著「儘管不同意
你的觀點，卻尊重你發言的權利」的精神，全文照錄，不加按語、不
作批註。因為從華嚴兄的字裡行間，體現出他為人的「正直無私」，
正是一種可貴的「文人風骨」。我還保留著他致性堯的一封遺簡。華
嚴兄在這封信中，用駢體文，毛筆恭楷，俱見功力。如：

> 性堯吾兄：久違雅教，無任馳繫。近維春深繡幬，伉儷諧
> 燕婉之歡；筆走龍蛇，文字增珠璣之價。下風遙祝，允符私
> 頌。弟常年作客，到處因人，人似死灰，形同槁木。愁聞鷓鴣
> 之聲，鄉關何處？愛吟放翁之句，九州孰同？乃蒙不棄葑菲，
> 時投桃李，每週來《魯迅》之《風》，握管慚堯之獻。蓋昔如
> 何涓，賦一夕之瀟湘；今則潘緯，吟十年之古鏡。對客揮毫，
> 秦少游流風不作；閉門覓句，陳無已腹負空嗟。凡此皆屬實
> 情，並非虛話。乃中情未蒙荃察，綠衣忽斷好音，秋水望穿，
> 良風不至。在他人或反喜逋負之輕，而弟則轉增鄙吝之氣。爰

拋斷爛之，期引無價之玉。辟『抗戰無關』之論，勢奪『教授』之『秋』魂；作深刻批判之談，氣吞《宇宙》之《風》度。大類初生之犢，妄效吞象之蛇。倘不欲以覆瓿之作，重苦梓人，則請葬字紙之簍，再謀獺祭。專此布臆，順候

儷祉。

弟　周楞伽　拜啟　三月十日

此信可補《〈魯迅風〉裡看性堯》之餘波，亦足見華嚴兄「正直無私、敢於發表自己的見解」之一斑（見下頁）。

另我親身經歷華嚴之「正直無私」，則是在唐弢向我借閱這批書信之前半月，華嚴兄曾向我借閱他致性堯的一批信。他借時給我留下明細借條，言明擬借閱一周。結果五天歸還。同時以姑蘇歷史古跡為題，在朵雲軒箋紙上寫了四首絕句贈送給我。詩云：

一、念年舊夢憶蘇州，軟語吳儂水樣柔；
　　　自別靈岩塵十斛，湖山應笑我蒙羞。

二、館娃宮殿杳無存，響廊空留展痕；
　　　一自遍舟隨范蠡，五湖煙水總銷魂。

三、長洲茂苑歇笙簫，回首前塵入夢遙；
　　　別有殢情難忘處，淡雲微月過楓橋。

四、勝跡真娘墓尚留，千年猿鶴冷松楸；
　　　吳娃未聽生公法，猶說埋香要虎丘。

性堯吾兄凡久違　雅教　無任馳系近維

春深繡帳　伉儷諧燕婉之歡　筆走龍蛇　文字增珠璣之

價　下風遠祝　允符私頌　弟常年作客　到處因人似似死灰

形同槁木　慈聞鶗鴂之聲　鄉關何處　愛吟放翁之句　九

州鐵鑄　乃蒙不棄　對菲時投桃李　毋週來魯迅之風趣

管慚蜀薁之獻　蓋昔如何涓賦　一夕之瀟湘　今則番縛吟

十年之古鏡　對客揮毫　秦少游流風不作　閉門覓句　陳

无已腹負空嗟　凡此皆屬　實情　並非虛話　乃中情未蒙

荃察　綠衣忽斷　好音　秋水望穿　良風不至　在他人或反喜通

員之驚喬　弟則轉增鄙吝之氣　爰抛斷爛之甎期　引無

價之玉　闒抏戰　無關之論　勢奪教授之秋魂　作深刻批

判之談　氣吞宇宙之風度　大類初生之犢　妄效吞象之蛇

倘不欲以覆瓿之作　重苦梓人　則請葬字紙之簣　再謀獺

祭　專此佈臆　順候

儷祉

弟　周楞伽　拜啟
三八

　　這四首詩，華嚴兄寫贈我在上個世紀五十年代後期，事隔近三十年後，到了1985年3月22日，他還主動寫信給我，告訴我他的近況，表達他受誣的氣憤，向我借他需用的《小說月報》，告知他的新居地址「歡迎去玩」……可見我們友情非淺。原信如下：

　　沈鵬年同志：

　　　您好！我們已有多年不見了。

　　　在目前通俗文學熱潮中，各種「傳奇」刊物都來向我組稿，忙得我日不暇給。但我對那些庸俗小報和迎合時好的刊物是不理睬的，我始終主張通俗文學要有高尚情趣，要和純文學相結合，所以發表得很少。

　　　上海有一個×××，我與他無怨無仇，不知他何故到處造我謠言，破壞我名譽，但他破壞不了讀者對我作品的歡迎，現在上海、南京、河北、河南、北京、湖南、湖北、貴州等地的出版社和我聯繫的有十多家，他也奈何不了我。

　　　現在我想把舊作收集起來，缺少1945年聯華廣告公司出版的《小說月報》第43期一本，素仰您藏書豐富，不知鄴架上有否這一期的書，如蒙慨允復製或借抄，我將不勝感激！

　　　我現住上海中山北路250弄4號402室，歡迎您來玩，但我與女兒女婿同住，他們夫妻是雙職工，每天要上班，外孫也每天要上學，除星期日外家中無人。府上距我處很遠，所以還是請您寫一封回信給我，如有此書，我當專程來取。

　　　此致

　　敬禮

　　　　　　　　　　　　　　　　　　周楞伽　85.3.22.

念年舊夢憶蘇州　軟語吳儂水樣柔　自

別靈巖塵十斛　湖山應笑我蒙羞

館娃宮殿杳無存　響屧廊空留屐痕　一

自扁舟隨范蠡　五湖烟水總銷魂

長洲茂苑歇笙簫　回首前塵入夢遙　別

有殊情難忘處　淡雲微月過楓橋

勝蹟真娘墓尚留　千年猿鶴冷松楸　吳

娃未聽生公法　猶說埋香要虎丘

我《愛黃裳》的史證
——關於鄭振鐸的《紉秋山館行篋藏書》及其他

　　黃裳在好幾本文集中稱我是他的「舊識」、「過去的朋友」，還說「我們的開始認識，實在很久很久了」。黃裳寫道：「當時我們都有著搜求『五四』以來新文學作品的狂熱，什麼初版本、毛邊本、簽名本……真是有許多講究與很濃厚的興味，」因此，經唐弢介紹便相識建交。彈指一揮間，不覺已六十多年。歲月滄桑，人世無常，經過了淪陷時期「一二‧八「日寇侵入上海租界捕人燒書的「黑色恐怖」；解放前夕國民黨查封進步報刊、屠殺《文萃》烈士，製造「宋公園血如海」的「白色恐怖」；「文革」十年動亂中林彪、「四人幫」推行「打、砸、搶、燒、殺」的「紅色恐怖」……我與黃裳總算歷劫倖存。在同越古稀、共邁耄耋、走向期頤之際，自然規律證明：我們在人世間已經為日無多了。老朋友相交一場，總算一段「文字因緣」，龔自珍詩云：「文字緣同骨肉深」。還有什麼值得計較呢？

　　我離休以後，二十多年來，除了應邀赴美、法等國探親訪友（紐約夏志清兄和巴黎馬季良先生等）旅居海外五年，歸國後僻居古稱「三吳」的太湖之畔，「窗外流水枕前書，已共紅塵跡漸疏。」安於寂寞，讀書為樂。其間看到黃裳多次發文，對我言多不遜，想到他處於喪偶、鬻書、病足的不幸心態，也只是一笑置之，不料他以我軟弱可欺，一再以不實之詞強加於人。嘉興圖書館小范兄詢問於我，我說這是黃裳的「心病」所致。他深夜捫心 ，無法安枕，產生幻影，不免任意而寫了。或問何謂「心病？」「心病」者，鄭振鐸先生的《紉秋山館行篋藏書》也。

在半個世紀以前，黃裳以「搶救」、「保存」鄭振鐸先生《紉秋山館行篋藏書》為名，向我商借了黃金、銀圓等鉅款。不料，鉅款到手，移作別用，既向我「無從交代」，又愧對鄭振鐸先先。晚年回首，黃裳不得不承認：「這也算得是我年輕時幹下的一件荒唐事。」

關於鄭振鐸先生及《紉秋山館行篋藏書》

鄭振鐸（1898-1958），筆名西諦，是我一向崇敬的前輩。他是「五四」愛國學生運動領袖之一，新文化運動著名旗手，是中國最早最大的新文學社團文學研究會的核心發起人，影響巨大的《小說月報》、《學燈》的主編，也是現代著名作家、考古學家和藏書家，還是燕京、清華、復旦等著名大學的教授。上海解放前三個月，他應中共中央邀請並在中共上海地下黨安排下，秘密赴北京出席新政治協商會議共商國事，被派出國參加世界和平大會，應邀出席天安門開國大典。建國後歷任國家文物局局長、文化部副部長和中國科學院文學研究所所長等要職。對我國文化藝術事業做出了多方面的重大貢獻。

鄭振鐸

——當時我認為：我能為這位偉大的前輩貢獻一點微忱，是自以為光榮的事情。

至於《紉秋山館行篋藏書》，黃裳在《關於「紉秋山館」》寫道：

讀新刊《西諦書跋，見收有《長樂鄭氏紉秋山館行篋書目》等三篇。都寫於1944－1945年間，那是抗戰勝利的前一年，西諦先生留居海上，生活困苦，曾多次斥去藏書救窮。《紉秋山館書目》後有長

跋，……去書易米，其意甚明。（鄭氏）又說：「古書九百一十二種，皆予爐餘、鬻餘之所存者。」是此冊所記，當是當日手頭所有的全目。而《長樂鄭氏紉秋山館行篋書目》一卷，則「右行篋所攜書凡二百三十二種，明刊本占其大宗，凡二百十八種；元刊本凡二種，……多半《四庫》未收及存目之書。」……

在即將出售、散失前及搶救這批古書，確實可稱為「一件義舉」。

鄭爾康著《鄭振鐸傳》有關記載

鄭振鐸先生的愛子鄭爾康先生在《鄭振鐸》中，對於鄭氏「離滬北上」和「出賣藏書」是這樣記載的：

1949年初，解放大軍解放了天津、北平後，正乘勝南下，蔣家王朝岌岌可危，做著垂死的掙扎。他們對國統區的人民，採取了愈來愈嚴厲的高壓政策，愛國民主人士隨時有被他們殺害的危險。中共地下黨，為了這些進步人士的安全，採取了分期分批向解放區轉移的措施。

一天，黨派了陳白塵同志來鄭振鐸家，動員他去解放區。他毫不猶豫地接受了黨的關懷。當時陳白塵同志還問他：你不是欠了不少債麼？我們（共產黨）替你還吧。

鄭振鐸覺得當時正是解放戰爭時期，每一分錢都是很寶貴的，他怎麼忍心接受黨的這筆錢呢？於是便婉轉地對陳白塵同志說：「謝謝黨的關心，錢我不能要，我自己可以設法解決的。」後來，他只得賣掉一些心愛的藏書，還清了債務，同時也解決了去解放區的路費。

　　當時，由於長江以北已陸續解放，南北交通中斷，去解放區必須先去香港，然後再由香港乘船北上。

　　經過一番準備，行期已定，他和妻子商量，母親年邁，愛子年幼，決定由他帶他們留在上海等待解放。他帶女兒小箴先走一步。

　　臨行前，他與好友們一一作別。在致劉哲民先生的信中，他說即將「乘風破浪南行矣，」「大約相見期不會太遠」……2月15日一早，他帶著女兒小箴搭乘「盛京」輪揚帆遠航了。鄭振鐸於3月18日抵達北平，受到葉劍英市長等熱烈歡迎。（上引均見京華出版社《鄭振鐸傳》第339頁）

　　鄭爾康先生為我們提供了鄭振鐸先生離開上海前夕、以及出售《紉秋山館行篋藏書》的第一手資料。

　　鄭振鐸先生到了香港，於2月22日致信劉哲民：「我們都很關心上海方面的情形，……捨下如有事，盼能多加照拂。」到了北京，又於3月29日致函劉哲民：「敝寓迄無來信，……有便，乞不時至敝處看看，如果經濟有困難時，務盼能夠賜以援手，弟當儘快設法奉趙了。」（見《鄭振鐸書簡》第15、17頁）

　　劉哲民是孤島時期出版抗日報刊的華美出版公司負責人，是位銀行家，與地下黨文委王任叔、黨員惲逸群等關係密切。抗戰勝利後他創辦上海出版公司，任總經理，又是鄭氏與李健吾氏聯合主編《文藝復興》和編纂《中國歷史參考圖譜》的發行人，在事業上和生活上都對鄭氏積極支持。我由於樹民中學錢家圭校長的關係，與劉哲民先生相熟，《《紉秋山館行篋藏書》事，劉哲民事後告知：「如需保存，（他）自能解決，無須黃裳代勞……」黃裳在我不知內情時卻鄭重其事以此為藉口，向我一再要求籌借黃金銀圓，卻「搶救」這批藏書。

黃裳對《紉秋山館行篋藏書》如是說

請看黃裳如今對此事怎麼說。為了使讀者瞭解時代背景和歷史真相，不得不在黃文中略加按語說明。黃裳說：

解放前我在文海書店見到《行篋書目》是西諦手寫本，肆中人說這是鄭先寄售的目錄，已有四川某氏議價將成，我當時年少氣盛，發願為他留下這批書，就多方籌措了若干「大頭」，約略可近書價。等我在市場上換成金圓券（按：當時實況，「大頭」是硬通貨，市面通用，無須換成紙幣的），在一個傍晚趕到書店時，不料央幣值朝夕變易，書店不認帳了（按：這是遁詞）。沒有法子，只好用這筆錢，買了架上幾部書算數。當時嘉業堂的藏書散出，滿布架上。隨意選取，有宋本《東坡後集》等約十種左右（按：原來他購下了十種左右宋版古書）。若與《行篋書目》的二百十八種（按：應該是二百三十二種明代古書）相比，價錢相去幾近二十倍（按：即使在舊社會的明、清兩代，宋版古書已視為國寶級的極品，宋朝的價值遠高於明版書，這是常識）……這本《行篋書目》的西諦手寫本，當時也一併取歸，以為紀念（按：西諦的藏憶未購成，卻白白到手了一本《書目》）。後由友人沈君取去（按：這個「沈君」就是把黃金、銀圓、布匹借給黃裳的鄙人。所說「取去《書目》」云云則與事實有出入。當時他為了取信於我，曾拿《書目》為證，後即取回）。

黃裳對《紉秋山館行篋藏書》的又一說

黃裳在《上海的舊書鋪》中寫道：

> 解放前夕，嘉業堂的藏書幾乎全部都陳列在文海書店裡。真是洋洋大觀。宋元刻本、明抄精校，俯拾皆是（按：這倒是黃裳的真心話，見到洋洋大觀的宋版、元版、明抄本、精校本，俯拾皆是，怎能不動心）。不過引起我注意的卻是鄭西諦的《紉秋山館行篋書目》作為全目也放在書店裡。書並不精，多半是常見的明版書，索價也不甚高，聽說已有受主。但辛苦聚集的舊本，一旦流失，總不免為之可惜。少年好事，真想設法為他救出來（按：多麼動聽的藉口。正好用此藉口去籌款也）。找到一位朋友（按：鄙人），願意拿出若干銀圓當時稱「大頭」和一隻「小黃魚」一兩金子（按：實際遠遠不止此數），按照與書店議定的價碼，匆匆到黑市上把「大頭」換了（按：只換了大頭，沒有換金子。因為金子換成紙幣，士袋也裝不下，一個人是拎不動的）。拎著一袋法幣趕回書店時，發現議定的價碼不算數了（按：想用爻爻之數「一袋法幣」去購二百三十二種元版、明版古書，真是天方夜譚。難道鄭振鐸缺這「一袋紙幣」）當時黑市的行情，真個是瞬息萬變（按：紙幣會貶值，金子和銀圓在手中是保值的。用「瞬息萬變」，打馬虎眼也）。這可傻了眼了。總不能再拎回黑市上去，也絕不可能換回原來的「大頭」（按：「十來部嘉業堂書」，什麼書？他自說是比《紉秋山館行篋藏書》更珍貴二十倍的宋版書）。

這是黃裳的第二種說法。

黃裳對《紉秋山館行篋藏書》的第三說

黃裳在《買書記趣》中寫道：

> 韓士保是文海書店的店主……一天我從他手中看到鄭西諦手寫的一冊《《紉秋山館行篋書目》，說這批書是托他代售的……看過書目，知道這並非西諦藏書的重點，而索價也不是渺不可及的高價。心想這畢竟是他辛苦收集所得，散去不免可惜，當時年少氣盛，就想方設法籌款買下，使之得以保存（按：寫得慷慨仗義，可惜只是一種藉口）……幾經奔走，一兩天後從朋友（按：即鄙人也）處借得小黃魚和銀圓若干（按：這裡把「一隻」改為「若干」，仍不敢明言實數），趕緊從黃牛手中換得一袋金圓券（按：若干銀圓和黃金，只換得一袋紙幣，又是謊言也），等我趕到書店，韓群卻以市價早晚不同……因而悔我（按：當時實際情況，黃金、銀圓是硬通貨，任何店鋪是歡迎的，用不著多此一舉。精明如黃裳，豈有不知之理）。這真使我陷入進退維谷的困境。收回那一袋金圓券麼，無論如何也不可能換回借來的金條和銀圓，無從向朋友交代，沒有法子，只好選了幾種嘉業堂書作抵，作一了結（按：黃裳當時同我既未「交代」，也沒有「作一了結」）……這也算得是我年輕時幹下的一件荒唐事。

黃裳對《紉秋山館行篋藏書》的第四說

黃裳在《擬書話——西行書簡》中寫道：

　　一九三八年余訪西諦於廟弄（按：他說他當時還在讀中學的中學生）……過了幾年，與西諦重見，已是一九四八年前後（按：當時他是一家輪船公司的職員）……一九四八年十月一日，西諦、葉聖陶約吳晗去蘇州遊散，我亦同去……在這前後，我在一家舊書店裡，看到西諦手寫的一冊《紉秋山館行篋書目》，說是預備出讓，而且已有四川客人看過，只是尚未議定。我當時年少好事，就想設法為他保存這批書，多方籌措「小黃魚」加「大頭」，等我提了換得的一袋「法幣」去付款時，卻因幣值突變，沒有成交……後來對舊書認識較深，才悟出這批書並非他藏書中的精粹，大半是常見的明刻本，棄之並不可惜的（按：黃裳先是說這批書「並不精，是常見書」；繼之又說「並非西諦藏書的重點」；最後又說：「後來才悟出這批書並非精粹，大半是常見書，棄之並不可惜」。——既然如此，黃裳又何苦口燦蓮花，反覆說服朋友（即我）拿出黃金、銀圓來同他一起共裏「保存」《紉秋山館行篋藏書》的「義舉」呢）……西諦和上海出版公司有頗深的淵源。他的幾種巨著都由它印行。出版方針也多由規劃……此後因梅蘭芳《舞臺生活四十年》出版問題，西諦對我頗有意見，過從漸少。

鄭振鐸為什麼對黃裳「頗有意見，過從漸少」

黃裳說：「此後因梅蘭芳《舞臺生活四十年》出版問題，西諦對我頗有意見，過從漸少。」——西諦先生為什麼對黃裳「頗有意見」而致「過從漸少」？柯靈先生在《百年悲歡》第286頁。對這件事有所敘述。柯靈先生寫道：

> 梅蘭芳《舞臺生活四十年》一書，黃裳最早介紹的對象是上海出版公司，黃裳向一位負責人（按：柯靈先生告知是劉哲民先生）提出要取傭金即介紹報酬。因為估計梅的著作好銷，負責人很動心。事有湊巧，和出版公司關係密切的鄭振鐸先性恰巧在鄰室和另一負責人談話（按：柯靈先生告知，另一負責人是錢家圭先生），鄭振鐸先生聽得義憤填膺，臉都漲紅了。黃裳走後，他關照堅持拒絕，認為萬不能幹這種事，負責人（劉哲民）只好聽從。

因為黃裳在談《紉秋山館行篋藏書》時提到此事，有必要柯靈先生文章錄以備考，作為箋釋。

另據黃裳自述：巴金先生也指出黃裳「拼命要錢」是大缺點（見《珠還記幸》（修訂本）第414頁）

黃裳自述四種說法，究竟是想講什麼

黃裳在《春回札記》、《拾落紅集》、《河裡子集》、《海上亂彈》，直至最近出版《珠還記幸（修訂本）》等單行本中，如《憶

鄭西諦》、《關於「紉秋山館」》、《上海的舊書鋪》。《買書記趣》、《擬書話——西行書簡》等文中，關於鄭振鐸先生的《紉秋山館行篋藏書》寄售問題，反覆申述，多方辯解，究竟想講什麼？概括如下：

第一點，黃裳在解放前夕上海的舊古舊書鋪文海書店中確實看到了鄭振鐸先生寄售（即托書店「代售」）的《紉秋山館行篋藏書》。對這些古書黃裳以為「看過書目，知道並非西諦藏書的重點」；而且「書並不精，多半是常見的明版書」；「後來對舊書認識較深，才『悟』出這批書並非他藏書中的精粹，大半是常見的明刻本，並無驚人秘笈，棄之並不可惜的。」——儘管如此，這《紉秋山館行篋藏書》的名義還是可以作為藉口利用一番的。

第二點，「韓士保是文海書店的店主，（黃裳）與之相識還在建國前的1947年頃。韓在舊書業中算是個名人，他能將嘉業堂的藏書掃數搬到店中上架，真的成了三馬路上的一道風景。」黃裳還說：「解放前夕，嘉業堂的藏書幾乎全部都陳列在文海書店裡。真是洋洋大觀。宋元刻本，明代精校，俯拾皆是。」——面對此種情況，愛好古代版本書的黃裳，對此怎能不動心？「魚吾所欲也，熊掌亦吾所欲了。」權衡輕重，「熊掌」當然要比「魚」珍貴得多。

第三點，黃裳以「保存」、「設法為鄭西諦先生救出」《紉秋山館行篋藏書》的二百三十二種古書，即其中元代版兩種，明代版二百一十八種，其他古書十二種的名義，「找到一位朋友，願意拿出若干銀圓（當時稱『大頭』）和一隻『小黃魚』（一兩金子）」；雙說「多方籌措」和「願意拿出」的用詞，真是「刀筆吏」手法，推卸「借債」之責。

第四點，黃裳借用（且不說「冒用」）為「保存」、「救出」鄭振鐸先生《紉秋山館行篋藏書》的名義，向「一位朋友借得若干銀圓

和黃金」，結果購買了嘉業堂藏書散出的宋版精本《東坡後集》等珍貴古書十種左右。清代大藏家黃丕烈一輩子只收到宋版書百種；而黃裳一日之間就得到宋版精本十種之多。黃丕烈地下有知，當歎「自愧弗如」也。

黃裳為什麼要反覆重提此事

黃裳以「搶救」「保存」鄭振鐸先生《紉秋山館行篋藏書》為名，向我借去黃金、銀圓、購下嘉業堂散出的宋、元版精本古籍這件事，是1949年上海解放前夕。他在沉默半個多世紀以後，為什麼連續寫了四五篇文章要反覆重提此事？

黃裳自己透露：「最近（上海）市上出現了一批有關我的『文件』，有我自己寫的交代……還有就是對我的揭發批判，主題是買賣舊書問題……雖未目睹，我相信這些『文件』都是真實的。」（見《海上亂彈》第117頁）

得到友人關照，我有幸目睹了「這些文件」。實際上，這是「文革」中期「上海市革會文教口」抓的一件有關建國後舊書買賣中「以偽亂真、投機倒把」的「大案」。「大案」的主角就是黃裳。黃裳所說的「文件」，就是該案一小部分原始材料。「四人幫」倒臺後清理檔案，這些外調材料、交代材料、揭發材料……便當做廢紙處理掉了。有人從廢紙中撿出來，看到「名人」黃裳親筆寫的「交代」和「揭發」，其中涉及世界的文學大師和藝術大師如巴金、梅蘭芳、蓋叫天等大名人，便當作寶貝拿到上海的「文廟」、「大木橋」等舊書流通市場待價沽，被有心人收購下來。

感激這位有心人的好意，使我有機會對這些材料流覽了兩天得益匪淺。

這些材料的一角，涉及到早已因公殉職的鄭振鐸先生；涉及到解放前夕在文海書店發生而鄭振鐸先生並不知情的《紉秋山館行篋藏書》買賣糾紛；涉及到當年輕信黃裳「保存鄭氏藏書」的藉口而借出黃金、銀圓的沈鵬年。

「紙包不住火了」、黃裳只好打破五十多年的沉默，巧言如簧、遮遮蓋蓋、言不由衷重提舊事，一口氣發表了四五篇有關的文章，正是欲蓋彌彰。

「以偽亂真、投機倒把」一案中的黃裳與我

此案的「主題」，正如黃裳所說「主題是買賣舊書問題」。確切地說，就是搜羅舊書，低價買進，高價賣出的問題。經過「統購統銷」、「合同化」、「三反五反」等運動後，農民把自己種的蔬菜、家中母雞生的蛋私自進城出售就要被「割資本主義尾巴」而受處罰。黃裳幾乎每天跑舊書鋪、舊書攤，以低價收購古籍珍本，寫上題跋後轉手以高價出售給國家圖書館。日積月累，幾年下來，收穫之豐居然從薪階層的報館記才，一躍成而成為古舊書業中的「個體暴發戶」，自詡是「書林豪客」，可以同大藏書家鄭振鐸、張元濟、周叔弢等前輩並起並坐──成為突出、顯眼的「商儒」（不是「儒商」）型的風頭人物。

當年，我在區委宣傳部，有一次聽市委宣傳部副部長兼文化局局長徐平羽同志報告，報告曾提及「商儒黃裳」……由於文化局副局長兼《文匯報》社長陳虞蒸同志的力保，黃裳乃得平安無事。

據黃裳自己的文章寫道：他曾以極低數目的價格購得不少古籍珍本，轉手又以高價出售給國家圖書館。例如：他只花了人民幣二角購得「雍正原刻初印、有著名藏書家盱眙王氏藏印的《金冬心詩

集》」；花五元錢購得的清代禁書「被雍正列入『年羹堯黨』而殺頭的汪景祺詩的鈔稿本」；低價購得的「名家鮑以文朱筆批校的古抄本《蘭雪集》」；以及有「陳仲魚不少藏印，且有吳兔床手寫題詞的王昶《春融堂集》「和「天一閣流散出來的一批古籍」等，都以高價出售給國家圖書館，黃裳認為「書價隨行就市」，「漲落之巨」算不得「投機倒把。」「反右派」運動以後，他仍得到蔣文傑、欽本立、唐振常等同志的照顧，照常跑書店搜錄舊書。

「文革」中在幹校，有揭發他的大字報，「稱他曾從外地買得一船舊書，其中有宋元舊本，發了大財云云」，有的揭發他「利用舊書低價進、高價出，從公家獲得巨額利潤後，頂進了黃金地段的高檔住宅；通過關係包住了全國最高級的北京飯店度蜜月。」因此「引起『公憤』」，傳到「中央文革顧問」康生那裡，康生給黃裳下了「以偽亂真，投機倒把」的八字批。「康生批語」傳達到上海，「上海市革會文教口」便當作一件「大案」，下令有關圖書館和古舊書店組成聯合專案組，發動有關的從業人員進行追查和揭發。

這件事「追查」、「清查」了一年多，牽涉到「知情者」老專家潘景鄭和瞿起鳳等老先生，這幾位年已古稀的老人也被揪去寫交代和揭發。權威和老專家顧廷龍館長專門就黃裳題跋中「以偽亂真」問題寫了報告。黃裳自己也寫了不少交代、檢查和揭發。由於原文海書店店主韓士保「交代」了黃裳曾藉口欲購《紉秋山館行篋藏書》，實際卻選購了嘉業堂藏書中的宋版、元版等珍本這件事，於是此事當時也成了追查的重點之一。

黃裳在交代是把我點了名，掀了出來，說他當時選購嘉業堂藏書中宋、元版珍本的黃金、銀圓「是沈鵬年提供的」這樣，我被當作「投機倒把」的同案者也要被揪出來，幸而進駐我們單位的軍宣隊比較講究政策，不同意將我「放」給他們去「審查」。當時我雖然在

「文革」中被打傷，全身用鋼皮馬夾固定，生活不能自理，卻仍押下奉賢幹校。1970年12月初。幹校組織的張慶雲同志領了一位外調人員找我調查黃裳和這件事。我一看外調人員是熟人，原來是上海古籍書店的店員張純金，他見我半躺在床上的狼狽相，很表同情，我問他：黃裳是《文匯報》的，怎麼由你們古籍書店來外調？陳純金簡要地告訴我黃裳在解放後倒賣舊書謀利的一些細節。因為黃裳在解放前夕購下嘉業堂的大批宋版珍本，解放後又以高價賣給國家圖書館，認為是投機倒把，還說中央文革的顧問康生有批示，要查清黃裳的問題。陳純金說：「黃裳交代他購嘉業堂宋版書的黃金、銀圓，是沈鵬年提供的，所以要來調查沈與黃裳是否是『合夥』性質的共同謀利⋯⋯」我說我借給黃裳金子、銀圓，是為了保住鄭振鐸的藏書，其他一概不知。再說我現在這副樣子，外調材料一時半日也寫不出來。陳純金同意寬限我一星期。這就是我在1970年12月6日寫的《關於黃裳的情況》，共五頁，主要是寫黃裳為「救出」、「保存」鄭振鐸《紉秋山館行篋藏書》而向我借黃金、銀圓的事。至於低價購進嘉業宋版書，高價賣給國家圖書館的事，我一無所知。但是，我聽說黃裳幹了這種「低價進、高價出」的倒賣行為感到氣憤，也寫批判黃裳的字句。其中一些過頭話，後來（1981年）曾當面向黃裳致歉。這份材料我沒有留底。據《秀州書局簡訊》第189期所載，我寫的材料落款是「上海東方紅電影廠電影系統四營沈鵬年」；材料上蓋有「廠革會調查專用章」和「僅供參考」兩個紅色印章。——這份材料也是我在「文革」中人性扭曲和自身劣根性暴露的證明。將來有機會得到原文，我要附錄於此，藉以對自己的一種鞭笞（有心人原來應允複印給我的，可惜至今沒有踐諾）。

黃裳以書抵債：用三本書抵消第一次借款

　　建國以後，柯靈先生和我都選為上海市人民代表會議代表，開會相晤，柯靈先生告知：鄭振鐸先生對黃裳「很不滿」的情況。

　　後來遇見老朋友劉哲民先生，始知黃裳並沒有為鄭振鐸先生「保存」、「救出」《紉秋山館行篋藏書》。劉先生勸我「趕快向黃裳追索借款」（鄭振鐸先生1956年8月25日致劉哲民的信中寫道：「沈鵬年來信說……和你認識。」──見《鄭振鐸書簡》第190頁）

　　我便去找黃裳。黃裳這才「交代」了書店老闆「悔約」而致《紉秋山館行篋藏書》沒有購成……但隱瞞了自己選購比《紉秋山館行篋藏書》「價值二十倍」的嘉業堂所藏「宋版書」珍本士為種的事實。

　　對於「債務」問題，黃裳要求銷緩時日。

　　過了幾天，他拿來日本東京版《域外小說集》兩冊和《會稽郡故書雜集》木刻本一冊，說是來抵債。他說：你專門研究魯迅，正好對口。

　　當時我請教了合眾圖書館館長顧廷龍先生。顧先生說：有人花了二元錢淘得《域外小說集》第二冊。這三本書，石米的代價足矣。

　　我對黃裳說這三本書抵第一筆付「定金」時借去的「一兩黃金和二十枚大頭」，他欣然同意了。我收下書後，把他第一次寫的收條還給了他。因此，黃裳前幾年寫信給《秀州書局簡訊》稱《域外小說集》「亦歸」沈處。用「歸」字的原委在此。當時我問：還有的鉅款何時了結？他說請我寬延時日，容後設法。我也答應了──想不到，如今黃裳筆下又花樣翻新。

　　這就是黃裳在《文匯讀書週報》發表《關於〈金陵雜記〉》文中說的：「沈君有一種『習慣』，久借不歸。從我這裡『借』去的，記得起來的就有魯迅在東京的《域外小說》初二集，木刻魯迅的《會

稽郡故書雜集》，鄭西諦的手稿《紉秋山館行篋書目》，和其他明刻書等。時間已過五六十年，沈君係有珍藏新文學書秘本之好，希望諸書、特別是《金陵雜記》的後半部，仍有還來之日，得成全璧，不禁企予望之。」──黃裳用三言兩語，任意把歷史顛倒了過來，將「債權人」輕描淡寫成「負債人」（所謂「《金陵雜記》後半部」問題，另有專文，此處不贅）！

黃裳以元版「孤本」抵債，作最後「了結」

過了兩年，我又去找黃裳，提出還債的「兩個方案」，黃裳回信如下：

鵬年兄：

來信收到。

雖然你很大方，主張兩個方案相輔而行，但我總覺得你以快些解決為好。因第一方案跡近空頭支票，我不大放心。我想拿一部僅餘的元刻本《左傳林注》還給你（按：這裡黃裳親筆寫的是「還」，不是「借」）。這書是孤本，是「林堯叟」注的，到明朝，出來了《左傳杜林》即合併林注和杜預注的，此書即不再傳世。清代三百年無人知之。鼎鼎大名的陳仲魚都弄錯了，這是個唯一的四十卷本。另有七十卷本，有元刻傳世。

這書元版元印，十分漂亮。中缺一卷，我用明本補全，裝了一下。有明代有名藏家周九松的藏印，共四十冊。關於此書的特點，我前面有篇題跋。

　　這書是我在解放前買的，花掉中興輪船公司發的一筆旅費、安家費。不夠，又用別的木版書、雜誌約一三輪車換來的。

　　我買書迄今，宋版沒有（按：他公開宣稱我借給他的黃金、銀圓等鉅款《紉秋山館行篋藏書》因書店老闆「悔約」而沒有購成，當時選購了嘉業堂藏書「宋版本《東坡後集》等十種」。見《春回札記》第157頁），元版只剩下這一部，對「學術研究」（太誇張了）無用。因我不搞這一方面。因此願意拿出來給你。如認為可行，我就找出來，專程送上。

　　專此即致

敬禮！

　　　　　　　　　　　　　　　　　　黃裳　五月三十日

　　從黃裳給我的這封信所述：這部元刻《左傳林注》殘缺本的價格，在兵荒馬亂的解放前夕，尚且使他「花掉了中興輪船公司發的一筆旅費、安家費。不夠，又用別的木版書、雜誌約一三輪車換來的」——價值大超過元刻的「宋版書十種」之多，豈能用區區的「一隻小黃魚和若干大頭」換得來！？由此可知，黃裳前後四五次所寫的並非真情，在購「宋版書十種」的金額上作了大大的縮小和隱瞞。

　　他用一部殘缺的元刻本，同我最後「了結」借我鉅款購下「宋版精本十種」的「債務」——可見他精於計算，人難企及。怪不得巴金先生曾批評他的「大缺點」是「拼命要錢」了。

　　在我並不知道黃裳借我鉅款購下宋版精本十種之多的情況下，以為黃裳這一次總算用家藏的「孤本」——「元版」《左傳林注》四十冊送到我家，算是「了結」債務。我認為他的態度還算好的。黃裳說：這是一部「善本書」，雖然同你的愛好不「對口」，但上海圖書館古籍部願意收藏，據說值六七百元……希望能夠把借款都「了結」了（按：此時國家掛牌「只進不出」的黃金收購是：每兩人民幣九十八元。這七百元同我最後一次借給他的黃金數額折算相差不是太大）。

黃裳抵債還我《左傳林注》的下落

　　我拿了這部書去找上海圖書館副館長顧廷龍先生（當時合眾圖書館已經併入上圖），顧先生說：書是好書，可惜是殘本。用明刊本補元刊本之殘，仍非完本。「上圖」可以收藏，但要通過上海古籍書店收購後轉來，這是文化局的規定。顧先生介紹我去找上海古籍書店副經理孫實君先生。

　　這個孫實君先生也同黃裳相熟。他看到黃裳書前的題跋，笑著對我說：「殘本總歸是殘本，殘本書不會因『題跋』而增加身份。殘缺

的善本書是不能得到好價錢的。」孫先生說：「一般人送到門市的收購處，出價百元足矣。顧先生介紹來，算二百元吧……」

我在古籍書店經理室接通「上圖」館到室顧廷龍先生的電話，顧先生聽了我的申述，要我把電話交給孫實君。電話裡說了些什麼，我不知道。放下電話，孫實君開給我的收購單上寫出「人民幣四百元」——比他原來的開價高出一倍。

此數雖與黃裳的估價還差二三百元，僅抵原借黃金數額收購價的百分之六十。為了「友情為重」，我想也就算了吧。

這就是解放前夕，黃裳以「保存」、「救出」鄭振鐸先生《紉秋山館行篋藏書》為名，幾次向我借了黃金、銀圓等一大筆鉅款，實地購了「十種宋版精本」等大批古書的最後「了結」。

正因為我的大方，經過「反右」、「文革」等歲月，到了「改革開放」的新時期，我們仍還保持著一段較好的「友誼」。

我對黃裳太熟悉、太瞭解了。為文如筆下浮萍，不免華而不實。文章千古，唯真為貴。我也深知他的「心病」癥結所在，心病還須心藥醫，最好的醫方是「赤條條來去無牽掛！」

作為一段新儒林外史，博今之大雅君子一粲。

當黃裳「粉絲」（fans）要甘受委屈
——我「心甘情願」為他作犧牲

　　黃裳在1981年發表的《題跋一束》中寫道：「前些日子，好久不見的『Z』來訪（按：正如他在文章中寫黃宗江為『W』、寫黃宗英『Y』一樣，寫我的本名凝華為『Z』）。過去我們是很熟的，不過，從二十多年前開始，就不曾再遇見過。因此，實在可以說是久違；也因此，可以說明我們的開始認識，是在三十多年以前，也算得上很久很久了。」還說：「Z是我的一位老讀者，又喜歡書，第一次介紹他來的是風子，即著名的新文學版本學家和《書話》的作者唐弢。」該文最初發表於香港《新夜報》和北京《讀書》月刊，先後重複收入《翠墨集》、《過去的足跡》、《黃裳文集》等多種單行本，可見黃裳對《題跋一束》的愛重。

　　確切地說，由於我早在上海樹民中學熟悉的唐弢的熱心，他在寓中特設便宴，邀請黃裳、陳欽源和我共三人，席前主人作介，筵中相互交談，我們開始建交，迄今六十餘年。

一、我是當今的「資深」的老「黃迷」

　　黃裳在文中寫道：我是他的「一位老讀者」。確實如此。因為從1938年8月4日他以「宛宛」筆名在《文匯報・世紀風》發表小說《玲玲》以來，我幾乎搜集和閱讀了黃裳的全部作品。讀後苦心保存。太平洋戰爭爆發，日寇進入租界後挨戶查抄抗日報刊，我特地購買了不少日寇出版的《大陸新報》和《新申報》，把發表黃裳文章的《文匯報》、

《大美報》、《正言報》等抗日報夾在中間，混過了敵偽的耳朵。抗戰勝利後，黃裳在《文匯報》發表《舊戲新談》、《金陵雜記》等專欄文章和《三審周逆作人》等長篇報導，我又全部搜集保存。《文匯報》被反動派查封後，我把它藏在工作單位永大染織廠郊區的紗布倉庫中。1957的黃裳被「錯劃」右派，我因黃裳揭發也受到牽連審查，組織上命令「上交右派書籍」。我的習慣：凡是喜愛的書必購複本，一本閱讀，一本珍藏。我除被迫上繳了幾冊複本應付外，把所有的黃裳著作裝箱後由愛人專程運到家鄉洞庭山中的老屋，深鎖密藏起來。

　　因此，黃裳「懼禍」而自毀的書籍、圖書館漏藏而缺失的報刊，由於我及時轉移珍藏，躲過「文革」動亂中祖龍之厄，得以保存下來，迄今已有七十年了。

　　知情者宋濤兄、許愛興兄、俞元兄都說我是「黃迷」——「愛讀黃裳作品到了癡迷的程度」。

　　黃裳寫道：「十餘年前（按：指『文革』期間）抄家聲裡，風鶴頻驚。滿眼『封資修』都成禍水，書稿更成身外之物，一夕，並自著書複本多種論秤盡付廢品站。書去之後，頓有『不亦快哉』之感。時移世換，不意又見Z君所藏此本，且是黑綢面精裝之冊，感其辛苦護持，不勝慚愧。」（見《過去的足跡》人民文學版第331頁）又據黃裳寫給我的親筆手跡：「……十年前抄家高潮中並此書數十部皆付廢品回收站，無少留戀。不意十年後又得見此精裝本，以視凝華辛苦護持，滋愧惡矣。一九八一年九月廿

《旧戏新谈》封面

九日黃裳記。」兩種文字略有增飾，意思則一。

此外，黃裳最近在《來燕榭集外文鈔》的《後記》中寫道：柯靈「曾請我承包了一整版副刊，設有六七個欄目，用不同的筆名，還手寫了如《孤蒲叢話》之類的刊頭，製成鋅版。前後不過一個月，得稿費一百元⋯⋯這張小報各大小圖書館都不藏，當然輯佚的工作也只好斷念了。」（見《集外文鈔》第506頁）

其實，黃裳是知道我手中保存著這份「各大圖書館都不藏」的「黃裳佚文」剪報的。早在1981年9月29日，我就告訴過他。他在文章中寫道：「近來在編兩本文集，找材料時碰到了很大的困難。過去發表在報紙上的一些文字，自己沒有存稿；或雖有存稿後被抄沒，結果還是一樣。那些舊報紙也很少了，有地方有，但已被精裝起來當作革命文物藏起，看一看也困難，何況是抄。就是想抄實在也沒有這樣的精力與時間。我在談話中想起這事就訴苦，不料Z卻說，他那裡還保存著幾本我的舊作的剪報，除了我提出的一些，他還說出了不少連我也忘卻了的篇目。」（見人民文學版《過去的足跡》第325頁）這連黃裳「也忘卻了的篇目」中，就有《商業午報》上他的六十多篇長短文章（其篇目的簡介另有專文），黃裳說：「這些文章現在重印的意思不大」⋯⋯我就繼續束之高閣。

事隔二十四年，政治環境愈益寬鬆，他又想「輯佚」重印。他明知我的地址，曾幾次來我家。有所需求，給我來一封信就解決了。為什麼不好意思開口而哀歎「斷念」呢？

當今從南京到北京，「黃迷」也不少。但以黃裳與我的淵源和歷史事實而論，論資排輩，我似乎可以算是最「資深」的一個老「黃迷」了。

二、黃裳和「黃迷」一段美好情誼

1. 為我的剪貼本《舊戲新談》跋尾

《文匯報》副刊《浮世繪》上，黃裳寫了兩個專欄：《舊劇新談》（原名）和《金陵雜記》。我剪下裝訂成冊，用磁青紙作封面。

唐弢看到後說：「這兩個連載，是黃裳的得意之作，還未出書先裝訂成冊，他一定很高興。我來要他為你題字吧！」黃裳欣然接過，帶了回去。不但親自題了封面，還為我寫下了序言和後記。

黃裳把報上原刊《舊劇新談》改題為《舊戲新談》，題詞如下：

沈凝華先生以拙著之發表於報端剪貼成冊，請風子（即唐弢）先生持示，囑為題簽，甚令愧怍。草草成文，不足觀覽，今竟見重若此，使人慚沮。翻閱一過，見中雜有亦五之《拷吉平》及一之之《平劇雜話》三篇，皆非余作。前者係投稿，後者則徐鑄成先生所作也。《新談》已排訖待印，增刪頗多。原稿余亦不存，則此冊自亦可珍。如持與單行本對勘，則缺文所在：或

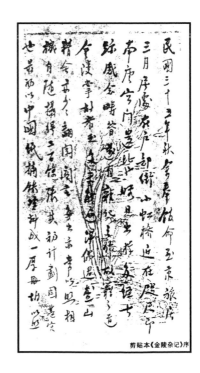

剪貼本《金陵杂记》序

因時忌，或係閒情，不難覆案也。三十七年五月二十七日午後偷閒，為識數語於卷尾。黃裳謹記（印）

2.《舊戲新談》剪貼本與初版本對勘

1948年8月《舊戲新談》，由開明書店初版，請馬敘倫先生題寫封面。單行本與我的剪貼本對勘，添寫的兩篇是：《水滸戲文與女人》、《洗浮山‧霸王莊‧茂州廟‧拿謝虎》。刪去的六篇是：《百壽圖》、《余叔岩》、《芙蓉草》、《蓋叫天》、《怎樣聽戲》、《從跳加官說起》。重寫的一篇是《戲鳳》。又把原題《劉喜奎與名士》改題為《評劇家之二》。「不發表」的一篇是《袁寒雲》。

我曾問黃裳：《袁寒雲》已經「發表」過了，為何不收入集中？他說：這是一個好題材，可以大做文章。草草收入集中，太可惜了（後來他又換了另一種說法了）。

剪貼本中徐鑄成的《平劇雜話》是：《關於改良平劇》、《上海今日的劇場》和《打漁殺家》。建國後徐的任何文集均漏收。

3. 為剪貼本《金陵雜記》寫序

大約半個月後，黃裳又為我的剪貼本《金陵雜記》寫了《序言》。這篇《序言》富於文采，至今尚未發表，頗為珍貴。原文如下：

> 民國三十五年秋，余奉館命至京，旅居三月，居處在戶部街，小虹橋近在咫尺，即南唐宮門遺址也。暇日出遊，多經古跡。感念疇昔，遂有《雜記》之作。故籍之道金陵掌故者至多，未能遍得。偶過鉢山精舍，亦少少翻閱圖書。每出亦常以照相機自隨，攝得二百餘張。其初計畫，固甚宏也。
>
> 最初以中國紙摘錄資料成一厚冊，附以照像。歸滬後編

（《文匯報》）文教版。《浮世繪》創刊，柯靈兄囑寫連載，即陸續寫之。余初意不衹描寫風物，歷史、人物、俗信，諸端具隸。冊中文采之美，又餘事也。《洛陽伽藍》、《東京夢華》、《陶庵夢憶》、《帝京景物略》，前賢所作，具見典型。然採擷眾長，麗以新解，斯志懷之既久，徒以時間不裕，遂爾匆匆輟筆。以擬原目，未及十一。即久在胸中之《秦淮》一記，亦未著筆。偶及馬湘蘭、阮懷寧，論者紛紛指摘，或未諳原義，或徒事譏訕。因念時世如斯，任務當更有重於此者。此書當留待他年時世承平之際續作也。會端五日，沈凝華先生以紙來索題，即為少記數語以謝。

時三十七年六月十一日　黃裳

這篇精彩的序言，比起1949年11月28日黃裳為發表《金陵雜記》時寫的《小序》，是另外一種同我格。提供給當今愛好《金陵雜記》的讀者參與，也許不為無益吧。

這是黃裳和「黃迷」交往中的一段最美好的情誼。

三、「黃迷」和黃裳交往付出的代價

黃裳說：「……凝華有許藏書，其中一些是我過去沒見過的珍本，如魯迅行生印製的《凱綏·珂勒惠支版畫選集》，就是第一次在他那裡看到實物的……左聯文獻專家丁景唐君三十年前找我打聽新文學版本的事情，就曾由我帶了去凝華處看實物，有如讀化學上實驗室一般。」（見《題跋一束》）

當時我只是一個二十來歲的小青年，在永大廠先是當工人，後來升為管理布機零件的小職員。1948年間，黃裳問我哪裡來的錢去購買

這許多的珍本書？我說我是「三房合一」的獨苗，有兩位母親給我充分的錢可以購買心愛的書。

後來，他就提出要我去購了珍貴的古代抄本去「交易」他的《錦帆集外》精裝本；他購書缺錢時向我借過美金；藉口為「搶救鄭振鐸《紉秋山館行篋藏書》」向我借黃金、銀圓。

1. 《我聞室剩稿》「交易」《錦帆集外》精裝本

1948年8朋，唐弢告知：黃裳最近出了一本《錦帆集外》，另外一種不發售的精裝本，用藍布作封面，書脊自書「鳳」字，頗為別致，可以去向他要一本。說畢，拿出黃裳贈送他的一本給我觀看。這是246頁一冊的散文集，普通道林紙，鉛字多有磨損，印刷不夠清晰，裝幀比較別致。作為版本，我當然想收藏。當我向黃裳提出時，黃裳說此書只印十冊，分贈友朋友只存三冊。如需一本，需用書籍交換。他說：在三馬路的文海書店內有部舊抄本《我聞室剩稿》，可以購來作為交換。

「我聞室」是明代末年淪落風塵的才女柳如是的室名。崇禎十三年，柳氏歸錢（牧齋），為築室取《金剛經》「如是我聞」之意，額室名為「我聞室」。陳寅恪氏的名著《柳如是別傳》，膾炙人口。郁達夫氏在《娛霞雜載》轉錄柳如是一詩，題作《春日我聞室》，有「此去柳花如夢裡，向來煙月是秋端」之句。這本《我聞室剩稿》署名「雲間女士柳隱著」，柳隱是柳如是的別字。原係南潯嘉業堂藏書，為袁瑛輯集柳如是的詩作和尺牘，是有名的管庭芬舊藏舊抄本，也算一種名貴的古抄本。以視定價法幣8元6角的《錦帆集外》，價值何止「二十倍」！——當時我愛新文學版本書心切，便答應黃裳去購了這本名貴的古代抄本，交換黃裳新出版的《錦帆集外》精裝本。

《錦帆集外》精裝本到手之日，請黃裳在書前題辭云：

此書初版僅裝精裝本十冊。分贈友冊之餘，僅存三兩冊。凝華先生於拙文有偏嗜，欲得一本以備版本之數。適余欲得抄本《我聞室剩稿》，即以此冊交易。昔蕘翁（按：即黃蕘圃丕烈）亦嘗有以家刻本易宋版零種之事。此舉或不唐突也。時民國三十七年九月二日　　黃裳（印））

1948年9月2日，我用柳如是《我聞室剩稿》同黃裳「交易」他自著《錦帆集外》精裝本之事，他是不可能全然忘懷的！因為他在1981年寫《題跋一束》時還看過自己的這則題詞。事隔三十五年後，黃裳寫了好多篇《關於柳如是》，文中寫是：「我過去曾買到一個舊抄本（按：即《我聞室剩稿》），為嘉業堂故物，卷中別增附錄詩文不少，為管庭芬手輯。」（見《過去的足跡》第246頁）隻字不提這本「舊抄本」係同我「交易」所得。幸而我手頭保存著黃裳的親筆手跡，這段故實，尚未湮沒。

2. 藉口「搶救鄭振鐸寄售的藏書」借黃金銀圓

黃裳以「搶救」、「保存」鄭振鐸氏《紉秋山館行篋藏書》的名義向我借黃金、銀圓、布匹的事，已見於2007年《山西文學》第二期，此處不贅。所要補充的，是三點事實：

第一，在同意黃裳借款要求前，我先向當時組織上同我單線聯繫的陸振祚同志「請示和彙報」。

振祚同志問我：黃裳說是鄭振鐸的藏書有何為證？我去問黃裳，黃裳拿來鄭振鐸手稿《書目》作證。嗣後《書目》就由黃裳取還，黃裳說他查點書名時要用的。得到組織認可，我便回鄉說服妻子陳雪蕚取出嗣母的遺贈借給了黃裳。

上海解放以後，陸振祚同志出任中共上海市委黨校辦公室副主任。他問起我鄭振鐸先生藏書的保存問題，我說：「據黃裳告知，鄭振鐸先生這批藏書保存在他的家中。」陸振祚同志稱許道：「你們為革命做了一件好事。」

第二，黃裳借到黃金後說「還不夠」，再要我設法借銀圓、布匹。

我拿出手頭的數十枚銀圓，黃裳說還不夠。我打電話到永大公司設在周家橋的工廠，找要好的同事鍾益泰兄、張佑生兄弟商借。他們說沒有銀圓，只有布匹。黃裳說布匹也可。於是同乘電車至中山公園，在中山公園雇了三輪車至周家橋永大布廠，取了「若干」布匹交給黃裳。鍾、張兩兄現猶健在。

第三，黃裳在解放後購古舊書，仍用黃金計值，有他的著作為證。所說「用黃金換金圓券紙幣」，是謊話。

據黃裳著《清刻本》第77頁，1950年11月12日他在舊書鋪購書記錄：「一兩金子獲《演山集》舊鈔丁鶴年詩及《今詞苑》，傳本至稀，可稱奇秘。」在解放一年半以後，舊書店老闆還不以人民幣論值而仍要以黃金論值，何況解放前的偽紙幣乎？顯然，黃裳在文集中五次提到借了我的「黃金銀圓到黑市上去換了紙幣」的說法，決非事實。

以上是「黃迷」和黃裳交往中經濟上付出的代價。

3.「黃迷」在政治上也付出了代價。

我出生於太湖中洞庭山槎灣古村「沈氏三學書屋」，是「三房合一」的獨苗。從小和同鄉、同齡、同學的陸振祚兄一起，離開家庭來到上海，初中畢業後便踏上社會謀生自立。振祚兄進信孚印染公司當練習生，我進永大染織廠當徒工。當振祚秘密加入共產黨地下組織後，便培養、教育、啟發、引導我走上革命道路，並由他介紹我參加了黨組織，成為一個工人階級的先鋒戰士。我政治歷史清白，工作積

極踏實。解放後多次受到組織表揚，兩次選派赴北京上天安門觀禮，當選為上海市人民代表。從1949年至1957年的八年中從未犯過任何錯誤。不料，由於「癡迷黃裳」，在1957年8月起受到審查——我平生第一次受到「政治審查」。

審查的原因是：「向《文匯報》黃裳提供反黨炮彈。」

審查的根據是：黃裳為了「立功贖罪」、「反戈一擊」，寫了對我的「檢舉揭發」。

一年後甄別定案：說我「交友不慎，喪失立場，警告處分」。我曾前後當選了兩屆的「市人民代表」，從此也無形撤銷了。

我感到極大的冤屈，因為我在五月初以來沒有見過黃裳，更未同他聯繫，他有什麼可以「揭發」我呢？思想苦悶，情緒低落。對我一向信任的頂頭上司宣傳部長孫紹策同志得到區委同意，給我看了兩份材料：黃裳對我的「檢舉揭發材料」。

黃裳揭發我之一：大意是「……我的朋友沈鵬年，過去是永大廠支部書記，現在在長寧區委工作。他和我關係很好。他告訴我永大廠工人在鬧事，在搞大民主，工人自己選代表管理工廠，黨組織不起作用了，生產反而上去了。我聽了認為這個材料很好，所以我看到市委怕鳴放，有『收』的味道，就用沈鵬年告訴我『永大廠工人鬧事，搞大民主』的例子提出來，要求市委不要怕鳴放，不要怕大民主……如果沈鵬年不講，我是不會提出『要大民主』的……

黃裳揭發我之二：大意是「沈鵬年在《文匯報》召開的『怎樣提高出版書籍品質問題座談會』上，發表了攻擊黨『今不如昔』，還寫了《書的今昔》攻擊出版界『今不如昔』的文章……」

在毛澤東發表《文匯報的資產階級方向應當批判》以後，《文匯報》的黃裳揭發檢舉了我的問題，自然引起區委領導的重視。因此決定對我「審查」。

其實，黃裳對我的揭發材料，和事實有很大出入。

關於「永大廠工人鬧事」問題：

「鬧事」發生在1957年3月，曾驚動了黨中央毛澤東、劉少奇等領導同志。1957年4月27日劉少奇的《在上海市黨員幹部大會上講話》提到這件事（見人民出版社資料室編印出版的《劉少奇言論集》第639頁），《解放日報》根據劉少奇講話精神發表了評論文章。當時，「永大廠工人鬧事」幾乎滿城風雨，大家知道。市委書記柯慶施親自去永大廠平息了這件事。在「永大廠工人鬧事」早已解決了兩個多月以後，黃裳舊事重提，責任不能全部推在我的身上。當然，黃裳在「鳴放」中以此為例，現在看來，也算不上什麼問題。當時，他也不是為這件事被「錯劃右派」的。

關於「《文匯報》座談會上的發言」問題：

這次座談會是區委派我參加，同「大鳴大放」無關。發言稿經區委書記審閱批准。在《文匯報》上發表我的「發言摘要」，經核對同區委批准的發言稿完全一致。至於《書的今昔》不是我執筆，我不同意發表，也沒有見報，更與我無關。

儘管如此，這次「政治審查」結果還是給我以處分。

黃裳在「反右派運動」遭難，他寫了數十篇文章傾訴自己的苦難，自然值得同情。至於他遭難還殃及我這個「黃迷」，「落水拉一個墊背」，這恐怕是今天的「黃迷」們無法想像的。

處分以後，我當然不敢再同黃裳接觸。因此黃裳在文章中寫道：「從二十多年前（即1958年）開始，就不曾再遇見過。」——其故即在於此。

雖然十多年沒有「再遇見」黃裳，到了「文化大革命」期間，「禍從天上來」，我又被黃裳所牽連。此事已見於2007年《山西文學》第二期，此處不贅。

這就是一個「黃迷」和黃裳交往數十年，在經濟上、政治上所付出的代價。儘管如此，我無怨無悔，「嗜讀」黃裳的作品如昔。

四、「黃迷」無怨無悔仍為黃裳效勞

黃裳在1947年發表《金陵雜記》連載和出版《關於美國兵》單行本，曾受到當時進步文化界的批評。

1. 解放前《金陵雜記》、《關於美國兵》為何受批評

當共產黨和國民黨兩支軍隊在全國範圍的戰場上進行生死決戰之時，上海人民和全國人民一同反對蔣介石獨裁反動統治的火熱鬥爭劇烈展開之際：錢鍾書先生的長篇小說《圍城》、李健吾先生諷刺話劇《和平頌》都受到上海一些左派文人的嚴厲抨擊；黃裳卻在《文匯報·浮世繪》發表《金陵雜記》，為「秦淮八艷」的名妓馬湘蘭、顧橫波和柳如是等「大唱讚歌」，左派文人豈有不批之理？

黃裳稱讚了馬湘蘭「妓女的豪氣」，「馬湘蘭的畫蘭，不下於男才子唐伯虎」，「發出獨異的光彩」，引述了「對這已經死去的美人大發幽思」的艷詩悼文，連載三天之久。對阮大鋮《詠懷堂詩》更稱道不置。正如黃裳愛用的話，左翼文人批評「是題中應有之義。」

黃裳曾在《記者生涯之一》作了辯解：

「《浮世繪》需要一點輕鬆的文章，我所能寫的也不過是這種四不像的『遊記』，也仍時時『劣性』復發，呵佛罵祖。然而一些隻看題目不讀內容即便擲去的朋友，大事譁然，以為我是在遊山玩水，雅興豪情，罪狀昭著了。真是遺憾。」（見江蘇古籍版《金陵五記》第87頁）

柯靈先生曾說：蕭岱（即原左聯成員戴何勿）同志轉達了地下黨文委的意見，「希望黃裳筆下縱情聲色時收斂一點。」柯靈作為《文

匯報》副主編，對黃裳作了規勸。於是黃裳在三天後聲明：

「《金陵雜記》起始至今，已將兩月，雖然還是有不少材料，我也寫累了，暫時擱筆。等將來有機會再繼續下去吧。」（見同上第92頁）

同年12月，巴金先生主編《文學叢刊》，同意黃裳編一本集子，取書名《錦帆集外》。《錦帆集外》編入《江上雜記》、《桂林雜記》、《貴陽雜記》、《昆明雜記》等篇，按理，《金陵雜記》正是文體、性質相同的一路。如果一併編入，《錦帆集外》可以更見豐厚。由於上述原因，黃裳只得忍痛割愛，他在《錦帆集外·後記》鄭重聲明：

「那正是『和談』鼎盛的時代，在每天追逐消息動態給弄得暈頭暈腦之餘，也還抽暇玩了南京的古跡，積習未忘，又寫下文字。至於重複拾起『閒情』，那是已經離開南京再度墜入無聊之後了。」（按：指他在上海編《文匯報·浮世繪》副刊、發表《金陵雜記》連載受到批評之時）因此寫出了「我已經厭惡了這些文字」（即《金陵雜記》）的氣話。（見1948年初版《錦帆集外》第244～245頁；又見1998年12月上海華東師大版《掌上的煙雲》第228頁）

半年後的1948年6月11日，黃裳為我《金陵雜記》剪貼本《序言》中寫道：

「民國三十五秋，余奉館命至京……暇日出遊，多經古跡。感念疇昔。遂有《金陵雜記》之作……歸滬後編《文匯報》文教版。《浮世繪》創刊，柯靈兄囑我連載，即連續寫之……偶及《馬湘蘭》、阮懷寧（即《詠懷堂詩》作者阮大鋮），論者紛加指摘，或未諳原義，或徒事譏訕。」——這就是對「厭惡」云云的說明。因此，建國前後的三十五年中，《金陵雜記》從來沒有出版過單行本。

至於《關於美國兵》，1947年5月《時代日報》發表樓適夷同志的批評文章。知道的人就較多了。

到了「改革、開放」的新時期，黃裳想重新出版這兩部作品，他就想到了我——

1981年9月，黃裳寫道：「沈鵬年那裡還保存著幾本我的舊作的剪報，除了我提出的一些，他還說出了不少連我也忘卻了的篇目。他告訴我這些剪報本和其他的單行本，在過去漫長的歲月裡是幾經轉移、藏匿才得保存下來，這些東西還旅行了不少地方，包括洞庭山老屋灶下那樣的所在。這實在是料想不到的事……我立即提出了請他把貼報本見借的要求。幾天後，沈鵬年就送了來。」（見《翠墨集》第249頁，《過去的足跡》第341頁），當時我認為，作為一個「黃迷」，也是對老朋友一點微薄的心意。

2.《金陵雜記》要重印，我提供了底本

「文革」結束六年後，應黃裳請求，我的「貼報本」《金陵雜記》、《舊戲新談》等借給黃裳。1981年黃裳編印《金陵五記》，就將我提供的《金陵雜記》貼報本作為底本全部收入。黃裳於1981年10月10日致楊靜如信中寫道：「《金陵雜記》……因剪報借自友人，需還去。」即指此事（見《來燕榭書札》第87頁。）如果真有什麼「餘稿」的話，我早就一併提供，好讓黃裳編入《金陵五記》。黃裳說「《金陵雜記》雖是一本舊作，建國後卻曾多次重印。」——此話不確。自1949年新中國成立後，到《金陵雜記》在我提供底本後重印出版，長達三十三年中沒有重印。正如黃裳所說：我是「嗜讀『黃』文的老讀者，」。從「反右」到「文革」這些險惡的處境中，我尚且苦心保存黃裳文章的剪報和單本，這僅是個人的「嗜讀」和愛好，而且可說是黃裳文章的「真賞者」，雖在劫難中也要設法為其「藏之名山」、「傳之後世」，使黃裳的妙文不因「反右」、「文革」的「祖龍之厄」而湮沒。正如魯迅先生所說：「收存朋友的文章真如捏著一

團火，常要覺得寢食不安，給它企圖流布的。」「此心耿耿，可對天日。」怎麼可能將所謂《金陵雜記》的「餘稿」、「至今還沒有見還」呢？

　　3.《關於美國兵》要重印，我又提供了底本

　　有一冊解放前出版的《關於美國兵》，在「抗美援朝」的「反美」高潮中，一度列為「銷毀」的「壞書」，舊書店也把它當做「還魂紙」送造紙廠作紙漿的。我保存一冊，完整如新。黃裳說「自己沒有了，想借去重印」。我同意了。黃裳將此書編入遼寧版《書趣文叢》的《音塵集》，其中《關於美國兵》也是我提供的底本。黃裳致范用同志的信中寫道：「《關於美國兵》……原書借自友人的，很少了，用後盼仍還給以轉給藏者。」（見《來燕榭書札》第123頁）這個「友人」、「藏者」就是鄙人。1996年該書出版了，黃裳既沒有贈我《音塵集》，連底本《關於美國兵》原書，「至今沒有見還」。我苦心收藏三十多年的這本書，到了目前的和諧盛世，反而被黃裳「借」而不還。我的收藏黃裳作品中缺了此冊，作為「黃迷」，不能不感到遺憾。

五、黃裳對老「黃迷」的最後「回報」

　　1988年由於美國親屬邀請，忙於辦理護照，至美領事館申請赴美簽證，接著便出國去紐約。來來往往，先後八次。一晃有近二十年沒有和黃裳見面了。我在美國的行蹤，拙著《美歐心影》有所敘述。回國期間，忙於社會公益，上海電視臺的《新聞透視》作了專題播放；中共上海市委機關刊物《支部生活》刊載了我的照片和事蹟；上海《解放日報》、《新民晚報》對我的社會活動作了專題報導。從2002

年至2004年先後三次得到上海市一級的褒獎和本單位直屬上級——中共上海文化廣播影視集團黨委的表彰和獎勵。——我的所作所為，都是「透明的」。不料，2007年2月14日「作者tbn」，在「聽訟樓blog」網站上還在傳播什麼「沈鵬年身敗名裂」的不實之詞。為了對讀者、線民和社會負責，不得不申明如上。

用文字在新聞媒體上傳播對我的不實之詞，我這個老「黃迷」心目中曾經「崇敬」過的黃裳，便是不遺餘力的一位。

黃裳在多篇文章和多冊單行本中，多次誣稱我借了他的「鄭振鐸手稿《紉秋山館行篋書目》」，「久借不還。」

2004年12月8日，黃裳寫給嘉興《秀州書局簡訊》的信中：「近來《秀州書局簡訊》中多有沈鵬年消息，此公亦我舊識，久不聯繫。在友人（即陳福康等人）間，其口碑頗不佳。大事以外，借書不還，亦其一端。我有《金陵雜記》未發表因《文匯報》被封之墨筆手稿，即為渠持去……尤其是，《金陵雜記》手稿也。」

2006年黃裳在《文匯讀書週報》發表《關於〈金陵雜記〉》云：「《金陵雜記》是1947年陸續發表在《文匯報》的副刊《浮世繪》上的。報館被封，連載也被腰斬，因之只是一部殘稿。余稿還有毛筆寫成的一冊，被當時的朋友沈鵬年借去，至今沒有見還。沈君有一種『習慣』，久借不歸。從我這裡『借』去的記得起來的就有魯迅在東京印的《域外小說》初二集，本刻原本魯迅的《會稽郡故書雜集》，鄭西諦的手稿《紉秋山館行篋書目》和其他明刻書等。時間已過去五六十年，沈君素有珍藏新文學書秘本之好，希望諸書特別是《金陵雜記》的後半部仍有還來之日，得成全璧，不禁企予望之。」

黃裳的文章那麼委婉，言詞那麼動人，不明真相的讀者一定「信以為真」。其實，通篇都是謊話。

現分三個方面，用事實答覆如下：

1. 誣稱「《紉秋山館行篋書目》手稿」久借不還——鄭氏手稿
　《書目》現藏重慶市圖書館，怎會久借於我？

黃裳在《春回札記》《拾落紅集》《河裡子集》《海上亂彈》
中多次談到：「這本《行篋書目》的西諦手寫本。當時也一併取歸，
以為紀念。後由友人沈君取去。」《關於〈金陵雜記〉》寫道：「沈
君有一種『習慣』，久借不歸。從我這裡『借』去的記得起來的就
有……鄭西諦的手稿《紉秋山館行篋書目》……」

請看黃裳的朋友陳福康經過調查的證言。陳福康寫道：

> 鄭振鐸先生於1944年1月8日寫的一篇《紉秋山館行篋書目
> 跋》。所謂「行篋書目」，表明這也是他搬往匿居處的一批書。
> 共明刊本218本，元刊本2種，明抄本等12種（共計二千餘冊）。
>
> 鄭先生在賣出前特地奮力寫的三千餘言長跋，除了為說明
> 這批書的性質外，主要乃表明得來不易，隱含希望得主珍惜，
> 勿使散佚之意。
>
> 這批書經過書賈韓士保之手，售予重慶藏書家榮先閣的李文
> 衡。李文衡久仰鄭振鐸的大名，但與他不認識。讀了鄭先生寫的
> 長跋後，深受感動。因此，一直把這批書，包括他寫的《書目》
> 和長《跋》，好好地珍藏著。到1952年，李文衡又把這些珍貴的
> 書，連同鄭振鐸親筆寫的《書目》和《跋文》，完整地捐獻給了
> 重慶市圖書館，至今寶藏在那裡。鄭振鐸在二百三十多種古書每
> 種的最後一冊末頁，都親筆手寫「長樂鄭振鐸藏書」七字。可見
> 他對這批書珍愛之至。好在鄭先生的一片苦心，終於沒有白費！
> 這真是一則感人的書林佳話！（見1994年8月北京十月文藝出版
> 社出版《鄭振鐸傳》第457－458頁）

重慶藏書家李文衡先生，黃裳應是早有耳聞的。黃裳自己在文中寫道：「我在文海書店見到《行篋書目》，肆中人說這是鄭先生寄售的目錄，已有四川某氏議價將成。」這位「四川某氏」就是重慶藏書家李文衡；「肆中人」就是文海書店店主韓士保。韓又是黃裳的老相識，當然會將「四川某氏」的身份告知。黃裳對此事早已心知肚明。

「鄭西諦的手稿《紉秋山館行篋書目》」，明明「珍藏在重慶市圖書館，至今仍在那裡。」──怎麼會變成黃裳手中之物，借給沈鵬年呢？

2. 誣稱「《金陵雜記》被腰斬的餘稿」久借不還
　　──當年「自動擱筆」並未「被腰斬」，何來餘稿？

請看1947年《金陵雜記》初刊時的歷史真相：

第一，《金陵雜記·小序》發表於1947年初，最後一篇《記者生涯之五》刊出於1947年2月10日，篇末並未寫「未完」，而是注明連載「完」。

第二，《金陵雜記》當時發表的文稿，始於《小序》，終於類似「結束語」的《記者生涯》，連載五天，並在結尾聲明：「《雜記》起始至今，已將兩月」──這是指他開始著筆於1946年11月28日，最後完篇在1947年2月8日。黃裳宣佈：「我寫累了，暫時擱筆。」既已「寫累」而「擱筆」，何來「餘稿」？完稿的全書共19篇，其中每篇在當天刊完的計8篇；每篇分二天刊完的計7篇；有一篇分三天刊完；有一篇分四天刊完；有二篇各分五天刊完；前後連載39天。僅一個多月，沒有兩月。首尾連貫，並無什麼「被腰斬」的痕跡。

第三，《金陵雜記》連載結束於1947年2月10日，而《文匯報》「報館被封」則在連載結束三個半月以後的1947年5月24日。三個半

月前自動「擱筆」同三個半月後「報館被封」沒有聯繫，不存在什麼「《金陵雜記》也被腰斬，因之只是一部殘稿」的事。

第四，從《金陵雜記》自動擱筆到「報館被封」，其中長達105天的空間和時間。黃裳既未像浦熙修那樣「上黑名單」遭迫害，並沒有喪失寫作自由，而且在《文匯報》上從4月16日到20日的五天中，還發表了《豁蒙樓》、《燕子磯》、《白鷺洲》等《金陵雜記》的姐妹篇。在三十多年後，寫《秦淮拾夢記》、《白鷺洲公園補記》、《重訪雞鳴寺》，發表《古胭脂井》等老照片等，都是他「擱筆」前所說「還有不少材料」的改寫和重寫。所謂「餘稿被當時的朋友沈鵬年借去，至今沒有見還」云云，是虛誇的不實之詞。我並未「借」過這本「餘稿」。

1947年2月10日《金陵雜記》連載39天后，黃裳在《記者生涯》宣佈「我寫累了，暫時擱筆」。由此可見，《雜記》不是「殘稿」，何來「餘稿」？

3. 誣稱「明版古書、《域外小說集》等」久借不還——五十年前抵債還我之書，要想賴帳倒算？

黃裳在解放前借我黃金銀元購得「宋版書十種」，他在《春回札記》等書中早已承認在案。解放後黃金銀元收歸國有，不准流通，他以《域外小說集》等書抵債「了結」債務。詳情見於2007年《山西文學》第二期。當時他占盡了便宜。事隔五十多年後，要想賴帳倒算？試問：他借我黃金銀元購得「嘉業堂十種宋版書」，眾所周知，宋版書當今屬於「國寶」，價值連城，這筆賬又如演算法？

俗話「出了好心得好報」。老「黃迷」決不是想「得好報」，而是讀書入迷，一往情深，因此，一輩子好心善待黃裳。不料，「好心變為驢肝肺」，最後得到黃裳如此「回報」——人間公道何在？

六、請求各地「黃迷」公斷，
還老「黃迷」一個公道

朋友們嚴肅告誡：「近幾年來黃裳散佈對你的流言蜚語，為何不吱一聲？如果不站出來說明真相，容忍誹謗流傳，就是對社會、對歷史、對讀者、對自己的子孫不負責。」

黃裳在文章中寫道：「說是『謗』，就自然帶有『誣陷』之意」，「要『弭謗』就只有效法布袋和尚」。「相傳佈袋和尚是從不擔心什麼『謗』的。」「當人人的大小袋袋都毫無保留的打開之日，也就是流言蜚語歇息之時。」（見《驚弦集》第66－67頁）──我就效法「布袋和尚」，打開大小袋袋，公之於眾。「予豈好辯哉，予不得已矣。」

黃裳還說：「筆墨一經付之刊印，即成公器。」為此請求讀者、線民、「黃迷」們對拙文予以分析、鑑別、批評、指正，然後作出公斷，還我這個82歲高齡的老「黃迷」一個公道。謝謝。

2007年3月於太湖畔

【後記】

向讀者交心

沈鵬年

英國托·亨·赫胥黎（1825～1895）在《人類在自然界的位置》中寫道：「我充分意識到老年人對於自己年輕時所做的種種事情，比和他同時代的青年一代對它有興趣得多。」對此我深有同感。我是正在邁向「期頤」的高齡老人，奉獻在讀者面前的拙著《行雲流水記往》就是明證。學貫中西、著作等身的一代宗師南懷瑾先生寵賜序言題封，以光寒篇，銘感無已。

一

《行雲流水記往》留下了我年輕時從事現代史和現代文學探索的足跡。

在中國現代史上的陳獨秀、現代文學史上的周作人，都是敏感人物。研究他們的人幾乎無一不受到灼手焦指之痛。1962年我根據周作人先生向我提供的他的《日記》，以及陳獨秀在「五四」前後給周作人的親筆信，寫了《魯迅和〈新青年〉的最早接觸》、《陳獨秀對魯迅小說「五體投地的佩服」》等篇發表在《文匯報·筆會》上；當時在上海抓意識形態的張春橋立即下達「禁令」。他除了通知《文匯報》不再刊登拙文外，又要市委宣傳部副部長白彥同志和我「個別談話」，規勸後幸未處分。朋友說：「比起1984年編選出版《周作人早

期散文選》而遭『左』兄錯誤批判的許志英教授，實為萬幸。」我說：不！當時我是「上影」廠資料組組長，電影《魯迅傳》是上海市委和中央文化部共同確定的重點任務。我遵循周恩來總理「以魯迅為中心把有關資料收集起來」研究整理，「不割斷歷史，教育後代」的精神，是無可厚非的……心懷鬼胎的張春橋並不是對我網開一面，而是「邪不壓正」！

　　「文革」結束後，中共中央總書記胡耀邦號召要「搶救史料」，中共上海市委辦公廳研究室主任蔣文傑（虞丹）先後在上海和北京發表《精華欲掩料應難》。說抗戰時期的周作人是「中國現代文化史上」的「一個謎」。上海市電影局顧問柯靈更為明確地指出：「周氏兄弟是現代中國卓有影響的人物，魯迅先生巨人式的存在不必說了；周作人對五四新文化運動的功績是無論如何也不能忽視的，他在民族大義上令人歡惋的失節，是多種複合因素造成的時代悲劇。」（見文化出版社《柯靈文集》第一卷第417頁）在這樣的情況下，我的單位領導──上海電影總公司導演室支部書記葛鑫等同志為「搶救活資料」要我從事周作人「落水」問題的學術調查。好友宋濤、許愛興等同志出於對我的關懷，真誠地警告我：「這是戴著鎖鏈去走鋼索，要吃『生活』（即「挨整」）的……」但正如赫胥黎所說：「我在青年時代，有那麼一點點固執的脾氣。我覺得一切可以預料到的不幸給予我的痛苦，比起要我放棄那些我認為是應當做和已下定決心去做的事時所感到的痛苦，要小一些。」（見1971年科學出版社出版《人類在自然界的位置》第4頁）當時我認為，奉組織之命調查這一「多種複合因素造成的時代悲劇」，是一項嚴肅而神聖的任務。因此，我帶著葛鑫同志親手交給我的局、廠黨委介紹信和三百元預支車旅費上路了。在北京受到國家安全部鍾子雲部長、中顧委李葆華委員等首長的接見；訪問了抗戰時期在北平從事地下工作的萬復、陳濤、李才、高炎、張

靖、羅錚等老同志。經鐘部長批准後，查閱了「國安部」有關檔案材料、對袁殊等同志作了談話錄音。三次去太原訪問王定南，訪問記錄都經王本人簽字認可。全國政協常委兼文史組副組長許寶騄騄五次來上海我家，主動向我說了這件「時代悲劇」的內情。我把全部調查材料交給組織。支部書記葛鑫親自審閱材料並簽字加蓋公章，寫了此事的報告，書面彙報電影局黨委。至於我個人，正像在《魯迅傳》創作組負責資料工作時一樣，雖然在工作中接觸、獲悉了大量當時屬於「機密性」的材料，按照「組織原則」，從未隨便洩露。

然而，朋友的警告完全證實了。又如赫胥黎所說：「若干年間，批評指責的北風神刮起它最大的曲解和嘲諷的暴風，甚至把我說成是一個邪惡的人。有時我在想，一個人已經被如此奚落，又怎能恢復到被尊敬的地位，這的確使我感到惶惑。但就我個人來說，我並沒有感到我的身份有絲毫的降低。」（見同上書第4頁）

在學術研究和敏感問題的探索上，同行相妒、排擠「惡搞」的不正之風，中外皆然。二十多年來我身受的「誣陷」不實之詞，比英國赫胥黎當年的遭遇，有過之而無不及。但是我比赫胥黎幸運，在改革開放新時期的中國，我有組織的支援。組織予我表彰、鼓勵足以使誣我的陰霾煙消霧散。

二

對於「多種複合因素造成的時代悲劇」問題的學術調查，雖然引起不少專家、學者、好心同志的關注和興趣；但我的單位的領導葛鑫認為「當時的左風餘威頗烈，披露這些材料的時機尚未成熟，決定留著不發。」

那麼，這些關於「時代悲劇」問題的學術調查材料，為什麼在1986年8月南京師範大學出版的「內刊」《文教資料》發表了其中的十二篇材料呢？

據葛鑫同志1995年7月在《中外論壇》公開發表文章說：中央部門在1986年5月15日，派兩位副部級的高幹，持編號3823號公函，來上影向沈鵬年同志瞭解原北平特委負責人的情況，由我陪同和沈鵬年長談了兩次，當時，我在這份公函上作了批註以「立此存照……」（見《中外論壇》總第28期第32頁）

葛鑫同志早已在《中國外刊》全文公佈了他親筆寫的「批注」。現在根據原件轉錄。葛鑫所寫的「中央有關部門」是「中華人民共和國國家安全部」介紹公函原文如下：

> 中華人民共和國國家安全部辦公廳1986年5月15日致上海電影製片廠「國安介字第3823號公函，內稱「上海電影製片廠：現有（按：兩位副部長，姓名略）前往你廠，向沈鵬年同志瞭解有關事情，屆時請接洽。中華人民共和國國家安全部辦公廳（公章）」

當時陪國家安全部兩位首長和我談話的「上影」導演室支部書記葛鑫同志在公函上批註如下：

> 我接待此事時獲悉：因為有人（按：當年的中共地下黨北平特委書記）未向黨講真話，所以到上海向沈作側面瞭解。主要瞭解抗戰時期北平地下

工作和『周作人這件事』。他們聽沈談調查『周事』的詳細經過，說此事早在1983年2月由賈芝同志（按：李大釗烈士的女婿、李葆華部長的妹夫）寫文章公開披露了。還說：許建國同志（按：當年任中共中央社會部副部長，兼晉察冀中央分局社會部部長）也知此事。

　　沈建議他們去找許寶騄先生（按：此人抗戰期間秘密往來北平重慶，既受國民黨教育部部長陳立夫派至北平打入偽教育界為國民黨做地下工作；又和周恩來有單線聯繫）。他們最後表示：「這是學術性的調查研究，其中部分材料，可以在《內部刊物》上發表，使當事人和知情人看到後進行補充或訂正，就能把史實搞得更準確、更翔（實）。」大約三個月後，內部刊物《文教資料》刊登了調查的一小部分。葛鑫（印）

　　原件複印如示。（葛鑫「批示」中提到的四位歷史人物的身份，係我添注。）國家安全部兩位首長和我談話的內容，由於「組織紀律」，恕我不能「和盤托出」。

　　至於有人曲解、篡改調查記錄後反誣我「偽造」云云，葛鑫同志代表組織1987年5月在《文教資料》公開發表文章，宣佈：有人誣衊「沈鵬年、被蒙上所謂偽造周作人史料的惡名，作為沈所屬黨支部的支部書記，我要鄭重聲明，這不是事實。」（見江蘇省一級期刊《文教資料》2000年第三期第68頁）──組織上為我公開做了澄清，對此毋庸贅述。

三

朋友說，還有一個問題較為簡單，為何在1982年發表《毛澤東到八道灣會見魯迅》，即「毛魯會見」說，又引出無謂的紛爭，

其實，「毛魯會見」與否？是人們日常生活中極為普通的一件小事，本不值大驚小怪、大做文章。魯迅當年雖然發表《狂人日記》而名震文壇；毛澤東卻只是北京大學圖書館一個管理書報的小職員，當時中國共產黨還沒有成立。兩人見了面怎麼樣，不見面又怎麼樣，都是無足輕重、沒有什麼了不起的。

問題的起因：據中共上海市委宣傳部文藝處劉金處長，1992年4月25日在國家新聞出版局主管的《新聞出版報》發表的文章道：

> 是馮雪峰在1952年出版的《回憶魯迅》中首先提出「毛魯未見過面」的話，這一點後來恰恰成了「毛魯會見」說的反證。1954年，張瓊在北京見到毛澤東，談起馮雪峰書中「毛魯未見過面」的說法。毛澤東當即對張瓊說「他寫錯了，你叫他糾正。」事後，張瓊向馮雪峰轉達了毛澤東這句話。雪峰表示待此書再版時改正。1956年12月重印的《回憶魯迅》書中，果然不見了「毛魯未見過面」的提法。（以上史實引自學林版《吹沙居亂彈》第29頁）

　　文證之一：1952年馮雪峰在《回憶魯迅》中說：在他向魯迅介紹了毛澤東以後，魯迅「對於毛澤東同志——對於這個他（魯迅）沒有見過面的天才的傾服，就當然不同於他平日對於一切革命者的敬佩，而是由於他（魯迅）對於這個勝利關鍵的敏感……」（言下之意，在馮向魯迅介紹以前，似乎魯迅就從未知道過毛澤東其人？見該書第178頁）張瓊看了，認為此說不符事實，曾向市委副書記兼上海市副市長潘漢年反映，潘漢年要張瓊去向毛澤東本人反映。當年，張瓊和毛澤東有過多次會見。張瓊每次赴北京開會，毛都派車接她去中南海敘舊，同座有徐特立、蔡暢等。

　　文證之二：1956年12月，馮雪峰在《回憶魯迅》重印本《序》中寫道：「這篇回憶記，……1952年8月間曾印過單行本。這次……我把它加以刪節，只留記事部分，而把議論部分全部刪去，……刪節後我重讀了一遍，覺得原來資料性的東西都仍然保留在這裡。……請求人民文學出版社把這個本子重排出版，而不再重印1952年出版過的本子。馮雪峰1956年12月。」

　　作為人民文學出版社的社長馮雪峰，公開在重印本《序》中申明：「請求人民文學出版社（今後）不再重印1952年出版過的本子。」——不是令人深思嗎？顯然，這話是回答對張瓊的承諾，也是對毛澤東「要他糾正」的表態。

　　在馮雪峰公開糾正「毛魯未見說」的筆誤二十多年後，唐弢不瞭解內情，重提「毛魯未見說」，這才發生爭論……

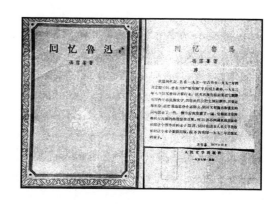

把事情本末交代以後，再來看二十世紀八十年代引發的這場「毛魯會見」之爭，孰是孰非就容易清楚了。

原上海市委宣傳部文藝處劉金處長2006年3月7日發表《「毛魯會見」不妨存此一說》對此闡述甚詳。劉金同志寫道：

「『毛澤東會見魯迅』說，最初是原上海市政協委員、虹口區副區長、革命老幹部張瓊所提出。其時是1978年，我在上海市委宣傳部工作，有機會看到虹口區文化科鐘向東整理的這份材料，題為《張瓊同志提供毛主席曾與魯迅會面的史料》。這份材料經虹口區委列印分發有關部門，並存檔。張瓊為慎重起見，聽取意見後請上海圖書館的葛正慧幫助校核，並作了認真的訂正。……不料有人（按：係北京魯迅博物館魯迅研究室顧問唐弢）在有關會議和《文史哲》月刊上公開點名批評張瓊。說『張瓊只是上海某區的副區長』，『想借毛澤東以自重』，攻擊『張瓊的話荒唐無稽』，否定了『毛魯會見』說。

此時張瓊年已79歲，身患肺癌，為了對黨和人民負責，委託她的學生沈鵬年找旁證、寫文章為她作些澄清。這就是《書林》1982年第1期發表的《周作人生前回憶實錄：毛澤東到八道灣會見魯迅》。……公開回答了某些人對張瓊的無端指責。這已經是張瓊提出『毛魯會見』說的四年以後了。……張瓊根據賀樹親身經歷整理的回憶材料應當受到尊重。我作為旁觀者，曾把自己的看法發表在1992年4月25日（北京）的《新聞出版報》；1997年12月又收入上海學林出版社出版的拙著《吹沙居亂彈》一書中。我認為：張瓊首先提供的『毛魯會見』不妨存此一說。沈鵬年在《書林》發表的文章，則是為張瓊作旁證的附件而已。」（見《上海老年報》2006年3月7日《文史》版）

劉金同志以知情者身份，在國家新聞出版局主管的《新聞出版報》及《吹沙居亂彈》一書中，一再寫道：

> 「現在有人一口咬定：『毛魯會見說』是『沈鵬年偽造』的，這就太不實事求是了。」（見學林出版社出版《吹沙居亂彈》第28頁）

劉金同志還寫了《局外人語》、《何前恭而後倨之甚也》等文，發表在南京市政協的《愛國報》，對此事再作澄清。原上海市「社聯」主席羅竹風同志，對此事寫了書面意見予以高度評價。「上海市愛國主義教育基地」的「張瓊紀念室」，公開陳列了張瓊有關此事的歷史檔案材料⋯⋯──文證俱在，何用詞費。

兩件事的原委真相，彰彰在人耳目，敬請大雅諸君明鑒。

四

長期以來，我一直把王元化老師給我的箴言作為我學術探索的座右銘：

　　為學不作媚時語，

　　獨予真知啟後人。

如今王元化先生已歸道山，高山仰止，景行行之。雖不能至，心響往之。

生也有涯，知也無涯。人世苦短，何必戀戀於無謂之爭！至於我本人，仍不屑和誰去爭。釋氏經云：「若為人輕賤，是人先世罪業應墜惡道；以今世人輕賤故，先世罪業則為消滅。當得無上正等正覺。」——謝謝讀者，無量壽佛！

　　　　　　　　戊子歲暮八四老叟沈鵬年於姑蘇澹泊湖畔

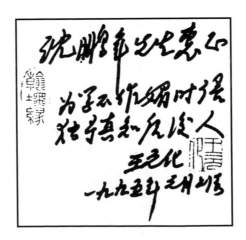

【附錄】

沈鵬年寫作生涯六十年

陳雪萼　口述
沈六新　記錄

　　上海三聯書店寄來《行雲流水記往》校樣，翻閱之後，想起不少往事。我是十九歲嫁到沈家，與鵬年結婚時他只有十七歲。我「又當妻子又當姊」，相親相愛，伴他成長，到今年已過了六十六個春秋了。

　　六十三年前，鵬年參加「魯迅逝世十年祭」，見到周恩來，聆聽了他的講話後回來興高采烈的樣子，還在眼前。1949年4月初，上海正當反動派瘋狂屠殺的白色恐怖中，

　　他根據母親、我的婆婆家鄉來信，寫了揭露、諷刺反動派擾民的短稿《槎灣突擊檢查、鄭昌炎部隊過夜》，發表在中共地下黨領導的東聯社主辦的《莫釐風》半月刊、1949年4月10日出版的第三卷第九期上，這是我親見的。5月24日晚上8時，解放軍先頭部隊從愚園路、徐家匯等處開進上海市區，25日他和葉緒茂同志一起，在黨的直接領導下主編油印《洞庭快報》（25至28日共出刊5期），編寫了解放軍初進上海的許多感人事蹟（這兩份原件複印如下）。在滾滾的洪流中，一篇短稿和五份《快報》，微不足道。但證明了鵬年從一開始就在中共地下黨領導下執筆為文的。5月27日上海全面解放，鵬年在上海染織工會籌委會副主任兼《染織工人週報》主編陸振祚的指派，採訪了震動全國的申新九廠紡織女工抗暴鬥爭的英勇事蹟，寫了報告文學《紅衣女郎傳奇》，由陸振祚編發連載在《染織工人週報》。後來上影廠根

據「申九」女工抗暴事件攝製影片《團結起來到明天》，編劇黃鋼和
副導演葛鑫都來訪問鵬年，在影片中吸收了《紅衣女郎傳奇》中一些
情節。這短稿、《快報》和報告文學三件事實，都在1949年上海解放
前後，可以證明：鵬年在黨領導下從事文學活動，至今已經整整六十
年了。六十年來，鵬年筆耕不輟，《行雲流水記往》不過是其中的一
小部份。作為他的妻子，有責任撿出以告後代。

我們在抗戰勝利後生育第一個孩子，取名大新、學名育新。四歲
時出痧子併發肺炎，庸醫用青黴素不作試驗，一針送命。後來的六個
孩子都是「生在新社會、長在紅旗下」。由於鵬年一向低調、不事張
揚，孩子們對家史、我們的前半生、鵬年的學術生涯很不瞭解。自然
規律，我們在人世為日無多。趁我思維清晰、記憶尚佳之際，把鵬年
畢生從事學術探索的往事逐項口述，由小兒六新記錄，供讀者參閱。

我比鵬年雖然年長兩歲，由於讀書比較遲，讀小學比他低兩個
年級。他瞻仰魯迅先生遺容時讀小學高班，我低兩班無緣同去瞻仰。
但他從1936年起以魯迅為中心花十年苦功搜集有關資料我是親眼目睹
的。他的剪報集由我保存至今。他的文學活動從參加「魯迅逝世十年
祭」開始，從1946年以來的六十四年中，大致做了這樣十二件事情：

第一件事，向文化名人請教問學。

1946年10月20日在萬國公墓「魯迅十年祭掃墓儀式」上結識了
郭沫若、茅盾、景宋（許廣平）、沈鈞儒、馮雪峰、胡風、田漢、洪
深、葉聖陶、曹靖華、史東山、周信芳、李健吾、柯靈、丁聰、唐弢
等十六位。他們都簽名留念。（附圖）他們是文學研究會的發起人、
創造社的元老；是「文學為人生」的提倡者、也是主張「為藝術」的
代表；是「民族革命戰爭的大眾文學」倡議者、也是「國防文學」派
的重要骨幹……。當時他們在魯迅墓前宣誓：在魯迅的旗幟下團結起
來，為爭取民主和平的新中國而共同奮鬥！

莫釐風　（半月刊）

第三年第九期　逢十月二十五日出版

中華民國三十八年四月十日出版　每月逢一期

出版者：河南洛山縣莫釐風社委員會

通訊處：上海西北海路一〇八號轉　電話：九三四一九號轉

徵兵與駐兵雙重負擔

出錢抑抽籤惟君自擇

第三次揭曉總成績

同鄉會徵求會員延期十二天

人數八〇人　分數一八五．七五分

陸軍五十二軍催撥新兵整補

團區泰令從先交撥

教育局上月發放國民學校公糧

半月要聞

三月廿二至四月五日

校長嚴仲威氏逝世

南陽縣形勢頹

駐山安保九團召開軍民衛生聯會席議

洞庭快報　第貳期

中華民國卅八年五月廿六日

慶祝上海解放！

檢舉口民黨反動派殘餘陰謀份子

戰火下的上海

解放軍是——人民的軍隊

慰問人民解放軍　安定秩序

我們團結起來！

沈鵬筆

在此期間，他向郭沫若寫信請教「魯迅的完成」問題；向唐雲旌先生探討「關於知堂」的問題發表在《鐵報‧高唐散記》欄⋯⋯。

第二件事，1949年上海解放前後，寫通訊和報告文學。

他在《透視》叢刊發表關於恩師賀樹逝世的報導；在《莫厘風》半月刊發表揭露反動派擾民的短稿；編印了《洞庭快報》五期，介紹了解放軍解放上海的感人事蹟；在《染織工人週報》發表關於「申九」紗廠女工抗暴鬥爭的《紅衣女郎傳奇》；後來又在《長寧通訊》發表關於工業生產上技術革命的報告文學《二十天革個命》（後拍攝成藝術記錄性電影）。

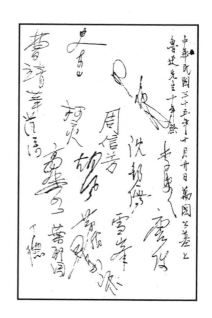

第三件事，1950年代中期，業餘從事學術整理、輯佚。

1957~1958年編著出版《魯迅研究資料編目》（四十萬字）；1958~1959年又輯佚彙編《革命先驅者論文化藝術》1916年至1930年革命文獻集（六十餘萬字）。

第四件事，在電影《魯迅傳》創作組負責資料工作。

他為葉以群編寫的《艱難時代》文學劇本編寫《魯迅在上海的年表》；為電影《魯迅傳》創作組記錄、整理、編印了《採訪記錄集》五冊；為創作人員編著《魯迅生平、史事年表》（二十餘萬字）；在全國著名報刊發表有關魯迅研究的長、短文章百餘篇。

第五件事，1964年前後，發表「左」的錯誤觀點學術論文。

在《學術月刊》發表《學習馬克思主義認識論、正確繼承魯迅的革命實踐精神》；《反對用抽象的人道主義解釋魯迅的思想》等萬言長文。——這是鵬年思想上接受極「左」思潮，對人道主義沒有正確認識，在文章中發表了錯誤觀點：對魯迅的人道主義思想諱莫如深，對人道主義全盤否定；同時錯誤地點名批判了李桑牧等同志。「文革」後提高了認識，在「整黨」中作了深刻的「對照檢查」。

第六件事，「文革」期間，搶救活資料，向前輩問學求教。

前期，與原市委黨校沈恒春、長寧區委許愛興、番禺中學宋濤等同志一起觀看演出、研究劇本後共同執筆（由鵬年出面）向黨中央寫了揭發反映「一月革命」造反奪權的「大毒草」《東方烈火》，受到打擊報復、長期迫害。

中期，利用病假，向老幹部王堯山（時任淮海中學校長）、張凌青（社科院）和姚蓬子（上海師大）調查訪問了三十年代的有關情況。

後期，林彪事件後，形勢稍鬆：利用休假和病假，用通信向茅盾、錢鍾書、葉聖陶、俞平伯、施蟄存、劉大杰、李何林、蔡尚思、吳文祺、黃源、許欽文、錢君匋、趙景深、陸澹安、平襟亞、孫思白等前輩問學求教，得到回信，為學術探索積累了第一手資料。

第七件事，「文革」結束後，奉組織之命調查「周作人的時代悲劇」。

由上海電影總公司導演室支部書記葛鑫指派，去北京、太原等地向有關者數十人作了調查訪問，積累了錄音、記錄等第一手資料，為今後的學術研究預備了必要的原始材料。

第八件事，向海外發表「專訪」、特稿。

在香港《良友》畫報發表「專訪」長文《風號大樹中天立——梁漱溟先生訪問記》；在臺灣《聯合報》、美國《世界日報》發表《嚴

家花園古玉蘭》、《古玉蘭下憶靜波──我的鄉親嚴家淦》；在香港《大公報》發表《陳立夫盛讚大陸「觀音寶相」》等等。

第九件事，為名著《圍城》搬上螢光幕出了力。為電影《魯迅傳》夭折始末留下了信史。

在北京《讀書》月刊、紐約《中外論壇》等刊上，發表《「圍城」引起的回憶》、《最早評價〈圍城〉的共產黨人》、《名著〈圍城〉怎樣上螢屏》、《世紀新元再憶〈圍城〉》等。

又在夏衍前輩囑咐後，據藝術檔案寫了《巨片〈魯迅傳〉的誕生與夭折》長文三萬餘字，由夏衍轉呈周揚，胡喬木審閱後發表。

第十件事，離休後赴美國探親，寫作出版《美歐心影》。

內容見2002年上海書店出版社原書。

第十一件事，參加學術紀念活動。

參加孫中山、魯迅、郭沫若、王金發、秋瑾、金性堯等有關的學術紀念活動，在會上發表了相關的學術論文。

第十二件事，搶救垂危歷史遺跡，修復胥母殿、孫武故居。

據蘇州東山歷史文化研究會副會長楊維忠先生著：《蘇州東山歷代人物傳・東山名彥》一書的第一篇《胥母傳》稱：「伍子胥在吳地是家喻戶曉」、「歷史上產生過重大影響」的人物，「對他的母親──胥母，卻難尋史跡。出身於古槎灣的沈鵬年先生，經過半個多世紀的研究，在所著《「胥母情結」與孫武研究》一稿中，終於解開了胥母山來歷之謎。」（見2007年1月古吳軒出版社《東山名彥》第1頁）

東山歷史文化研究會原秘書長、《洞庭東山志》主編薛利華先生在編著出版的有關「鄉彥名士」的地方專著《東山人文》一書中寫道：

> 「沈鵬年同志在事業上，始終保持著旺盛的熱情，為尋找資料，為證實某一事件的要素，他總是鍥而不捨地摯求著，

直到弄清楚為止。我與鵬年交往是二十世紀八十年代，為編纂《洞庭東山志》而去滬採訪過。……他熱情誠懇，家裡藏書很多，……他對家鄉事可謂十分關心，如2002年以來，由他發起重建唐代古寺槎灣『保安寺』而到處奔波，不僅為古寺重建尋找資料，恢復碑刻，為廣泛收集文史資料以充實古寺文化底蘊，還省吃儉用先後多次捐款數萬元。東山保安寺的重建、保護與開發，沈鵬年同志是功不可沒，並由他開創了民辦為主、公助為輔的先例。他還將幾十年來為胥母定居東山、孫武與胥母東山會面的資料、手稿複印交與我們……，有利於歷史文化研究的深入和挖掘。」（見北京大眾文藝出版社2008年9月出版《東山人文》第997~998頁）

此外，受他的恩師張瓊委託，寫了《毛澤東到八道灣會見魯迅》，經支部書記葛鑫審閱後交《書林》發表，為老幹部張瓊作旁證、辯誣。又為紀念一代文史大家金性堯先生，寫了八萬余字紀念文章《文以載道，秀出天南》，提供了珍藏五十多年的百餘件書信，與其他同志結集，由上海古籍出版社出版《紀念集》。

為了前者，鵬年受到個別人的誣陷，知情者劉金、葛鑫等同志發表十餘篇證明文章為鵬年辯誣。

關於後者，則得到不少有識之士稱讚。如：原民進中央副主席鄧偉志先生稱讚他：

「通過當時人的親筆書信和回憶，首次披露了許多珍貴的歷史事實。」

浙江省舟山市政協文史委董瑞興處長（即本書主編）認為：

「沈鵬年撰寫的八萬多字的文章，不少史料都是首次披露，尤
其是那些歷經滄桑保存下來的信件，為撥開中國文化史上的
一些迷霧，澄清金性堯一生中的一些謎團，提供了有力的佐
證。」（見上海古籍出版社2008年5月出版《金性堯紀念集》第
4、281頁）

同年10月榮獲政協浙江省「優秀文史資料圖書」一等獎。

我和鵬年「風雨同舟、黽勉同心」近七十年，看到我們珍藏的資
料一旦披露，受到好評，感到極大的欣慰。

鵬年青年時代的第三位恩師——他肄業東吳大學的現猶健在、百
齡人瑞雷潔瓊老師（原全國人大副委員長、原民進中央主席），還記
得她四十年代的學生，親切接見他，詢問了近況，並題辭鼓勵他：

「寶劍鋒從磨礪出，梅花香自苦寒來。」
沈鵬年同志囑書

雷潔瓊題1985年冬」

鵬年畢生從事學術研究，歷「文革」浩劫而矢志不移。他的所作
所為，沒有辜負雷潔瓊恩師的期望。

一代宗師南懷瑾先生《序言》所云：

> 「……民初五四運動逐漸而至於文化大革命期間，惶惶不可終
> 日，有能抱殘守闕、蟄居浩劫之中而依然耽嗜書史、沉潛於記
> 聞者，已無多子。……埋光抱道之秀士，如古吳東山沈鵬年，
> 即足為例。」

這是南老師對鵬年的學術生涯給予了最高的評價。我們銘心感刻
南老師。同時，願與讀者諸君共勉，並敬致謝忱。

2008年除夕八五老人於吳江廟港太湖畔

（按：我的小兒子沈六新，任職於上海大學——巴黎國際時裝藝
術學院信息中心主任，副教授）

史地傳記類　PC0181

行雲流水記往（下）

作　　　者／沈鵬年
主　　　編／蔡登山
責任編輯／林千惠
圖文排版／王思敏
封面設計／王嵩賀

發 行 人／宋政坤
法律顧問／毛國樑　律師
印製出版／秀威資訊科技股份有限公司
　　　　　114台北市內湖區瑞光路76巷65號1樓
　　　　　電話：+886-2-2796-3638　傳真：+886-2-2796-1377
　　　　　http://www.showwe.com.tw
劃撥帳號／19563868　戶名：秀威資訊科技股份有限公司
　　　　　讀者服務信箱：service@showwe.com.tw
展售門市／國家書店（松江門市）
　　　　　104台北市中山區松江路209號1樓
　　　　　電話：+886-2-2518-0207　傳真：+886-2-2518-0778
網路訂購／秀威網路書店：http://www.bodbooks.com.tw
　　　　　國家網路書店：http://www.govbooks.com.tw
圖書經銷／紅螞蟻圖書有限公司
　　　　　114台北市內湖區舊宗路二段121巷28、32號4樓
　　　　　電話：+886-2-2795-3656　傳真：+886-2-2795-4100

2011年12月BOD一版
定價：360元
版權所有　翻印必究
本書如有缺頁、破損或裝訂錯誤，請寄回更換

國家圖書館出版品預行編目

行雲流水記往 / 沈鵬年著. -- 一版. -- 臺北市：秀威資訊
科技, 2011.12
　　冊；　公分. -- （史地傳記類；PC0180-PC0181）
　BOD版
　ISBN 978-986-221-837-2（上冊：平裝）. --
ISBN 978-986-221-838-9（下冊：平裝）

　1.沈鵬年　2.作家　3.回憶錄　4.中國

782.887　　　　　　　　　　　　　　　　100017581

讀者回函卡

感謝您購買本書，為提升服務品質，請填妥以下資料，將讀者回函卡直接寄回或傳真本公司，收到您的寶貴意見後，我們會收藏記錄及檢討，謝謝！如您需要了解本公司最新出版書目、購書優惠或企劃活動，歡迎您上網查詢或下載相關資料：http:// www.showwe.com.tw

您購買的書名：_____

出生日期：_____年_____月_____日

學歷：□高中 (含) 以下　　□大專　　□研究所 (含) 以上

職業：□製造業　□金融業　□資訊業　□軍警　□傳播業　□自由業
　　　□服務業　□公務員　□教職　　□學生　□家管　□其它_____

購書地點：□網路書店　□實體書店　□書展　□郵購　□贈閱　□其他

您從何得知本書的消息？

　□網路書店　□實體書店　□網路搜尋　□電子報　□書訊　□雜誌
　□傳播媒體　□親友推薦　□網站推薦　□部落格　□其他_____

您對本書的評價：（請填代號 1.非常滿意 2.滿意 3.尚可 4.再改進）

　封面設計____　版面編排____　內容____　文／譯筆____　價格____

讀完書後您覺得：

　□很有收穫　□有收穫　□收穫不多　□沒收穫

對我們的建議：_____

_____

_____

_____

11466
台北市內湖區瑞光路 76 巷 65 號 1 樓

秀威資訊科技股份有限公司　　　收

BOD 數位出版事業部

....

（請沿線對折寄回，謝謝！）

姓　　名：_____　年齡：_____　性別：□女　□男

郵遞區號：□□□□□

地　　址：_____

聯絡電話：(日) _____ (夜) _____

E-mail：_____